Geile Show!

Oliver Reuther ist Diplom-Ingenieur (FH) für Audiovisuelle Medien, entwickelt im Südwestrundfunk das digitale Radio der Zukunft und macht seit mehr als 20 Jahren was mit Medien: Moderieren im Radio, Software entwickeln fürs Fernsehen, Internetseiten gestalten, Texte schreiben. Er hat seit seiner Schulzeit viele Hundert Mal etwas vorgetragen. Normalerweise sagt man Präsentation dazu, er nennt es Show.

Oliver Reuther

Geile Show!

Präsentieren lernen für Schule, Studium und den Rest des Lebens

dpunkt.verlag

Oliver Reuther
http://www.gShow.de
geileshow@gShow.de

Lektorat: Nina Lötsch
Copy-Editing: Friederike Daenecke
Illustrationen: Nicole Reuther
Herstellung: Nadine Thiele
Umschlaggestaltung: Helmut Kraus, www.exclam.de
Druck und Bindung: L.E.G.O., S.p.A., Vicenza, Italien

Bibliografische Information der Deutschen Nationalbibliothek
Die Deutsche Nationalbibliothek verzeichnet diese Publikation in der Deutschen Nationalbibliografie; detaillierte bibliografische Daten sind im Internet über
http://dnb.d-nb.de abrufbar.

ISBN 978-3-89864-705-2

1. Auflage 2011
Copyright © 2011 dpunkt.verlag GmbH
Ringstraße 19B
69115 Heidelberg

Die Verwendung der Texte und Abbildungen, auch auszugsweise, ist ohne die schriftliche Zustimmung des Verlags urheberrechtswidrig und daher strafbar.
Dies gilt insbesondere für die Vervielfältigung, Übersetzung oder die Verwendung in elektronischen Systemen.
Es wird darauf hingewiesen, dass die im Buch verwendeten Soft- und Hardware- Bezeichnungen sowie Markennamen und Produktbezeichnungen der jeweiligen Firmen im Allgemeinen warenzeichen-, marken- oder patentrechtlichem Schutz unterliegen.
Alle Angaben und Programme in diesem Buch wurden mit größter Sorgfalt kontrolliert. Weder Autor noch Verlag können jedoch für Schäden haftbar gemacht werden, die im Zusammenhang mit der Verwendung dieses Buches stehen.

5 4 3 2 1 0

Für Karl

Der konnte Geschichten erzählen …

Inhaltsverzeichnis

Hallo!   1

Über dieses Buch   3

1 Showtime   7

1.1 Auftreten lernen 10
    Selbstbewusst sein 13
    Mit deinem Körper umgehen 15
    Bühnenluft schnuppern 21
    Proben, proben, PROBEN 24
    In Fluss kommen 25

1.2 Deine Stimme verstehen 27
    Stimme kennenlernen 28
    Stimme warmlaufen lassen 29
    Stimme wirken lassen 31

1.3 Kurz vor der Show 36
    Essen und trinken 37
    Technik am Auftrittsort checken 38
    Mit Aufregung umgehen 39
    Letzte Minuten gut verbringen 44

1.4 Während der Show 47
    Anmoderation 48
    Einstieg 50
    Hauptteil 52
    Schluss 57
    Abmoderation 58

1.5 Fragen aus dem Publikum 58

2 Nach der Show — 63

- 2.1 Dein Publikum befragen — 63
- 2.2 Dich selbst einschätzen — 65
- 2.3 Andere Shows anschauen — 65

3 Theorie — 67

- 3.1 Reden und schreiben können — 68
  - Hirne ansprechen — 71
  - Herzen erreichen — 73
  - Geschichten erzählen — 75
  - Mit Stil sprechen und schreiben — 79
- 3.2 Ideen verstehen — 80
  - Raum für Ideen schaffen — 81
  - Ideen wirbeln lassen — 84
- 3.3 Gestaltung meistern — 85
- 3.4 Medienrecht kennenlernen — 92

4 Show vorbereiten — 95

- 4.1 Vorbereitung vorbereiten — 97
- 4.2 Drehbuch anlegen — 100
- 4.3 Drehbuch Blatt 1: Rahmen abstecken — 102
  - Vorgaben abfragen — 104
  - Thema anlachen — 104
  - Titel ausdenken — 107
  - Ziel festlegen — 109
  - Zielgruppe kennenlernen — 110
  - Show-Form auswählen — 112
- 4.4 Drehbuch Blatt 2: Fragen stellen — 114
- 4.5 Drehbuch Blatt 3: Antworten finden — 116
  - Menschen befragen — 118
  - Internet befragen — 122

4.6	Drehbuch Blatt 4: Botschaften benennen	129
	Wichtige Fragen suchen	129
	Aus Fragen Botschaften machen	132
	Antworten den Botschaften zuordnen	134
4.7	Drehbuch: Storyboard entwickeln	135
	Drei Teile sollt ihr sein	136
	Folienzahl anhand der Show-Dauer abschätzen	137
	Storyboard-Kärtchen basteln	140
	Anmoderation ausarbeiten	143
	Hauptteil ausführen	145
	Einstieg finden	149
	Schluss machen	156

5 Material sammeln — 163

5.1	Medieneinsatz planen	164
5.2	Drehbuch Blatt 5: Materialliste anlegen	166
5.3	Fotos sammeln	168
	Fotos selbst aufnehmen	169
	Fotos im Internet sammeln	176
5.4	Grafiken sammeln	180
	Grafiken selbst kritzeln	182
	Grafiken im Internet sammeln	186
5.5	Videos im Internet sammeln	188
5.6	Audios im Internet sammeln	195
5.7	Gegenstände sammeln	197

6 Show gestalten — 201

6.1 Folien bauen 202
- Computerprogramme für Präsentationen kennenlernen 205
- Neue Präsentation anlegen 208
- Folien gestalten 214
- Folienhintergrund gestalten 217
- Bilder in Folien einbauen 221
- Text in Folien einbauen 226
- Daten darstellen 230
- Videos in der Show einsetzen 238
- Audios in der Show einsetzen 243
- Übergänge und Animationen einsetzen 245
- Präsentation zeigefertig machen 248

6.2 Sprechzettel schreiben 254
- Angemessenes Sprechtempo finden 255
- Vortrag ausformulieren 257
- Vortrag probelesen 259
- Manuskript, Sprecherkarten oder Spickzettel schreiben 262

6.3 Handzettel fürs Publikum anfertigen 269

7 Ende — 275

1000 Dank — 277

Checklisten — 279

Buchtipps — 285

Index — 287

Hallo!

Ich heiße Oliver Reuther und habe dieses Buch geschrieben. Eine Bitte vorneweg. Falls du mit dicken Büchern nicht viel anfangen kannst oder du sehr kurz vor einer Show stehst: Lade dir aus dem Internet unter `http://gShow.de/13` das kostenlose elektronische Buch »Geile Show! – die Kurzfassung: Von 0 auf Show in 180 min« herunter.

Wenn du mit der Kurzfassung gute Erfahrungen gemacht hast, greif dir wieder das Buch hier, und lies weiter. Du musst aber auch dann nicht alles durchackern. Pick dir die Kapitel raus, die dich interessieren. Egal wie viel du liest, du kannst nur gewinnen.

So, von vorne. Ich heiße Oliver Reuther, habe dieses Buch geschrieben und mache seit mehr als 20 Jahren was mit Medien: moderieren im Radio, Computerprogramme entwickeln fürs Fernsehen, Internetseiten gestalten, Texte schreiben für Zeitschriften. Im Augenblick entwickle ich im Südwestrundfunk das digitale Radio der Zukunft.

Geile Show im Stuttgarter Fernsehturm – nur nicht runtergucken!

Ich habe seit meiner Schulzeit viele Hundert Mal etwas vorgetragen. Normalerweise sagt man Präsentation dazu, ich nenne es Show. Und wenn die Menschen in einer meiner Shows überrascht worden sind, gelacht haben und hinterher schlauer waren, dann war es eine geile Show. Das hat zwar nicht jedes Mal geklappt, aber wer ist schon perfekt?

Was auch immer du aus deinem Leben machst, es wird dir helfen, wenn du weißt, wie man einen guten Auftritt hinlegt. Egal ob in der Schule, in der Ausbildung, an der Uni oder im Job – ständig musst du irgendwem irgendwas zeigen und darüber reden: Du wirst mündlich geprüft, du hast ein Vorstellungsgespräch, du stellst der Geschäftsleitung deine tolle Idee vor, du musst eine Rede halten, weil ein Freund gestorben ist …

Bei solchen Gelegenheiten ist es gut, wenn du nicht unvorbereitet an die Sache rangehst, sondern schon ein paar Showtricks draufhast. Schwimmen lernt man auch besser im Kinderplanschbecken und nicht erst im Meer, wenn das Schiff grade untergeht. Dieses Buch kann dir helfen, das Showmachen zu lernen und dabei noch Spaß zu haben. Du musst das nur zulassen. Also den Spaß und das Lernen, nicht das Buch.

Zusammengefasst: Buch, Herz und Hirn aufmachen, Spaß und Lernen willkommen heißen.

Herzliche Grüße
Oliver Reuther
E-Mail: geileshow@gShow.de

Über dieses Buch

»Geile Show!« ist für Show-Anfänger geschrieben. Für Schülerinnen und Schüler, für Menschen in der Ausbildung, an der Uni oder ganz frisch in einem Job. Dabei ist es egal, an welche Schule du gehst, wofür du ausgebildet wirst oder was du arbeitest. »Geile Show!« passt immer. Vielleicht finden erfahrene und seriöse Präsentatoren das Buch auch ganz nützlich, okay. Die müssen halt damit leben, dass ich »Du« sage und »Geil!«.

Bilder, Bilder, Bilder und wer sie gemacht hat
- Fotos im Buch: Nicole und Oliver Reuther
- Computergrafiken: Oliver Reuther
- Hilflos hingekrakelte Zeichnungen: Oliver Reuther
- Wunderbar kunstvolle Tuschezeichnungen: Nicole Reuther, E-Mail: kunst@gShow.de

Bedienungsanleitung
Vielen geht es wahrscheinlich so: »Was, echt? Meine Show ist schon in drei Tagen?« Da bleibt nicht mehr viel Zeit für Vorbereitung. Deshalb steht am Anfang von »Geile Show!« auch das Kapitel über den Auftritt selbst. Lies es dir durch, wende die Informationen an, und mach das Beste aus der Show.

Falls du noch ein paar Wochen bis zu deiner Show hast, steig im Kapitel 3 ein. Lies »Geile Show!« ab da wie einen Roman bis zur letzten Seite durch. Und dann blätterst du zum ersten Kapitel und liest den Rest. Die einzelnen Kapitel bauen aufeinander auf, und es ist bei den ersten Shows gut, sich Schritt für Schritt an die Anleitung zu halten. Wenn du später mehr Erfahrung hast, wirst du automatisch deine eigene Arbeitsweise entwickeln.

Aber du kannst dieses Buch auch bröckchenweise durcheinander lesen. Die Abschnitte innerhalb der Kapitel sind in sich geschlossen. Du machst also nichts falsch, wenn du ein paar Seiten überspringst oder ganz weglässt.

Aufbau des Buchs

- Kapitel 1: Showtime ab Seite 7
  Showtime, Zeit für den Auftritt. Du erfährst im ersten Kapitel etwas über das nötige Selbstvertrauen, darüber, was du mit deinen Händen und deiner Stimme anstellst, wie die Show abläuft und wie du mit Fragen aus dem Publikum umgehst.

- Kapitel 2: Nach der Show ab Seite 63
  Das nächste Kapitel ist kurz und dreht sich um die Zeit nach der Show. Diese Zeit solltest du nutzen, um die Meinung deines Publikums einzuholen, dich selbst einzuschätzen und von anderen zu lernen. Auf diese Art werden deine Shows immer besser und besser.

- Kapitel 3: Theorie ab Seite 67
  Nach der Show ist vor der Show. Deshalb kommt jetzt nützliches Show-Wissen zu den Themen Texte schreiben, Reden halten, grafisches Gestalten. Und es geht darum, wie du auf gute Ideen kommst. Hier steigen die Leserinnen und Leser ins Buch ein, die noch ausreichend Zeit vor ihrer Show haben und alles von Grund auf lernen wollen.

- Kapitel 4: Show vorbereiten ab Seite 95
  Ich sage: Eine Show ist wie ein Kinofilm. Und ein Kinofilm benötigt ein Drehbuch. In diesem Kapitel zeige ich dir, wie du mithilfe eines Drehbuchs aus jedem Thema eine Show bauen kannst. Du lernst den Rahmen abzustecken, Fragen zu stellen und die passenden Antworten zu finden.

- Kapitel 5: Material sammeln ab Seite 163
  Material ist: Fotos, Grafiken, Videos und Audios. Das Material unterstützt dich bei deiner Show. Du erfährst in diesem Kapitel, wie du den Einsatz von Material planst, es selbst herstellst oder im Internet findest.

- Kapitel 6: Show gestalten ab Seite 201
  Schlussendlich geht es darum, wie du aus deinem Drehbuch und dem Material eine fertige Show gestaltest. Du baust Folien, schreibst Sprechzettel und stellst Material für das Publikum zusammen.

Was hier alles drinsteckt
In »Geile Show!« findest du haufenweise Antworten auf solche Fragen:

- Wie funktioniert Reden?
- Was muss ich über Gestaltung wissen?
- Woher bekomme ich Ideen?
- Wie baue ich eine Show auf?
- Wie komme ich an das nötige Material?
- Wie gestalte ich packende Folien?
- Wie bringe ich alles geil rüber?
- Wie bekomme ich Audios und Videos in meine Show?
- Was für Probleme können vor und während einer Show auftreten?
- Wie gehe ich mit Lampenfieber um?
- Wie spreche ich ganz locker?
- Wie finde ich den Mann oder die Frau fürs Leben? Echt jetzt, schau mal in den Abschnitt »Drehbuch Blatt 3: Antworten finden« ab Seite 116.

Hoppla, in diesem Hut ist ja ein Kaninchen!
Und dann habe ich noch die Powertipps für dich. Die Powertipps sollen bei deinem Publikum für Eindruck sorgen und dir dabei helfen, aus einer ganz guten eine richtig geile Show zu machen.

Ganz wichtig: Showmachen kostet fast nix!
Fast alles, was ich dir hier empfehle, bekommst du kostenlos oder für sehr wenig Geld. Zum Beispiel: Das Computerprogramm, mit dem du deine Show baust, ist kostenlos und legal im Internet zu finden. Ich zeige dir, wie du mit deinem Handy oder einer billigen Digitalkamera tolle Fotos machst. Du erfährst, wie du legal an kostenlose Fotos und Grafiken kommst und wie du sie in deiner Show einsetzen kannst. »Keine Kohle« gilt also nicht als Ausrede für eine schlechte Show.

»Geile Show!« geht im Internet weiter
`http://www.gShow.de`
Ein Buch (sogar ein dickes) reicht nicht aus, um das Thema Show komplett darzustellen. Deshalb habe ich im Internet für dich noch viel mehr Informationen gesammelt: ausführliche Anleitungen, Links, Buchtipps und hilfreiche Computerprogramme.

> Das Internet? Gibt's den Blödsinn immer noch?
>
> Homer Simpson, Kernkraftwerksicherheitsinspektor

gShow.de-Links

Internetseiten ändern sich häufig, ziehen um oder werden gelöscht. Deshalb verweise ich hier im Buch nicht direkt auf andere Webseiten. Stattdessen erreichst du sie über die gShow.de-Links. Zum Beispiel:

`http://gShow.de/333`

Gib diese Adresse in deinen Webbrowser (Computerprogramm, das Internetseiten anzeigt) ein. Du wirst dann an die richtige Stelle weitergeleitet. Du kannst auch `http://` vor die Adresse setzen, musst das aber nicht tun.

Fehler gefunden?

Du hast einen Fehler im Buch gefunden? Behalte ihn auf keinen Fall für dich, sondern teile ihn mir übers Internet mit:

`http://gShow.de/23`

Eins noch, ehe wir loslegen

Die Landkarte ist nicht die Landschaft.
Die Speisekarte ist nicht die Speise.
Das Buch ist nicht die Show.
Also lies nicht nur ein paar Seiten, sondern mach was draus. Spiel rum, hab Spaß, probier dich aus. Und jetzt ab dafür …

1 Showtime

Mach dein Ding

> Ich bin bereit! Ich bin in Form!
> Ich bin bereit! Ja, ganz enorm!
> Ich bin bereit! Jederzeit!
>
> Spongebob, Schwammkopf

Die ersten Shows in der Geschichte waren vielleicht die Geschichten von Jägern, die vor 30.000 Jahren mit guter Beute heimgekommen sind. Zur Unterstützung ihrer Ausführungen haben sie Höhlenwände bemalt.

Höhlenmalerei – das PowerPoint der Steinzeit?

Abb. 1–1

*Höhlenmalereien –
so müssen Geschichten erzählt werden*

Diese Malereien haben die Jäger möglicherweise benutzt, um ihre Heldengeschichten von der Jagd größer, lebendiger und eindrucksvoller wirken zu lassen. Da die Familie daheim vermutlich keine Ahnung hatte, was bei einer Jagd abgeht, haben die Jäger einfach Bil-

> **ÜBRIGENS**
>
> Wahrscheinlich waren die Höhlenmalereien eher keine Präsentationen sondern dienten religiösen Zwecken. Auf jeden Fall ist es ganz große Kunst und wir können einiges von unseren fernen Vorfahren lernen: Zeichne einfache Formen, zeige nur das Wesentliche, verwende bewährte Technik, verzichte auf eine Gliederung, und zeige wenig bis gar keinen Text.

Die Geschichte der Show

der davon gemalt. Diese Art des Geschichtenerzählens mit Bildern hat sich anscheinend bewährt. Die nachfolgenden Generationen haben die Shows immer weiter entwickelt:

- Theater (vermutlich Ägypten, 2000 vor Christus)
- Bild-Projektion (Laterna Magica in Europa um 1650)
- Kinofilm (erster Stummfilm 1894 in Manhattan)
- Blitz-Peng-Zappel-Multimedia-Show (irgendwann in den 1980ern)

Sehr bald schon hat es nicht mehr gereicht, mit einem Pinsel oder einem Stift etwas zu malen. Es musste Technik erfunden werden, um die Shows herzustellen: Kameras, Fotoapparate und schließlich Computerprogramme, mit denen man Medien bearbeiten und Shows bauen kann.

Zeit für etwas Show

Geile Show = Kinofilm

Ich behaupte: Eine geile Show ist wie ein Kinofilm. In diesem Kapitel geht es darum, wie du den fertigen Film deinem Publikum präsentierst. Wichtig dabei: Menschen schauen und hören am liebsten anderen Menschen dabei zu, wie die irgendwas von sich geben. Wenn es nicht so wäre, würde keiner auf ein Live-Konzert gehen. Wir würden stattdessen zu Hause sitzen und die Musik ganz entspannt im Sessel mit Kopfhörern genießen. Der Sound wäre klasse, es würde nicht nach fremder Achsel riechen, und die Getränke wären viel billiger.

Das Verlangen, andere Menschen live in dieser Sekunde und fast zum Anfassen zu erleben, ist uns wahrscheinlich angeboren. Wir lernen von Anfang an dadurch, dass wir andere beobachten und ihnen alles nachmachen. Ohne dieses Verlangen wären wir nicht lebensfähig. Und weil wir Menschen andere Menschen so gerne erleben, hier mein wichtigster Merksatz:

Du bist die Show.
Du bist die Show und nicht die vielen Folien, beeindruckenden Zahlen oder zappeligen Videos. Das alles bekommen auch andere hin, und die Menschen könnten es sich viel bequemer und in Ruhe daheim ansehen. Aber »Du« sein, das kannst nur du, und du bist auch nicht bei den Menschen daheim, sondern nur jetzt gleich auf der »Bühne«.

ÜBRIGENS

Wer uns zum Zuschauen zwingt

Vermutlich sind für den Drang, zuzuschauen und nachzumachen, die »Spiegelneuronen« zuständig, die Wissenschaftler 1995 im Hirn entdeckt haben. »Spiegel« ist das Ding, aus dem zurückschaut, was reinguckt. Und »Neuron« ist der Fachbegriff für die Nervenzelle. Die Nervenzellen in unserem Körper sind fürs Fühlen, Denken und Handeln zuständig. Wir haben im ganzen Körper Nervenzellen, aber am meisten davon stecken im Kopf: Dort tragen wir ein ganzes Universum aus Nervenzellen mit uns rum, wahrscheinlich sind es mehr als 100 Milliarden Stück.

Die Spiegelneuronen haben eine ganz besondere Eigenschaft: Sie arbeiten immer gleich, egal ob wir jemandem bei einer Handlung zuschauen oder sie selbst vornehmen. Beispiel: Wenn wir jemandem beim Singen zuschauen, passiert etwas sehr Ähnliches im Kopf, wie wenn wir selbst singen. Das bedeutet, dass wir eine beliebige Tätigkeit üben können, indem wir jemand anderem dabei zugucken oder zuhören. Zuschauen ist fast so, wie es selbst zu machen. Deswegen ist es so wichtig, sich gute Lehrer zu suchen bei allem, was wir lernen wollen.

In diesem Kapitel erfährst du mehr darüber, wie du zu einem Profi-Showmaster wirst oder zumindest sehr viel besser mit einem Auftritt umgehen lernst. Für die ganz Eiligen hier schon mal die sieben wichtigsten Tipps:

Die 7 wichtigsten Tipps für einen gelungenen Auftritt

1. Sei dir jederzeit in der Show darüber klar: Wie fange ich an, was sage ich im Hauptteil, und wo lande ich am Ende.
2. Rede so, als würdest du eine tolle Geschichte einem guten Freund oder einer guten Freundin erzählen.
3. Schau die Menschen im Publikum zwischendurch mal an. Am besten schaust du sie die ganze Zeit an.
4. Rede langsam, und lege immer wieder mal eine Redepause ein.
5. Versprecher sind normal und müssen nicht kommentiert werden.
6. Auch wenn du nicht für Schalke bist: Steh auf!
7. Zapple nicht rum, und steh auch nicht stocksteif da, sondern mach irgendwas dazwischen.

Eins noch: Keine Sorgen

Mach dir keine Sorgen, dass dir ein Fehler passiert. Es ist nämlich ganz sicher, dass du irgendwann was falsch machen wirst. Jeder macht Fehler, auch du. Also ist das Sorgenmachen völlig nutzlos. Mach die Fehler einfach, sie geben dir das gewisse Etwas. Deine Fehler

Fehler gehören dazu.

sind dein Stil. Seltsame Wörter, merkwürdige Gesten, ungewöhnliche Stimme – so bist du halt, dann steh auch dazu, und zeig es her. Wichtig ist, dass du dein Bestes in diesem Augenblick gibst. Selbst ein mittelguter Liveauftritt ist besser als haufenweise Folien, die perfekt automatisch ablaufen und von einem roboterartigen Grinseäffchen präsentiert werden.

1.1 Auftreten lernen

Es tritt auf: dein Körper.

Auftreten bedeutete früher wortwörtlich »auf etwas treten«. Gemeint war der erste Schritt, den jemand auf eine Bühne setzt, wenn die Vorstellung beginnt. Der Begriff »Auftritt« ist mittlerweile aber weiter gefasst. Es geht nicht mehr nur um den ersten Moment. »Auftritt« meint alles, was der Mensch auf der Bühne macht, die ganze Show. Du wirst auch bald auftreten, und das Wort »Treten« macht deutlich, dass dein Körper etwas machen wird. Ganz besonders beteiligt bei einem Auftritt sind:

- Beine: stehen, gehen, hüpfen und so weiter
- Arme: zeigen, unterstreichen, zeichnen, rumfuchteln und so weiter
- Gesicht: lachen, wütend oder traurig gucken, Grimassen schneiden und so weiter
- Stimme: reden, singen, schreien, schweigen und so weiter

Um besser auftreten zu können, musst du den Umgang mit diesen Körperteilen lernen. Oder besser: Du musst den Umgang neu lernen. Denn stehen, zeigen, lachen und reden und so weiter kannst du sicher schon lange. Jetzt, beim zweiten Lernen, geht es darum, diese Fertigkeiten auf eine neue Art zu verinnerlichen. So kannst du sie zielgerichtet bei deiner Show einsetzen.

Sei ganz natürlich!

»Sei ganz natürlich!«, steht oft in Büchern übers Präsentieren. Ich halte das für einen Riesen-Quark. Ein Show-Auftritt ist nicht natürlich. Natürlich sind: essen, atmen, lachen, weinen, hüpfen, schlafen, Bäuerle machen und so weiter. Eine Show ist etwas Künstliches. Sie ist durchdacht und vorbereitet. Dabei kann man nicht natürlich sein.

Abb. 1–2
Sei ganz natürlich!

Sei ganz du selbst!

»Sei ganz du selbst!« ist der zweite gute Rat neben dem »Sei ganz natürlich!«. Du ahnst es schon: Auch das halte ich für Bullshit. Es mag ein paar Menschen geben, die mit einem

Drang zur Darstellung auf die Welt gekommen sind. Die meisten von uns würden, wenn sie ganz sie selbst sind, vor einem Auftritt davonlaufen. Und recht hätten sie.

Also wie nun? Mach es wie die Schauspieler!
Mach es wie eine Schauspielerin in einer Krankenhausserie. Die ist auch keine Ärztin, sie spielt nur die Frau Doktor. Aber sie spielt so gut, dass sie ganz natürlich in der Rolle wirkt. Man »kauft« ihr die Ärztin ab. Gute Schauspieler bereiten sich auf die Rolle vor, die sie spielen. Sie beobachten eine ganze Weile lang richtige Ärzte bei der Arbeit. Wie sie sich bewegen, was sie sagen, was sie mit ihren Händen und ihrem Gesicht anstellen und so weiter. Das machen die Schauspieler nach, und schon »sind« sie Ärzte.

Abb. 1–3
Sei ganz du selbst!

Abb. 1–4
Mach es wie die Schauspieler: Übe eine Rolle ein. Zum Beispiel die Hauptfigur in »Karate-Reiher 3«.

Und der Oscar geht an …
Du hast bei deiner Show auch eine Rolle, in die du schlüpfen musst. Sie heißt: Showmaster. Deshalb schau dir möglichst viele Auftritte von Profis an, studier sie regelrecht. Beobachte genau, wie Redner reden, wie Musiker Musik machen, wie Zauberer zaubern, wie Comedians lustig sind und so weiter. Hier ein paar Fragen, die du dir dabei stellst und beantwortest:

- Was macht der Mensch auf der Bühne mit seinen Händen?
- Wie steht der Mensch da, und wie bewegt er sich?
- Wie ist das Tempo, und gibt es Tempowechsel?

- Wie nimmt der Mensch Kontakt mit dem Publikum auf?
- Was für Klamotten hat der Mensch an, und wie bewegt er sich darin?
- Welche Zeigehilfsmittel (Stift, Zeigestock, Laser-Pointer) setzt der Mensch ein, und wie bedient er sie?
- Welche Medien (Texte, Bilder, Audios, Videos) setzt der Mensch ein?
- Welche Tricks (Licht, Bühnendekoration, Helfer) setzt der Mensch ein?

Schau bei jeder Gelegenheit genau hin, wie die Profis auftreten. Und dann mach das »einfach« nach. Das wird dir am Anfang wahrscheinlich nicht immer ganz gelingen, aber je öfter du den Showmaster spielst, umso besser wirst du in dieser Rolle.

Drei Wege aus der Auftrittsangst

3 Tricks gegen Lampenfieber

Auftrittsangst ist – psychologisch betrachtet – die Angst, zu versagen und die Angst vor den Folgen, die das Versagen für dich haben könnte. Die Auftrittsangst flüstert dir also ungefähr so etwas ins Ohr:

> Du Loser erfüllst sicher mal wieder nicht die Erwartungen.
> Das wird Folgen für dich haben: schlechte Note, Job weg,
> keiner hat dich mehr lieb, alles Scheiße.
>
> Innere Stimme vor einem Auftritt

> **ÜBRIGENS**
> Für den Fall, dass du ganz kurz vor einer Show stehst und keine Zeit mehr für großartige Vorbereitung hast: Bring das Ding mithilfe des Kapitels hier so gut wie möglich über die Bühne. Und bereite dich auf deine nächste Show besser vor. Es lohnt sich.

Die Schlüsselbegriffe bei diesen Einflüsterungen sind: Loser, Erwartungen, Folgen. An diesen Begriffen kannst du ansetzen, um deine Angst in den Griff zu bekommen.

Loser:

Hast du dich gut vorbereitet?

Ein Verlierer kannst du nur sein, wenn du dich nicht gut vorbereitet hast. Denn selbst dann, wenn der Auftritt nicht so hinhaut wie geplant, hast du in der Vorbereitungszeit auf jeden Fall etwas gewonnen: Wissen, Erfahrung, Selbstbewusstsein. Eine gute Vorbereitung nimmt der Versagensangst also das Futter weg. Mehr Infos dazu findest du im Kapitel »Show vorbereiten« ab Seite 95.

Erwartungen:

Sind die Erwartungen vielleicht gar nicht sooo hoch?

Schau dir die Erwartungen der anderen an dich genau an. Vielleicht entdeckst du ja, dass sie gar nicht so hoch sind, wie du sie dir in deinem Kopf ausgemalt hast. Und je niedriger die Erwartungen an dich sind, umso leichter kannst du sie erfüllen.

Folgen:
Überlege dir ganz realistisch, was die schlimmsten Folgen sein können, die ein komplettes Versagen nach sich zieht. Steht echt dein Job auf dem Spiel? Ist eine schlechte Note echt das Ende der Welt? Glaubst du wirklich, dass die Zuneigung der anderen von deinem Show-Auftritt abhängt?

Sind die Folgen vielleicht gar nicht dramatisch?

Probier was Neues aus. Und mach was Bekanntes auf eine neue Weise.

Wenn du immer das machst, was du schon kannst und womit du dich wohlig und sicher fühlst, wirst du nicht wachsen und dich nicht weiterentwickeln. Probier doch mal was Neues aus. Ein gutes Zeichen dafür, was das lohnenswerte Neue für dich sein könnte, ist: Du hast Angst davor, obwohl es gar nicht wirklich gefährlich ist. Beispiele: Du lernst schwimmen, obwohl du Riesenangst vor tiefem Wasser hast. Du sprichst den netten Menschen einfach mal an, der jeden Tag mit dir im Bus fährt. Du schaust dir mal die Giftspinnen im Zoo an. Ist ja schließlich eine dicke Scheibe dazwischen.

Etwas Neues machen kann andererseits bedeuten, etwas Bekanntes auf eine neue Art zu machen. Meistens machen Menschen das, was sie tun, auf immer die gleiche Weise. Probier doch mal eine neue Weise aus. Ein guter Anfang: Mach einen Tag lang alles mit der Körperhälfte, die du sonst nicht dafür nutzt. Putz dir die Zähne mit der für dich »falschen« Hand, streck zur Begrüßung die linke Hand hin, stell dich hin und lauf los, dann stell dich noch mal hin und lauf mit dem anderen Bein los. Entdeck und verblüff dich.

Mach diese beiden Übungen immer wieder mal, bis du 103 Jahre alt bist. Dann kannst du vielleicht damit aufhören. Aber vielleicht auch noch nicht.

Selbstbewusst sein

In jeder Situation total selbstbewusst zu sein, das wäre super. Und es geht. Denn »selbstbewusst« heißt NICHT, dass du jederzeit überlegen und in allem besser als andere bist. Und selbstbewusst heißt vor allem nicht überheblich. Selbstbewusst sein bedeutet: Dir bewusst zu sein, wer du selbst bist. Zum Selbstbewusstsein gehört es, zu wissen:

Selbstbewusst heißt nicht überheblich.

- Wo liegen deine Stärken?
- Was kannst du ganz gut?
- Woran musst du noch arbeiten?

Besonders wichtig ist der letzte Punkt. Denn wer echt selbstbewusst ist, der kann sich auch eingestehen, dass er Schwächen hat.

Mein schönster Auftritt
Ich hab ein paar Auftritte hinter mir, aber der schönste war eindeutig der hier: Die Familie war da und viele, viele Freunde. Wir beide sind durch den Mittelgang an allen vorbei nach vorne geschlendert. Alle haben uns und wir haben alle angelacht. Dann hat der Pfarrer nette Geschichten erzählt und uns je eine Frage gestellt, die wir beide mit »Ja« beantwortet haben. So müssen Auftritte sein. Aufgeregt war ich trotzdem wie Sau. Und meine (danach) Frau auch.

»Nachmachen« ist der erste Schritt zum »Sein«

Selbstbewusst rüberkommen reicht für den Anfang.

Für deinen Auftritt in der Show reicht es für den Anfang, dass du einigermaßen selbstbewusst »rüberkommst«. Du musst es nicht wirklich sein, sondern nur so wirken. Denk an die Schauspieler. Bereite dich auf die Rolle »Selbstbewusstsein« so vor: Schau dir Menschen an, die auf dich selbstbewusst wirken. Wie stehen die? Was machen sie mit ihren Händen und ihrem Gesicht? Wie bewegen sie sich? Was reden sie? Wie klingt ihre Stimme? Dann mach das nach.

Tipp zur Vorbildsuche:

Such dir mehrere Vorbilder.

Such dir nicht nur ein einziges Vorbild, das du 1:1 kopierst. Das geht schief. Du wirst vermutlich nicht so gut wie das Original, aber jeder vergleicht dich damit. Guck dir stattdessen bei ganz vielen selbstbewusst wirkenden Menschen jeweils eine Kleinigkeit ab, die dir besonders auffällt. Diese Kleinigkeit machst du dann nach, das sollte dir leichtfallen. Auf diese Art baust du dir einen Koffer voll mit Werkzeugen für mehr Selbstbewusstsein. Diese Werkzeuge kannst du jederzeit einsetzen. Nicht nur in Shows, aber da ganz besonders.

Workout fürs Selbstbewusstsein

Und hier noch ein paar Übungen, mit denen du dein Selbstbewusstsein aufbauen kannst.

Am wichtigsten: Auftreten, auftreten, auftreten

Übung macht den Show-Master. Nutze jede Gelegenheit, um das Auftreten zu üben. Am besten führst du am Anfang etwas, das du gut kannst, vor einer kleinen Gruppe befreundeter Menschen auf. Mit mehr Erfahrung traust du dich dann an immer größere Auftritte ran: Rede bei einem Geburtstag, einer Abi-Feier, einem Firmenjubiläum und so weiter.
Alternativen: keine

ÜBUNG 2

Was ich gut kann
Nimm dir ein Blatt Papier, einen Stift und 10 Minuten Ruhe. Jetzt überleg dir, was du gut kannst, und schreib es auf. Es ist völlig wurscht, was das ist. Hauptsache, du kannst es gut.

Nach zehn Minuten solltest du ein paar Wörter aufgeschrieben haben. Wenn nicht, nimm dir noch mal zehn Minuten. Schreib alles auf, was du gut kannst. Und wenn es das hier ist: Über Kollegen lästern.

Heb deine Liste auf, und versteck sie irgendwo. Zieh sie alle paar Wochen aus dem Versteck, und schau, ob dir weitere gute Gründe einfallen, selbstbewusst zu sein.

Beine stärken
Mach einen Tanzkurs, und geh regelmäßig tanzen. Der Stil ist egal, Hauptsache, die Füße bewegen sich.
Alternativen: Fußball, Leichtathletik, Kampfsport

Beinarbeit

Arme benutzen
Lerne das Schauspielern. Such dir eine Schauspielgruppe für Laien, oder versuche, als Statist beim Theater oder beim Film unterzukommen. Das ist außerdem eine gute Möglichkeit, das Taschengeld aufzubessern.
Alternativen: Handball, Basketball, Tennis, Kampfsport

Armfreiheit

Gesicht bewegen
Spiel mit kleinen oder großen Kindern das Grimassenschneidespiel.
Alternative: Schauspielen lernen

Gesichtsausdruck

Stimme klingen lassen
Lern singen, und geh in eine Band oder in einen Chor.
Alternativen: Probier mal Karaoke aus. Geh in einen Debattierklub, und lerne, zu überzeugen.

Stimmkraft

Mit deinem Körper umgehen

Für dich selbst ist das Wichtigste in einer Show wahrscheinlich das, was du denkst und sagst. Du bestehst also während der Show nur aus Hirn und Stimme. Den Menschen im Publikum geht das anders. Sie nehmen dich als ganzen Menschen wahr. Und der hat neben dem Mund auch noch ein Gesicht, einen Oberkörper, Arme und Hände und Beine und Füße. Was jemand mit seinem Körper macht, ist eng verknüpft mit dem, was er sagt. Die Körpersprache wird auch »non-verbale« Kommunikation genannt, also Gespräch ohne Sprache. Details dazu findest du im Abschnitt »Reden und schreiben können« ab Seite 68.

Lass deinen ganzen Körper sprechen.

7–38–55
Vielleicht bist du schon mal auf die 7–38–55-Regel nach Albert Mehrabian gestoßen. Diese Regel besagt, dass bei einem Vortrag 55 % der Wirkung durch die Körpersprache erzielt wird und 38 % durch die Stimme. Nur 7 % der Wirkung eines Vortrags kommt vom Inhalt.

Inhalt – Stimme – Körpersprache

Die drei Zahlen werden gerne von Präsentationstrainern herangezogen, um zu zeigen, wie wichtig die Körpersprache ist und wie unwichtig der Inhalt. Es gibt jedoch auch reichlich Kritik an dieser Regel. Bei Interesse lies dich in der englischen Wikipedia in das Thema ein: `http://gShow.de/301`

Ich weiß nicht so recht
Meine Show-Erfahrungen sowohl auf der Bühne als auch im Publikum sagen etwas anderes als 7–38–55: Der Inhalt ist am wichtigsten, danach kommen Körper und Stimme. Genaue Zahlen kann ich aber nicht nennen. Egal wie viel Prozent: Die Körpersprache ist sicherlich ein wichtiger Teil der Kommunikation bei Shows. Deshalb lohnt es sich, dass du dir ein paar Gedanken zum Umgang mit deinem Körper machst.

Regeln, Regeln, Regeln

Befehl von ganz oben! Leider hat 7–38–55 zu einem verkrampften Umgang mit dem Körper geführt. In vielen Ratgebern stehen Haltungsregeln, die du angeblich unbedingt befolgen musst. Nur wer sich an alle Regeln hält, könne erfolgreich vortragen.

Angeblich wichtige Regeln zum Körpereinsatz:
- Hängende Arme oder gar Hände in der Hosentasche – schlecht
- Arme vor der Brust gekreuzt – schlecht
- Mundwinkel hängen herab – schlecht
- Zu breitbeinig dastehen – schlecht
- Mit dem Rücken zum Publikum stehen – schlecht
- Beine gekreuzt oder Standbein/Spielbein – schlecht

Echt nicht! Es mag ja was Wahres an diesen Regeln sein. Aber ich kenne Menschen, die bei einem Vortrag nur noch darauf achten, dass sie alle Haltungsregeln befolgen. Ein großer Teil ihrer Gedanken dreht sich um: Tu dies nicht, tu das nicht, tu unbedingt jenes. Das Ergebnis ist leider nicht, dass die Menschen freier wirken. Im Gegenteil. So ein Vortrag nach den Regeln sieht oft puppenhaft und einstudiert aus. Jede Geste wirkt geplant und irgendwie kalt. Und dann dieses Dauergrinsen. Schrecklich.

Vergiss die Regeln fürs Erste
Befehlsverweigerung! Wenn du auch im normalen Leben brettsteif und mit hängenden Armen herumstehst, dann ist das halt so. Eine Show ist nicht der richtige Zeitpunkt, daran zu arbeiten. Jim Morrison, der Sänger von den Doors, hat am Anfang seiner Karriere auch mit dem Rücken zum Pub-

likum gesungen. Er konnte eben schlecht damit umgehen, von allen angeschaut zu werden. Ist doch ganz normal.

Eine kleine Regel wäre schon ganz schön

Das soll nicht heißen, dass du nichts an deiner Körpersprache ändern musst. Jim Morrison hat sich auch irgendwann bei seinen Konzerten zum Publikum gedreht. Und auch du kannst mehr körperliche Ausdruckskraft für deine Show bekommen. Wenn ich dir überhaupt eine Regel für die Körpersprache geben kann, dann die:

Möglichst lebendig

Zeig dich lebendig.

Soll heißen: Nimm die Hände mal aus den Hosentaschen, und knete eine Brezel in die Luft, wenn du grade erzählst, wie Schlangen ihre Beute würgen. Leg die Stirn in Falten, wenn du irgendetwas nicht glaubst, schüttle den Kopf, nicke heftig, und geh ein paar Schritte herum. Danach kannst du die Arme wieder etwas hängenlassen oder sogar hinter dem Rücken verstecken. Finde so deine ganz eigene Art, dich mit deinem Körper auszudrücken. Das ist viel interessanter zum Zuschauen als die dressierten Grinseäffchen, die nie, nie, nie die Hände vor dem Bauch kreuzen würden. Weil das nämlich gegen die Regeln ist.

> **Übe einen neuen Umgang mit deinem Körper zuerst im Alltag.**
> Eine Show ist der falsche Zeitpunkt, um irgendwas Neues mit dem Körper auszuprobieren. Übe den Umgang mit den Händen, deinem Gesicht und überhaupt allem an dir zuerst im Alltag. Beispiel: Setz deine Hände mal stärker ein, wenn du unter Freunden bist und Geschichten erzählst (siehe Abschnitt »Geschichten erzählen« ab Seite 75). Oder stell dich vor den Spiegel, und schau dir beim Erzählen zu. Kratz dich am Kopf, oder streck dir die Zunge raus. Glaub mir, das kann man alles in einer Show einsetzen. Und wenn nicht, dann hat das Üben Spaß gemacht.

Abb. 1–5
Show-Haltung 1: Kannst du machen.

Abb. 1–6
Show-Haltung 2: Geht klar.

Abb. 1–7
Show-Haltung 3: Gut so.

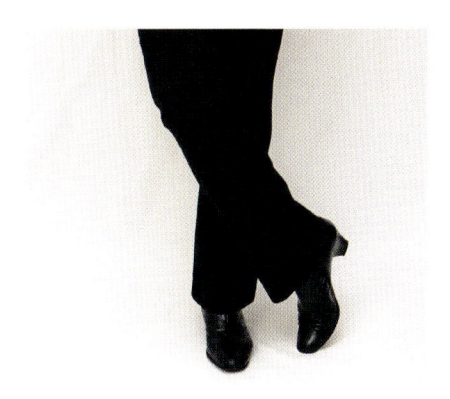

Abb. 1–8
Show-Haltung 4: Total okay.

Abb. 1–9
Show-Haltung 5: Absolut erlaubt.

Abb. 1–10
Show-Haltung 6: Na logisch.

Auftreten lernen

Zeigt her eure Hände, eure Füße und überhaupt

Zeig was von dir her.

Menschen schauen gerne anderen Menschen zu. Gönn deinem Publikum das Vergnügen, und zeig dich her. Das kann auch mal deine Rückseite sein, wenn du dich zur Tafel drehst zum Beispiel. Oder dein Hals, wenn du den Kopf nach oben streckst. Oder deine Hände, die du mal über die Schultern hebst. Es kreuzt auch nicht jeder die Arme so schön wie du. Oder lässt so lässig die Hände in den Hosentaschen verschwinden. Und so weiter. Damit dir das Herzeigen gut gelingt, musst du dich allerdings hinstellen. Nur aus dem Stand bist du so frei, deinen Körper natürlich zu bewegen.

Abb. 1–11
Immer gut:
In der Show mit den Händen sprechen.

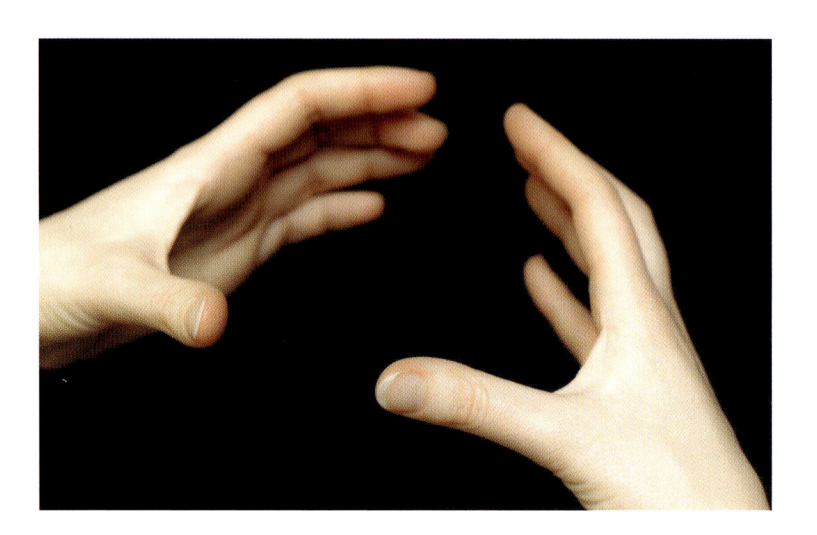

Auch wenn du nicht für Schalke bist: Steh auf!

4 gute Gründe fürs Stehen

Wahrscheinlich sitzt du bei einer Show lieber. Da kann man sich so schön hinter dem Computer verstecken und fällt nicht auf. Ich verstehe dich gut, aber trotzdem: Steh auf, und stell dich dem Publikum. Das Stehen mag am Anfang schwierig sein für dich, aber die Vorteile werden dir schnell einleuchten:

Frei bewegen

- Wenn du stehst, kannst du dich leichter und freier auf deiner »Bühne« bewegen. Im Sitzen bist du an einem Ort festgewachsen. Du musst dich total verbiegen, um zum Beispiel auf die Leinwand zu gucken. Außerdem wirst du wahrscheinlich im Laufe der Show immer weiter in dich zusammensinken. Und ein Rücken mag so eine Sitzstarre auf Dauer auch nicht und tut weh.

Wenn du stehst, wirkst du beeindruckender.
Im Sitzen bist du auf gleicher Höhe wie dein Publikum, du bist einer von ihnen. Entsprechend bringen die Zuhörer dir weniger Respekt entgegen, den du für deinen Auftritt allerdings dringend bräuchtest. Stell dich hin, und die Menschen sehen zu dir auf. So einfach ist das.

Beeindruckend wirken

Wenn du stehst, bekommst du mehr Aufmerksamkeit vom Publikum.
Im Sitzen ist viel weniger von dir zu sehen. Dein Publikum schaut deshalb mehr auf die Leinwand oder irgendwo anders hin.

Mehr Aufmerksamkeit bekommen

Wenn du stehst, ist deine Stimme kräftiger.
Im Sitzen drückt der Bauch den Brustkorb zusammen, und du bekommst weniger Luft. Dadurch ist deine Stimme weniger kräftig, und du musst häufiger Luft holen. Es besteht die Gefahr, dass du dich überatmest. Mehr Infos dazu findest du im Abschnitt »Deine Stimme verstehen« ab Seite 27.

Besser zu hören sein

Stabil stehen: Knie nicht durchdrücken.

Es ist nicht so wichtig, wie genau du bei einer Show stehst. Ob deine Füße jetzt nach vorne gucken oder nicht, ob du das Gewicht auf einem oder beiden Beinen hast oder ob deine Beine überkreuzt sind: egal. Hauptsache, du stellst dich überhaupt hin und bleibst nicht die ganze Zeit auf die gleiche Art stehen.

Aber eine Empfehlung hab ich doch: Drück deine Knie nicht so durch, dass die Beine ganz gerade sind. Lass deine Knie stattdessen etwas locker. Mit leicht gebeugten Knien hast du einen kräftigen Stand und bist trotzdem beweglich.

Bühnenluft schnuppern

Es geht das Gerücht, dass die Luft auf einer Bühne einen ganz besonderen Geruch hat. Schauspieler sagen: Wer einmal Bühnenluft geschnuppert hat, den lässt das Auftreten nicht mehr los. Bei mir war es auf jeden Fall so. Es hat mich gepackt, auf einer Bühne zu stehen und zu singen, zu reden oder etwas zu zeigen. Trotzdem machen mir Bühnen immer noch ein wenig Angst. Besonders dann, wenn der Auftrittsort neu für mich ist.

Bitte mal Hände hoch:
Wer hat Angst vor der Bühne?

Abb. 1–12
Ohne Publikum gar nicht so schlimm: die Bühne vor der Show

So gewöhnst du dich an die Bühne:

Lerne deinen »Feind« vor der Show kennen.

Wenn es irgendwie geht, besuch deinen Auftrittsort ein paar Tage vor deiner Show. Stell dich hin, wo du bald stehen wirst, und schau dich in Ruhe um. Gewöhn dich an diesen Ort, lerne ihn kennen. Denn wenn man seinen »Feind« kennt, verliert er viel von seinem Schrecken. Falls du schon 1000-mal an deinem Auftrittsort warst (Klassenzimmer, Sitzungsraum oder so), geh trotzdem vor der Show hin. Schau dir an, wie es ist, den Raum mal von einer anderen Seite zu sehen, und zwar von der Bühne aus.

Freunde dazudenken

Wünsch dir nette Menschen herbei.

Stell dich am Anfang einfach nur hin, atme ganz entspannt, und schau dich im leeren Raum um. Vermutlich siehst du nichts Fürchterliches. Jetzt setzt du in deiner Fantasie fünf Menschen in den Raum, am besten Freunde von dir. Stell dir vor, wie sie dich interessiert und freundlich anschauen. Keine Gefahr, oder? Gut, dann setz zu den vorhandenen fünf Menschen die gleichen fünf dazu. In deiner Fantasie hast du hast mittlerweile fünf mit dir befreundete Zwillingspaare im Raum sitzen. Wahrscheinlich ist das immer noch kein Problem für dich, deshalb kommen jetzt die nächsten fünf Kopien deiner Freunde. Und so machst du weiter, bis der Raum in deinem Kopf voll mit Freunden ist.

Ankerplatz auf Augenhöhe

Als Nächstes suchst du dir an deinem Auftrittsort einen oder zwei »Ankerplätze« auf Augenhöhe. Ein Ankerplatz wird dir während deiner Show dazu dienen, Halt zu finden, wenn du vom Thema abkommst oder den Faden verlierst. Gute Ankerplätze sind Stellen im Raum, an denen irgendetwas Besonderes ist: ein Bild an der Wand, ein Kleiderhaken oder ein Fenstergriff. Achte darauf, dass dein Ankerplatz etwa auf Augenhöhe liegt, damit du später, falls du ihn brauchst, nicht deinen Hals verdrehen muss. Präg dir deinen Ankerplatz gut ein.

Such dir Halt für die Augen.

Wenn du während der Show mit deinen Gedanken »abdriftest«, den Faden verlierst oder sogar einen Blackout bekommst: Schau zu deinem Ankerplatz, und halt dich innerlich daran fest. Meistens reicht es, ein paar Sekunden zu »ankern«, und weiter geht die Show. Falls nicht, helfen dir die Anti-Blackout-Sätze aus der Patsche. Mehr dazu findest du im Powertipp auf Seite 267.

Check one, two, one, two

Sooo, jetzt kommt der unangenehmste Teil beim Bühnentest. Es ist irgendwie irre und peinlich, aber ohne geht es nicht. Mach einen Soundcheck. Musiker tun das vor jedem Konzert: Sie singen ein paar Textzeilen, spielen ein paar Akkorde auf ihren Instrumenten oder trommeln ein paar Takte. Bei Reden nennt man den Soundcheck auch Sprechprobe.

Sprechprobe

Stell dich jetzt an deinen Auftrittsplatz und sprich ein paar Sätze. Am besten geeignet sind dein erster Satz aus der Show, der letzte Satz und ein paar Botschaften aus dem Hauptteil. Ein anderer Text geht auch. Hauptsache, du sprichst ganze Sätze und nicht nur »1, 2, 3, 4« oder »Test, Test«.

Falls du noch nie eine Sprechprobe gemacht hast, wirst du dir sicher ziemlich doof vorkommen. Wie idiotisch ist das denn auch, in einen leeren Raum reinzureden? Ich fühle mit dir, aber glaub mir, die Sprechprobe ist eine super Hilfe, um dich an die Show-Situation zu gewöhnen.

Beim Stichwort »leerer Raum« fällt mir ein: Das Schlimmste an der Sprechprobe kommt erst noch. Du solltest dir eine Freundin oder einen Freund zur Sprechprobe mitnehmen und ganz hinten in den Publikumsbereich setzen. Dieser Test-Zuhörer soll dir sagen, ob du zu laut, zu leise oder genau richtig klingst.

Leise anfangen

Die passende Lautstärke

Fang die Sprechprobe erst mal etwas zu leise an. Sprich ungefähr so laut, als würde dein Gesprächspartner einen Meter von dir weg stehen. Sprich in deiner üblichen Geschwindigkeit, vielleicht ein wenig langsamer. Gewöhn dich ans Sprechen, und nimm wahr, wie deine Stimme in diesem Raum klingt. Frag den Test-Zuhörer, wie die Lautstärke deiner Stimme ist. Bei diesem ersten Test solltest du zu leise sein.

Als Nächstes steigerst du deine Sprechlautstärke so weit, dass dich dein Test-Zuhörer ganz hinten im Raum gut hören kann. Sprich wieder im eher langsamen Tempo ein paar Sätze, und lass dir vom Test-Zuhörer sagen, ob du gut zu verstehen bist. Sprich in dieser Lautstärke ein paar Mal ein paar Sätze. Gewöhn dich an diese Lautstärke, präg sie dir gut ein. Genau so laut sprichst du bei deiner Show. Gratulation, du hast den schwierigsten Teil gut hinbekommen. Belohn dich, und lad deinen Test-Zuhörer auf ein Eis, einen Kaffee oder einen Eiskaffee ein.

> **ÜBRIGENS**
>
> **Menschen in einem Raum verändern den Klang**
>
> Wenn später in deiner Show der Raum voll ist mit Menschen, dann verändert sich der Klang. In einem leeren Raum wird deine Stimme fast vollständig von den Wänden zurückgeworfen. An Menschen prallt der Schall aber nicht so gut ab, man sagt: Der Schall wird geschluckt. Mit Menschen im Raum klingt deine Stimme für dich irgendwie dumpfer und leiser. Lass dich davon nicht irritieren, und bleib bei deiner Sprechlautstärke. Die Leute werden dich gut verstehen. Falls du einen Freund im Publikum sitzen hast, mach ein Zeichen mit ihm aus, ob deine Lautstärke richtig ist. Daumen hoch bedeutet: lauter sprechen, Daumen runter: leiser. Und wenn Zeigefinger und Daumen ein »O« formen, heißt das: alles »O«kay.

Proben, proben, PROBEN

Wenn es leicht aussieht, war es viel Arbeit.

Ich hatte in meinem Leben schon viel mit ganz unterschiedlichen Show-Profis zu tun – mit Musikern, Moderatoren, Schauspielern, Zauberern, Rednern und so weiter. Aber bei einer Sache waren sich alle einig: Wenn es leicht aussieht, steckt viel Arbeit und Übung dahinter. Diese Übung läuft in drei Stufen ab:

1. Oft kleine und schwierige Teile üben.
2. Gelegentlich große Teile proben.
3. Einmal vor einem kleinen Publikum (ein paar Freunden) eine Generalprobe machen.

Am Beispiel einer Band: Der Gitarrist übt für sich allein jeden Tag eine besonders schwierige Stelle. Jede Woche trifft sich die Band und probt einzelne Songs. Einen Tag vor der Show macht die Band eine Generalprobe auf der Bühne, auf der sie am nächsten Tag spielen wird. So kann in der Show gar nichts mehr schiefgehen. Zumindest nichts, was durch Übung zu vermeiden gewesen wäre.

Mach es wie die Musiker.
Übe immer wieder kleine Teile, während du deine Show baust. Am besten stellst du dich vor einen Spiegel oder nimmst dich auf Video auf. Wenn du mit der Vorbereitung durch bist, probe einzelne Teile der Show vor einer Freundin oder einem Freund. Und falls möglich, mach eine Generalprobe am Show-Ort. Das wäre dann auch eine super Sprechprobe.

In Fluss kommen

Bestimmt kennst du das Gefühl, wenn du etwas Tolles machst, ganz drin aufgehst und völlig die Zeit vergisst. Diesen Zustand hat der Psychologe Mihaly Csikszentmihalyi (was ein cooler Name) »Flow« (englisch für: Fließen, Fluss) genannt. »Flow« meint nicht ein kurzes Hochgefühl, einen »Kick«, sondern eher ein sanftes, andauerndes Glücksgefühl. Schau mal kleinen Kindern beim Spielen zu, da kannst du den Flow ganz oft beobachten. Im Flow fühlst du dich richtig wohl in deiner Show, statt sie nur irgendwie über die Runden zu bringen.

Erinnere dich bitte an eine Gelegenheit, bei der du schon mal in den Flow gekommen bist. Vielleicht war es beim Tanzen, Musikhören, beim Sport oder beim Computerspielen. Es kommt nicht darauf an, was du getan hast – Flow lauert immer und überall. Wenn du so eine eigene Flow-Erinnerung hast, schau sie dir genau an, und beantworte ein paar Fragen: Was hast du getan, als du in den Flow gekommen bist? Wie ist der Flow losgegangen? Wie hat sich dein Körper angefühlt? War es anstrengend? Hattest du ein Ziel? Hast du das Ziel erreicht? Wie lange hat der Flow gedauert?

Als Beispiel meine Antworten zu einem meiner Flow-Erlebnisse:

Was hast du getan, als du in den Flow gekommen bist?
Gesungen.

Wie ist der Flow losgegangen?
Keine Ahnung, war einfach da.

Proben wie die Musiker

Abb. 1–13
Nimm dich beim Proben auf – nur Ton reicht für den Anfang aus. Ein »Field-Recorder«, wie im Bild zu sehen, bietet die beste Qualität. Ein Handy tut es aber auch.

Sich hingeben und gehen lassen

Wie hat sich dein Körper angefühlt?
Leicht, verschmolzen mit der Umgebung.

War es anstrengend?
Nein, weder leicht noch schwer.

Hattest du ein Ziel?
Ja, ich wollte ein bestimmtes Lied singen können.

Hast du das Ziel erreicht?
Ja, es war (für mich) perfekt.

Wie lange hat der Flow gedauert?
Keine Ahnung. Zwei Sekunden vielleicht oder tausend Jahre.

Abb. 1–14
Gemalter Flow

Das Wesen des Flow

Die Antwort auf die Frage, was du getan hast, ist bei deinem eigenen Flow-Erlebnis sicher eine andere. Aber sehr wahrscheinlich hast du die übrigen Fragen etwa so wie ich beantwortet. Das ist das Wesen des Flow. Er beginnt »irgendwie«, ist angenehm, du bist eins mit der Welt, weder gelangweilt noch überfordert, hast ein Ziel, erreichst es und kannst nicht sagen, wie lange es gedauert hat.

Gratulation, du hast den Flow also. Wie geil wäre es jetzt, wenn du beim Showmachen in den Flow kommen könntest. Leider hast du keinen Flow-Anknipser im Gehirn. Aber du kannst in dir eine Umgebung schaffen, die einladend auf den Flow wirkt. Was immer du tust:

- Tu es ganz.
- Tu es gerne.

- Tu es gut.
- Tu es oft.

Dann kommen Flow und Erfolg von allein. Ich weiß, ich hab leicht reden, ich komme mittlerweile beim Showmachen sehr oft in den Flow. Das war aber nicht immer so. Auch ich hatte früher Riesenbammel davor, mich hinzustellen und loszureden. Und was, wenn das bei dir auch so ist?

Sieh es mal ganz praktisch
Du kommst sowieso nicht ums Präsentieren herum. Ständig will irgendjemand, dass du irgendetwas zeigst: In der Schule, an der Uni und im Beruf. Du hast zwei Möglichkeiten: Entweder du wehrst dich ständig gegen Auftritte, hast eine miese Zeit und gehst allen auf den Senkel. Oder aber du schaffst es, Spaß am Showmachen zu finden. Dann hast du eine super Zeit, und alle freuen sich über dich. Na ja, meistens zumindest.

Widerstand ist zwecklos.

Ein wichtiger Schritt auf dem Weg zum Show-Spaß ist, dass du die einzelnen Werkzeuge kennenlernst und etwas damit herumspielst. Show-Werkzeuge sind: deine Hände, Arme, Beine und dein Gesicht. Darüber hast du eben schon etwas erfahren. Außerdem: Bilder, Texte, Videos, Audios und Gegenstände. Dazu gleich mehr. Aber dein allerallerallerwichtigstes Show-Werkzeug ist deine Stimme.

1.2 Deine Stimme verstehen

Hast du schon mal deine Stimme auf Kassette, mit deinem Handy oder dem Computer aufgenommen und dann angehört? Und? Schock bekommen? Mir ging es zumindest so, als ich klein war. Die eigene Stimme hört sich sehr fremd an, wenn man sie das erste Mal aufgenommen hört. Das liegt daran, dass wir uns selbst doppelt hören.

So klingt meine Stimme?

Luft und Knochen
Zum einen kommt unsere Stimme vom Kehlkopf durch den Mund außenrum über die Luft in unsere Ohren. Diese »Luftstimme« klingt für uns genauso wie für unsere Zuhörer. Aber wir hören unsere Stimme noch auf einem zweiten Weg: von innen. Die Schallwellen, die unsere Stimmbänder erzeugen, bringen die Schädelknochen zum Schwingen. Die Knochen leiten die Schwingungen weiter zum Innenohr, wo sie dann als »Knochenstimme« wahrgenommen werden. Du kannst diese Schwingungen der Knochen übrigens spüren, wenn du deine Zeigefinger mal neben die Nase legst und dann »Mmmmmmm« summst.

Luftstimme und Knochenstimme

Die innere Mischung

Die Knochenstimme (die nur du selbst hörst) und die Luftstimme (die du und die anderen hören) werden in unserem Hirn gemischt. Das Ergebnis ist die Stimme, die wir als unsere eigene wahrnehmen. Beim Aufnehmen und Abhören fehlt der Knochenanteil natürlich, da nur der Schall aufgenommen wird, der über die Luft ins Mikro reinkommt. Die anderen hören dich also so, wie du auf einer Aufnahme klingst.

Lerne deine Show-Stimme kennen.

Warum ich dir das alles erzähle? Du drückst dich bei einer Show zu einem großen Teil über deine Stimme aus. Und zwar mit der Stimme, die dein Publikum hört. Deshalb ist es wichtig, dass du deine Stimme kennenlernst. Auf den nächsten Seiten gibt es einiges über die Stimme zu entdecken.

Stimme kennenlernen

3 Wegbegleiter zur Stimme

Auf dem Weg zu deiner Stimme gibt es drei wichtige Begleiter
Aufnahme, Gesang und Zuhören.

Aufnahme

Aufnehmen

Such dir einen Text aus, der dir gut gefällt, einen Roman zum Beispiel oder ein Gedicht. Diesen Text liest du ein paarmal vor und nimmst dich dabei auf. Es ist nicht so wichtig, dass die Aufnahme eine Hammerqualität hat. Dein Handy, MP3-Player oder ein alter Kassettenrekorder tun es auch. Hör dir deine Aufnahmen so oft an, bis du dich an deine Stimme gewöhnt hast. Sei dabei nicht zu kritisch mit dir. So klingst du nun mal. Nimm dich immer wieder auf, vor allem auch während deiner Shows.

Die Kacheln ansingen

Der beste Ort, um Singen zu üben, ist die Dusche. Durch das Stehen bekommst du gut Luft. Das Wasser erfrischt dich. Der gekachelte Raum lässt deine Stimme voll und kräftig klingen. Und schließlich: Es ist gesellschaftlich völlig akzeptiert, dass Menschen unter der Dusche singen. Probier das morgen früh gleich mal aus. Spiel deinen Lieblingssong, und sing mit. Übertreib es nicht mit der Lautstärke, das strengt deine Stimme an. Halt dich aber auch nicht zu sehr zurück, und sing zu leise, dadurch kommt ebenfalls unnötige Spannung auf die Stimme. Sing einfach ganz normal, oder summ auf »Mmmmm«, wenn du dir beim Singen zu doof vorkommst.

Gesang

Das Beste, was Stimmbänder machen können, ist singen. Echt, probier es unbedingt aus. Falls du noch nie gesungen hast oder Singen dir peinlich ist, probier mal Übung 3 im Kasten nebenan aus.

Zuhören

Klingt komisch, is' aber so: Wir lernen unsere eigene Stimme auch besser kennen, wenn wir anderen beim Reden oder Singen zuhören. Der Lerneffekt ist am höchsten, wenn diese Menschen eine tolle Stimme haben. »In echt hören« wirkt am stärksten, aber Konserve (MP3-Player oder Radio) geht auch. Das Kennenlernen der Stimme beim Zuhören verdanken wir den Spiegelneuronen im Hirn. Mehr zu den Spiegelneuronen findest du auf Seite 9.

> ÜBRIGENS
>
> Ich hab (leider) sehr spät angefangen, Singen zu lernen. Trotzdem ist es eine der besten Erfahrungen, die ich machen durfte. Ich kannte meine äußere Stimme aus dem Radio schon ganz gut, aber das Singen hat mir noch mal ganz neue Welten geöffnet. Singen und Sprechen sind zwar ganz unterschiedlich in »Herstellung« und Wirkung. Trotzdem tut das Singen dem Sprechen viel Gutes: Deine Atmung wird kräftiger, du bekommst mehr Gefühl in die Stimme, und dein Selbstbewusstsein bei Auftritten steigt stetig. Das kannst du alles gut für deine Show brauchen. Was ich damit sagen will: Lern singen. Und sing. Oder lern es nicht, und sing trotzdem. Bei jeder Gelegenheit.

Stimme warmlaufen lassen

Kein Sportler würde auf die Idee kommen, gleich voll mit dem Wettkampf loszulegen und alles zu geben. Jeder weiß: Vor dem Sport müssen die Muskeln aufgewärmt werden. In gewisser Weise ist Sprechen auch Sport, denn die Stimme wird von vielen Muskeln angetrieben: Kehlkopf- und Halsmuskeln, die Backen, Lippen und die Zunge, die Bauch- und Rückenmuskeln und noch ein paar andere. Ich empfehle dir sehr, vor jedem größeren Stimmeinsatz (nicht nur vor Shows, sondern auch im Alltag) deine Sprechmuskeln aufzuwärmen. Nutz diese Übungen dafür: P-T-K, Gähnen, Lippenflattern, Summen und SOJA.

Vor dem Stimmsport immer aufwärmen

P-T-K
Die erste Übung ist super geeignet, um deine Atmung zu vertiefen und dein Zwerchfell in Schwung zu bekommen. Das Zwerchfell ist eine Art dicke Haut aus Sehnen und Muskeln. Es trennt die Bauchhöhle (Magen, Darm und so weiter) von der Brusthöhle (Lunge und Herz). Beim Einatmen wird das Zwerchfell angespannt, beim Ausatmen entspannt es sich wieder: Das ist die sogenannte Bauchatmung. Sänger und Kampfsportler bevorzugen diese Form der Atmung, da sie wenig Kraft erfordert und trotzdem viel Luft in den Körper bringt.

Du kannst das Zwerchfell zwar nicht willentlich beeinflussen, aber es gibt eine gute Übung, um es indirekt zur Arbeit zu bewegen und aufzuwärmen. Sprich ein paarmal schnell hintereinander diese Laute: P, T, K, P, T, K, P, T, K. Drück bei jedem Laut die Luft mit den Bauchmuskeln aus dir raus. Wichtig ist, dass du dabei nicht »Pee« sagst, sondern nur ein P-Geräusch erzeugst. So wie ein Ploppen oder eine kleine Explosion. Mit T und K machst du es ebenso: nicht »Tee«, sondern »T«, nicht »Kaa«, sondern »K«.

Übung 1: Zwerchfell und Bauchmuskeln aufwecken

Deine Stimme verstehen

> **ÜBRIGENS**
>
> **Bauchatmung und Brustatmung**
> Im Gegensatz zur Bauchatmung steht die Brustatmung. Dabei werden die Muskeln zwischen den Rippen aktiv und eventuell noch die in Nacken und Hals. Brustatmung ist anstrengender als Bauchatmung und bringt trotzdem weniger Luft in den Körper. Die Brustatmung ist für Situationen reserviert, in denen wir eine Extraportion Luft brauchen: also zum Beispiel beim Laufen oder bei anstrengenden Tätigkeiten im Liegen.

Die Einatmung nach dem P-T-K lässt du von allein »passieren«, dafür sorgt dein Zwerchfell. Wenn du es richtig machst, tanzt dein Bauch vor und zurück und wird locker. Gleichzeitig hüpft dein Zwerchfell auf und ab und läuft auf diese Art schön warm.

Mach diese P-T-K-Übung nicht zu heftig und nicht zu lange. Du kannst besonders am Anfang leicht Seitenstechen bekommen oder dich »überatmen«. Lies bei »Wichtig 7: Achtung, Überatmung (Fachbegriff: Hyperventilation)« ab Seite 51 nach, wie du Überatmung erkennst und was du dagegen tun kannst.

Gähnen

Übung 2: Gesicht stretchen

Es ist noch nicht genau bekannt, wie Gähnen entsteht und warum wir es tun. Aber klar ist: Gähnen entspannt, es ist Stretching für die Sprechmuskeln. Nutz diesen Effekt, und versuch zu gähnen, auch wenn du gar nicht musst. Streck dich, reiß den Mund auf, atme gähnend ein und aus, lass vielleicht einen Ton hören. Mach das vier-, fünfmal, und vielleicht stellt sich ein echtes Gähnen ein. Ob künstlich oder echt: Genieß das Gähnen und die folgende Entspannung.

Lippenflattern

Übung 3: Lippen lockern

Als Nächstes lockerst du deine Mundpartie. Das geht am besten mit dem »Lippenflattern«: Schließ den Mund, atme durch die Nase ein und schieb die Luft durch die geschlossenen Lippen nach draußen. Versuch dabei, die Lippen zwar geschlossen, aber trotzdem möglichst locker zu lassen, sodass sie schön ins Flattern kommen. Wenn du sie zusammenpresst, flattert nix. Wenn du die Übung richtig machst, klingst du wie ein Pferd und siehst auch so aus. Schau dir ruhig im Spiegel dabei zu, das lockert die Seele gleich mit. Nach ein paar Sekunden Lippenflattern merkst du, wie sich dein Mund entspannt. Das wiederum ist gut für die Stimme und die kommenden Übungen.

Summen auf »Mmmmm«

Übung 4: Vibrieren

Jetzt ist das Zwerchfell schön warm, der Körper gedehnt und der Mund weich – Zeit für den ersten richtigen Ton. Das »M« ist gut zum Einstieg geeignet. Schließ die Lippen, und summ. Der Ton kommt dabei zu den Nasenlöchern raus. Summ am Anfang ganz leise und vorsichtig, nur so lange du bequem Luft hast. Mach dann den Mund wieder auf, und lass das Luftholen »passieren«, also vom Zwerchfell erledigen. Dann summst du wieder einen Atemzug lang, lässt die Atmung passieren und so weiter.

Beim Summen fangen Teile deines Kopfes an zu vibrieren. Du kannst es an den Lippen spüren, an der Nase und daneben, vielleicht sogar bis hoch unter die Schädeldecke. Versuch mit der Zunge das Vibrieren zu verlagern. Wenn du die Zunge entspannt auf dem Mundboden liegen lässt, vibriert es stärker an den Lippen. Schieb die Zunge jetzt vor an die Zähne, und füll mit ihr den gesamten Mundraum aus. Das Vibrieren an den Lippen verschwindet, und vielleicht schwingt deine Nase so stark, dass es kitzelt.

Du musst nicht immer auf einer Tonhöhe bleiben. Summ auch mal ein Kinderlied, das hier zum Beispiel: M-m-m-m-mmm-mm-m-m-m-m-mmm-m-m-m-m-mmm-m-m-m-m-mm-m-m-m-m-mmm.

SOJA
Und weiter geht die Tonproduktion mit den Vokalen, den klingenden Lauten unserer Sprache. Sprich das Wort »SOJA« langsam ein paar Mal in einer mittleren Lautstärke. Lass das »S« schön wie eine Fliege klingen, und mach beim »O« einen runden Mund wie ein Fisch beim Luft- oder besser beim Wasserholen. Über ein kurzes »J« landest du beim »A«, das du wohlklingend auslaufen lässt. Probier statt des »S« auch mal ein »W« (WOJA) und ein »M« (MOJA). Üb mit diesen Wörtern weiter, wenn dir eins davon besser liegt.

Übung 5: Die Stimme zum Klingen bringen

Glückwunsch, deine Stimme ist warm.

Stimme wirken lassen

Stimmen sind wie kleine Kinder. Sie müssen gut trinken, verlangen viel Aufmerksamkeit, wollen spielen und auch mal ihre Ruhe haben. Kurz gesagt: Stimmen brauchen viel Liebe. Dann wirken sie fantastisch gut auf andere. Ich hab dir ein paar Tipps für den liebevollen Umgang mit deiner Stimme zusammengestellt. Die Tipps eignen sich besonders gut für den Einsatz in deiner Show. Aber auch im Alltag helfen sie dir, dich mit deiner Stimme erfolgreich auszudrücken. Probier die Tipps mal aus. Wenn dir etwas gut tut, bleib dabei, und mach es dir zur Gewohnheit.

Stimme liebhaben

- Atme bewusst.
  Beim Sprechen und beim Schweigen: Die Stimme wird vom Atem getragen. Erinner dich also im Alltag immer wieder selbst ans Atmen. Nicht zu tief, nicht zu flach. Es ist wichtig, dass du im Ernstfall (der Show) ganz automatisch kräftig atmest, ohne daran

Luft holen

zu denken. Denn für solche Gedanken hast du während der Show keine Zeit und keinen Nerv.

Bring deine Gefühle in die Stimme.

Gefühle reinbringen

Nicht nur das, was du sagst, spricht Menschen an, sondern vor allem auch wie du es sagst. Das Gefühl, das du in deine Stimme legst, kann ganz tief in die Menschen eindringen. Mit Gefühl sind nicht nur die positiven Gefühle gemeint. Du musst nicht immer nur nach Spaß klingen. Manchmal kann auch ein trauriger oder wütender Ton angemessen sein. Am besten bringst du das Gefühl über dein Gesicht in die Stimme. Also lächle, wenn du etwas Fröhliches erzählst, und lass die Mundwinkel fallen, wenn du Trauer in die Stimme bringen willst. Reiß die Augen auf vor Schreck, oder mach sie zu, wenn du etwas Intimes erzählst.

Rede mit jedem wie mit einem Freund oder einer Freundin.

Wie mit Freunden reden

Vielleicht hast du auch schon mal gehört, wie andere in den Heimatdialekt verfallen, wenn sie mit Verwandten telefonieren. Es ist eine alte Medienweisheit: Wir passen unsere Stimme und Sprache an unser Gegenüber an. Mit Freunden reden wir anders als mit Fremden. Nutz diesen Effekt bei einer Show. Stell dir vor, du würdest mit einem Freund oder einer Freundin reden. Deine Stimme wird automatisch freundlicher und deine Sprache besser verständlich. Weil: mehr Alltagssprache und so. Am besten legst du dir einen »Ansprechpartner« zu, an den du denkst, wenn du in der Show sprichst. So ein Ansprechpartner ist auch in der Vorbereitung gut. Mehr dazu findest du ab Seite 110.

Wechsle Tonhöhe, Lautstärke und Tempo.

Abwechslungsreich sein

Nichts ermüdet Menschen in einer Show mehr als eine Stimme, die von vorn bis hinten gleichbleibt in Lautstärke, Tempo und Tonhöhe. Ein Trauerspiel, die Ohren möchten sterben. Lass das in deiner Show nicht zu. Spiel mit der Lautstärke deiner Stimme herum. Sag einen ganz besonders wichtigen Satz etwas lauter. Experimentier mit der Tonhöhe bei einzelnen Wörtern in einem Satz. Bei einer Frage zum Beispiel geht die Stimme am Ende etwas nach oben (wird höher), bei einer Aussage eher etwas nach unten.

Abb. 1–15
Sprachmelodie:
Lass deine Stimme tanzen, ohne zu singen.

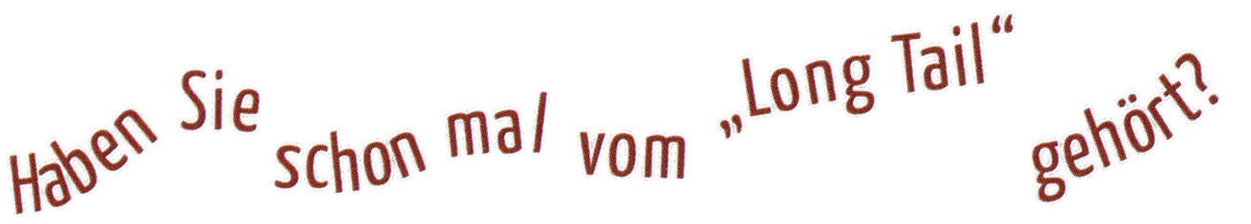

Haben Sie schon mal vom „Long Tail" gehört?

Showtime

Auch mit deinem Sprechtempo kannst du bei deinem Vortrag arbeiten: Sprich mal ein wenig schneller, dann wieder etwas langsamer, und vor allem: Mach zwischendurch kurze Sprechpausen. In dieser Zeit holst du Luft und denkst kurz über die nächsten Sätze nach. Mehr zum Sprechtempo findest du ab Seite 255.

- Lebe mit Äääähs.
  Es gibt Schlimmeres in einer Show als Äääähs, Ööös und Mmmhs. Folien voller Text zum Beispiel. Also sei nicht zu streng mit dir, und erlaube dir gelegentlich ein Äääh. Besser ist es allerdings, du machst eine kurze Pause und sagst gar nichts, wenn du nachdenken musst. *Äääähs okay sein lassen*

- Räuspere dich nicht.
  Räuspern (oder unterdrücktes Husten) ist Gift für die Stimme. Tu deinen Stimmbändern diese Qual nicht an. Wenn du das Gefühl hast, einen Kloß im Hals zu haben, trink einen Schluck Wasser, oder schluck ein paar Mal »leer«, also nur etwas Spucke. Der Kloß im Hals ist oft nur eingebildet und geht von allein weg, wenn du ihm keine Aufmerksamkeit mehr schenkst. Ständiges Räuspern dagegen kann sich als schlechte Gewohnheit regelrecht festsetzen. *Nicht räuspern*

- Drück nicht auf die Stimme.
  Die Versuchung ist groß, auf die Stimme zu »drücken«, wenn du laut reden willst. Der Druck entsteht, wenn du versuchst, zu viel Luft zu schnell durch die Stimmbänder zu pressen, um deine Stimme lauter klingen zu lassen. Der Druck führt allerdings dazu, dass deine Stimme schnell müde wird und vielleicht sogar kratzig. *Nicht drücken*

- Mach deinen Mund auf.
  Es gilt: Zwischen zusammengepressten Zähnen und Lippen kann kein Ton durchkommen. Also mach deinen Mund auf. Am besten so weit, dass es dir zuviel vorkommt. Mit offenem Mund bekommst du mehr Power in deine Stimme. *Mund aufmachen*

Mit Stimmproblemen umgehen

Ich hab schon viele tolle Stimmen gehört. Perfekt war keine. Manchmal waren es sogar besonders die kleinen Sprachfehler, durch die eine Stimme interessant wirkte. Die meisten Stimmprobleme sind ganz harmlos: nasale Stimme (wie Herr Graf im Film), knödelige Stimme (wie ein Frosch), verhauchte Stimme (erotisch), festgehaltener Unterkiefer, Lispeln, leichtes Stottern, Kieksen. *Wenn die Stimme Probleme macht*

TIPP 1

Etwas höher sprechen macht die Stimme verständlicher.

Viele Menschen neigen bei einer Show dazu, mit der Stimme runterzugehen, also tiefer zu werden. Sie sprechen im »Brustton der Überzeugung«. Leider »trägt« eine tiefe Stimme nicht so gut, das heißt: Sie wird leiser wahrgenommen. Wenn du tiefer wirst, musst du also lauter reden, um genauso gut verstanden zu werden wie vorher. Das führt dazu, dass du »auf deine Stimme drückst« und dich stark anstrengst. Das muss nicht sein. Statt mit deiner Stimme tiefer zu werden, gehe in die Höhe. Die hohen Teile deiner Stimme tragen viel besser, du musst dich beim Sprechen also weniger anstrengen.

Übertreib es mit dem Höherwerden aber nicht, sonst klingt es leicht lächerlich. Manche Menschen (Frauen besonders) sprechen unter Stress ohnehin schon höher als normal. Für die ist dieser Tipp ungeeignet. Falls das bei dir auch so ist: Sprich langsamer, die Stimme geht automatisch etwas runter. Wenn du noch kein Gefühl dafür hast, was höher oder tiefer bei deiner Stimme bedeutet, dann probier Übung 4 aus.

WICHTIG 3

Bei Stimmproblemen zum Logopäden

Falls du fürchtest, dass du ein ernsthaftes Stimmproblem hast und deshalb nicht öffentlich reden magst: Geh zu einem Logopäden (einem »Sprecherzieher«), und lass dich checken. Vielleicht kann der dich beruhigen oder dir Übungen beibringen, wie du mit deinem Sprechen besser umgehen kannst.

ÜBUNG 4

»Brustton der Überzeugung« und »Schwingkopf mit Tragweite«

Deine Stimme besteht nicht nur aus einem Ton in einer bestimmten Höhe. Sie ist eine Mischung aus ganz vielen Tönen, die gleichzeitig erklingen. Diese Töne kann man in zwei Gruppen einteilen: höhere und tiefere Töne. Die tieferen Töne vibrieren beim Sprechen und Singen in der Brust und die höheren Töne im Kopf.

Probier es selbst mal aus: Lege deine Handflächen auf den Brustkorb knapp unterhalb vom Hals. Sprich ein paar Sätze in deiner normalen Stimmlage, nicht hoch, nicht tief. Fühle mit deinen Händen die Vibrationen in deinem Brustkorb. Jetzt stell dir vor, du bist ein schlauer, alter sprechender Bär. Geh mit deiner Stimme etwas tiefer, und sprich dieselben Sätze noch mal, aber etwas langsamer. Verändern sich die Vibrationen? Wahrscheinlich werden sie kräftiger, je tiefer du redest. Was du da spürst, ist deine »Bruststimme«, der tiefe Teil deiner Stimme. Achtung: Drück deinen Kehlkopf bei dieser Übung auf keinen Fall hoch oder runter. Lass ihn einfach, wo er ist. Am besten kontrollierst du das in einem Spiegel. Hör mit der Übung auf, sobald du nicht mehr mit Leichtigkeit tiefer kommst.

Als Nächstes leg die Fingerspitzen deiner Hände auf den Oberkiefer links und rechts neben deine Nase. Sprich ein paar Sätze in deiner normalen Stimmlage. Nicht hoch, nicht tief. Fühle die Vibrationen. Falls du in dieser Stimmlage keine Vibrationen spürst, ist das auch okay. Schließ dann den Mund, und fang an zu summen, also ein »M« zu sprechen, fast schon zu singen. Summ zuerst in deiner normalen Stimmlage. Jetzt spürst du wahrscheinlich leichte Vibrationen neben der Nase. Summ weiter (zwischendurch Luft holen ist erlaubt), und geh langsam hoch mit deiner Stimme. Fühl dann, ob und wie sich die Vibrationen verändern. Wahrscheinlich werden sie kräftiger, je höher du summst. Was du da spürst, ist deine Kopfstimme, der hohe Teil deiner Stimme. Die Kopfstimme trägt sehr gut und wird deshalb besser wahrgenommen. Achtung: Drück deine Stimme bei dieser Übung auf keinen Fall hoch. Hör auf, wenn du nicht mehr mit Leichtigkeit höher kommst.

Der Schlag im Kopf

Ram Dass (ehemals Richard Alpert) ist ein sehr charismatischer (ausdrucksstarker) Redner. Ich hab ihn vor vielen Jahren mal bei einem Vortrag über die Philosophie Indiens erlebt und hatte durchgängig Gänsehaut. 1997 hat Ram Dass einen Schlaganfall erlitten, das ist eine Blutung im Gehirn. Bei vielen Menschen ist nach einem Schlaganfall eine Gesichtshälfte gelähmt, das Sprechen fällt ihnen dadurch schwer. Die Sprache ist verwaschen, drucklos und ohne großartige Höhen und Tiefen.

Diese Sprachprobleme hat auch Ram Dass durch seinen Schlaganfall bekommen – für ihn als Redner eine Katastrophe. Er hat lange gebraucht, um wieder zu lernen, öffentlich aufzutreten. Mittlerweile sagt er, dass der Schlaganfall seine Fähigkeit als Redner sogar noch verbessert hat. Da ihm das Reden schwerfällt, muss er seine Sätze auf das Wichtigste konzentrieren und sehr viel langsamer sprechen. Und sein Publikum muss ihm viel intensiver zuhören.

Ram Dass kann nach einem Schlaganfall und den dafür typischen Sprachstörungen tolle Vorträge halten. Da solltest du dich von einem kleinen S-Fehler, gelegentlichen Kieksern oder einem leichten Stottern nicht aus der Ruhe bringen lassen.

Bitte nicht auf die Stimme einprügeln!

Mitgröhlen bei Konzerten, auf die Stimme drücken beim Sprechen, pausenlos Zigarettenrauch drüberpusten: Die meisten Menschen gehen mit ihrer Stimme so um, als hätten sie noch drei davon im Schrank. Die Stimme kann sich zwar erstaunlich gut erholen, aber Achtung.

> **Bei länger andauernder Heiserkeit zum Arzt**
> Solltest du mal nach einer Erkältung oder einer exzessiven Partynacht länger als eine Woche heiser sein, dann geh unbedingt zum Arzt.

Stimmwechsel (»Stimmbruch«)

Ein Sonderfall unter den Stimmproblemen ist der Stimmwechsel (Stimmbruch), den alle Jungen und Mädchen um die Pubertät herum durchmachen. Bei Jungen verläuft der Stimmwechsel manchmal sehr dramatisch. Ihre Stimme wird bis zu einer Oktave tiefer, sie ist nach dem Stimmwechsel also nur noch halb so hoch wie vorher. Bei Mädchen kann beim Stimmwechsel die Stimme eine Terz in die Tiefe gehen, ist dann also nur 15 Prozent tiefer als vorher. Das hört man meistens nicht so deutlich.

In der Zeit des Stimmwechsels musst du besonders als angehender Mann jederzeit damit rechnen, dass die Stimme spinnt. Vielleicht hüpft sie auf und ab oder bleibt dir ganz weg. Falls du in dieser Zeit öffentlich reden musst, stell dich drauf ein. Mach eine kurze

Beim Stimmbruch bricht nix.

ÜBRIGENS

Es dauert eine ganze Weile, bis sich die Stimme nach dem Stimmwechsel beruhigt und gesetzt hat. Manchmal verändert sich die Stimme bei Männern noch deutlich mit Mitte 20. Und auch später ist die Stimme nicht festgetackert. Oft wird sie im Laufe des Lebens noch etwas tiefer. Die Stimme ist eben ein lebendiges Wesen. Freu dich an ihr, und werd ganz alt mit ihr.

Sprechpause, wenn dich ein Kiekser erwischt. Oder hör ganz auf mit der Show. Übe auf keinen Fall Druck auf die Stimme aus, um sie unter Kontrolle zu bekommen. Das ist ohnehin nie gut, aber in der Zeit des Stimmwechsels ist der Sprechapparat besonders empfindlich.

Kurzer Check
Auftrittsangst – einigermaßen im Griff. Körpereinsatz – voll. Bühnenluft – geschnuppert. Stimme – warm und kräftig. Show – kann kommen.

1.3 Kurz vor der Show

Meiner Erfahrung nach sind die schlimmsten Zeiten bei einer Show:
- Die ersten 10 Sekunden, nachdem es losgegangen ist
- Die letzten 60 Minuten vor der Show

Ersatzklamotten mitnehmen
Zack, da isser drauf auf dem Hemd, der Fleck. Supp, da hat die Wasserkühlung der Haut unter dem Arm zu viel getan, und das Hemd ist durchgeschwitzt. Wäre das nicht toll, wenn man jetzt so kurz vor der Show einfach in ein Ersatzhemd oder ein frisches T-Shirt schlüpfen könnte? Ja, das wäre toll, und vorher könnte man noch etwas Deo auflegen. Muss man aber beides eingesteckt haben …

Auf den nächsten Seiten geht es um diese letzte Stunde. Ganz wichtig: Fummel in dieser Zeit nicht mehr an der Show herum. Stell vor allem nichts mehr um, und bau keine neuen Ideen ein. Das geht ziemlich sicher schief, glaub es mir. Nur sachliche Fehler wie eine falsche Jahreszahl oder einen Buchstabendreher kannst du vor der Show noch beseitigen.

Die letzte Stunde vor deiner Show verbringst du am besten damit, innerlich ruhig zu werden. Lass deine Gedanken über eine frische grüne Wiese, einen schönen Strand oder sonst einen tollen Ort gleiten. Gut ist es auch, irgendwas zu reiben, siehe den Powertipp 4 »Beruhigende Handschmeichler«, auf Seite 42.

Zu spät für Vorbereitung

Nix Neues mehr

Verbring diese letzte Stunde vor der Show nicht damit, dir noch ein paar Fakten draufzuschaffen. Was du jetzt noch nicht kannst, das verankerst du eh nicht mehr im Hirn. Im Gegenteil. Wahrscheinlich machst du sogar etwas von deinem Wissen kaputt, wirst eher noch unsicher. Es gilt: Eine gute Vorbereitung ist die halbe Show. Wenn du dich also einigermaßen gut vorbereitet hast, kann auch die Show nicht völlig schiefgehen. Wenn nicht, reißt du es in den letzten Minuten sicher auch nicht mehr.

Essen und trinken

Ein Auftritt ist ein ganz außergewöhnliches Ereignis. Das spürt auch der Körper und reagiert mit den typischen Stresszeichen: flauer Magen, schneller Herzschlag, flache Atmung, viel Schweiß. Selbst bei erfahrenen Show-Hasen ist das so. Sei in der Zeit vor der Show nett zu deinem Körper, damit er nicht während der Show schlappmacht. Das Nettsein fängt damit an, dass du sorgfältig auswählst, was du deinem Körper zuführst.

Der richtige Treibstoff

- Nicht den Bauch vollschlagen
  Ab einer Stunde vor der Show solltest du nichts Größeres mehr essen. Mit vollem Magen bekommst du weniger Luft. Dadurch ist deine Stimme nicht so kraftvoll, und du musst öfter Luft holen. Außerdem fließt mehr Blut in den Darm, denn Verdauung kostet viel Energie. Dieses Blut im Darm und damit die Energie fehlen dir im Gehirn, wo du sie dringend für deine Show brauchst.

Nicht zu viel essen

- Wenig bis keinen Zucker zu dir nehmen
  Vermeide außerdem stark zuckerhaltigen Kram eine Stunde vor und auch während der Show. Viel Zucker ist in: Cola, Schokolade, Keksen und natürlich in Traubenzucker-Stückchen. Zucker (und Traubenzucker ganz besonders) geht schnell ins Blut, du wirst wach und fühlst dich kräftig.

  Zucker ist eigentlich eine feine Sache: Er nährt das Hirn und gibt schnell Muskelenergie. Allerdings mag der Körper viel Zucker im Blut gar nicht. Deshalb schüttet er nach der Zuckeraufnahme das Hormon Insulin aus, das dafür sorgt, dass der Zucker wieder aus dem Blut rausgeht. Leider übertreibt der Körper das mit der Insulinausschüttung etwas, und es wird zu viel Zucker aus dem Blut genommen. So kommt es, dass du etwa 20 Minuten nach der Zuckereinnahme müder bist als vorher.

Vor allem nicht zu viel Zucker

- Nicht mehr Wachmacher als üblich konsumieren
  Koffein ist einer der beliebtesten Wachmacher. Koffein ist in Kaffee enthalten, aber auch reichlich in »Energy-Drinks«. In manchen dieser Dosen steckt so viel Koffein wie in zwei Tassen Kaffee.

  Für die Zeit vor der Show gilt: Bleib bei deiner Gewohnheit. Trink nicht mehr, aber auch nicht weniger Kaffee. Wenn du zu den Menschen gehörst, die unter fünf Tassen gar nicht anspringen, dann trink deine fünf Tassen. Aber trink nicht viel mehr. Sonst kann die Wachwirkung leicht kippen: Du bekommst Herzrasen, Schweißausbrüche, und dir zittern die Hände. Das kannst du in deiner Show gar nicht gebrauchen.

Kaffee wie immer

Kein Schleim!
Was immer du vor der Show isst oder trinkst, lass unbedingt die Sachen weg, die deinen Hals verschleimen. Schleim ist schlecht für die Stimme und kann leicht zu einem Dauerräuspern führen. Schleimförderer sind: Milch, Cola, Bananen, Schokolade und manche Kräuterteesorten. Probier am besten eine Weile vor der Show, was bei dir den Schleim fließen lässt. Darauf verzichtest du dann vor der Show besser.

Aber trink auch nicht weniger als die gewohnten fünf Tassen. Sonst kommst du nicht richtig in Gang, und auch das ist für deinen Auftritt nicht gut. Es gilt: Kurz vor der Show ist kein guter Zeitpunkt, um schlechte Angewohnheiten sein zu lassen.

Halte es mit dem Essen vor der Show am besten so
Zwei Stunden vor der Show isst du eine ganz normale, nicht zu fettige Mahlzeit mit reichlich Gemüse und Obst. Dazu trinkst du Wasser ohne Blubber. Eine Stunde vor der Show isst du gar nichts mehr, etwas blubberfreies Wasser ist okay. Nimm dir ruhig für den Notfall ein Stückchen Traubenzucker in die Show mit. Iss den Traubenzucker aber nur, falls du dich sehr schlapp fühlst. Denk dran, dass der Traubenzucker nur etwa 20 Minuten lang wach hält. Danach sorgt er dafür, dass du sehr müde wirst.

Technik am Auftrittsort checken

Meistens ist am Auftrittsort schon alles fertig aufgebaut, im besten Fall läuft die Technik sogar. Du musst kurz vor der Show also nur noch mal ein paar Sachen abklopfen, damit alles sauber durchläuft. Dieser Technik-Check ist schnell gemacht. Geh einfach die »Checkliste Technik am Auftrittsort« auf Seite 281 durch, und mach einen Haken an jedem Punkt. Und präg dir für den Ernstfall (Technik fällt aus) diesen Merksatz ein:

Abb. 1–16
Kein Bild auf der Leinwand?
Dann check mal das Kabel vom Notebook (blaue Buchse) zum Beamer.

In 9 von 10 Fällen ist ein Stecker locker.
Ich habe früher mal mein Geld damit verdient, Menschen bei Computer-Problemen zu helfen. Dabei habe ich diese Faustformel entdeckt: In 9 von 10 Fällen ist ein Stecker locker. Die Lösung: Das wacklige Teil reindrücken und gut. Falls du also ein technisches Problem hast, check alle Kabel am Computer und am Beamer. Drück jeden Stecker mal in die Buchse. Aber ACHTUNG: Lass die Finger von den Stromkabeln. Frage jemanden, der sich damit auskennt (einen Hausmeister zum Beispiel), ob er dir helfen kann.

Mit Aufregung umgehen

> **Aufregung vor der Show hat ihren Nutzen.**
> Die Aufregung vor einer Show macht dich wach und gibt dir die Energie für den kommenden Auftritt. Kämpf nicht dagegen an. Freu dich stattdessen, dass dein Körper genau nach Bauplan funktioniert.

Viele Menschen haben Angst davor, eine Rede zu halten. Für diese Angst vor einer Rede gibt es in der Medizin sogar ein eigenes Wort: Laliophobie. Früher hatte ich auch Angst vor einem Auftritt – das volle Programm: nasse Hände, trockener Mund, roter Kopf, zittrige Stimme, Watte im Hirn. Je mehr Shows ich hinter mich gebracht habe, umso kleiner ist diese lähmende Angst geworden. Die Aufregung vor einer Show (das »Lampenfieber«) ist allerdings geblieben. Und das ist gut so.

Etwas Aufregung ist nützlich.

Aufregung – was soll der Mist?

Die Aufregung, die du vor einem Auftritt spürst, ist viele zehntausend Jahre alt. Es läuft ganz einfach ab: Gefahr erzeugt Aufregung, und wir reagieren mit Angriff oder Flucht. Danach klingt die Aufregung wieder ab – der Mensch erholt sich. Und weiter geht die gute Fahrt bei der nächsten Gefahr. Dieser Ablauf hat unseren Vorfahren lange Zeit gute Dienste geleistet. Leider können wir modernen Menschen unsere Aufregung zum Beispiel vor einer Show nicht mehr einfach in Angriff oder Flucht ableiten. Wir stehen nur so rum, und die Aufregung grillt uns gut durch. Mit dem Verstand kommen wir da nicht ran, dieser Mechanismus ist ganz tief in unserem Körper verankert.

Angriff oder Flucht

Zum Glück ist jeder Mensch von diesem Problem der überschießenden Aufregung mehr oder weniger betroffen. Deshalb haben die Menschen auch schon immer nach Möglichkeiten gesucht, die Aufregung in den Griff zu bekommen. Die besten Tipps gleich, vorher aber Achtung: Große Aufregung kann dazu führen, dass du dich »überatmest«. Lies bei »Wichtig 7: Achtung, Überatmung (Fachbegriff: Hyperventilation)« ab Seite 51 nach, wie du das erkennst und was du dagegen tun kannst.

Es ist ein Kraut gegen die Aufregung gewachsen

Ich habe dir ein paar Hausmittel gegen die körperlichen Folgen der Aufregung kurz vor der Show zusammengestellt. Probier diese Mittel am besten lange vor der Show alle mal aus, um rauszufinden, was für dich gut funktioniert. Das setzt du dann vor der Show ein – und überhaupt immer dann, wenn du sehr aufgeregt bist. Durch die Wiederholung wird sich die Wirkung des Mittels noch steigern. »Selbstverstärkung« nennen Wissenschaftler diesen Effekt.

Die besten Hausmittel gegen Aufregung

Atem zählen

Atem ruhig – Seele ruhig

Eine gute Übung, um zur Ruhe zu kommen, haben Zen-Mönche entwickelt. Sie heißt »Atem zählen«, und wie du sofort glasklar erkannt hast: Du zählst bei dieser Übung deinen Atem. Mehr nicht.

So geht es: Setz dich an einen ruhigen Ort. Schließ die Augen. Beim nächsten Einatmen denkst du »1«. Beim Ausatmen denkst du wieder »1«. Beim folgenden Atemzug denkst du »2 – 2« und so weiter. Wenn du bei »10« angekommen bist, dann fängst du wieder bei »1« an. Wichtig ist, dass du deinen Atem nur beobachtest und zählst. Verändere deinen Atem aber nicht, atme also nicht tiefer oder anders. Mach das eine Weile, und deine Gedanken kommen ganz von allein zur Ruhe.

Wenn dir das Zählen zu langweilig wird, probier mal die Variante: Jedes Mal, wenn dir beim Atemzählen ein Gedanke kommt oder du deinen Körper fühlst, fang wieder bei »1« an mit dem Zählen. Schau, ob du unter den verschärften Bedingungen bis »10« kommst. Mir ist es noch nicht gelungen.

Shiatsu, Fingerdruck-Massage

Mit den Fingern Druck rausnehmen

Shiatsu kommt aus Japan und ist eine spezielle Form der Massage durch Fingerdruck. Shiatsu wird bei vielen körperlichen und seelischen Leiden eingesetzt: Für jedes Problem gibt es einen speziellen Druckpunkt am Körper.

Der wichtigste Druckpunkt gegen Aufregung befindet sich dort, wo die Hand dem Unterarm begegnet. Und zwar an der Seite des kleinen Fingers. Taste mal mit dem Daumen der einen Hand diesen Bereich der anderen Hand ab. Du wirst einen kleinen Knochen spüren. Der gewünschte Punkt liegt vor diesem Knochen zum Unterarm hin. Du erkennst den richtigen Punkt daran, dass sich der Druck dort anders anfühlt: intensiver, und vielleicht sogar leicht schmerzhaft. Diesen und zwei andere wichtige Druckpunkte gegen Stress, die du unauffällig vor der Show massieren kannst, siehst du in Abbildung 1–17. So geht Shiatsu: Drück mit dem Daumen der einen Hand zehn Sekunden den entsprechenden Punkt der anderen Hand. Nicht zu fest, nicht zu lasch. Dann wechsle die Hände.

Abb. 1–17

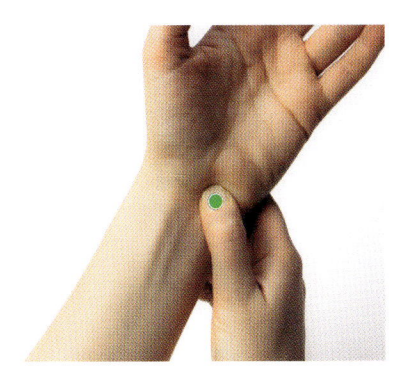

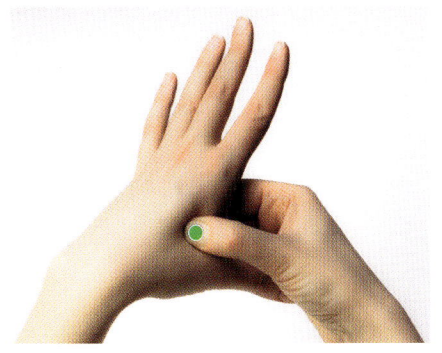

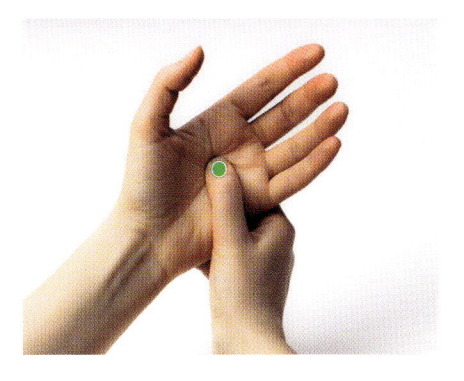

Shiatsu: drei wichtige Druckpunkte gegen Stress

Yoga

Yoga ist der alte indische Weg zur Erleuchtung. Es gilt, Körper und Geist so zu trainieren, dass sie die Meditation nicht stören. Dafür gibt es eine Reihe von Übungen, zum Beispiel den »Löwen«. Diese Übung soll die Aufregung nehmen, selbstbewusst machen und die Stimme stärken – perfekt für Show-Zwecke.

Und so geht's: Hock dich in den Fersensitz auf den Boden. Falls das nicht geht, tut es auch ein normales Hinsetzen auf einen Stuhl. Leg deine Hände mit den Handflächen nach unten auf die Knie, und atme ein. Dann streck die Zunge raus und nach unten in Richtung Kinn, so weit es geht. Gleichzeitig reiß die Augen auf, und guck nach oben, etwa zur Mitte deiner Stirn. Spreiz deine Finger, als hättest du Krallen, und brüll beim Ausatmen wie ein Löwe. Mach die Übung ein paarmal, auch wenn du dir dabei blöd vorkommst.

Langsam herumlaufen

In Griechenland gab es vor über 2000 Jahren eine Philosophen-Schule, in der Lehrer und Schüler während des Unterrichts herumgelaufen sind. Aristoteles hieß der Lehrer, und den kennt man heute noch. Also hat ihm das Spaziergehen während des Denkens anscheinend nicht geschadet. Probier das auch mal aus. Herumlaufen regt das Denken an und baut Stress ab.

Die Aufregung will, dass wir weglaufen. Komm diesem Wunsch einfach nach, und lauf herum. Herumlaufen baut Spannung und Angst meiner Erfahrung nach ganz gut ab. Das Bedürfnis sitzt tief in uns und kommt aus der Zeit, als auf Angst meistens Flucht folgte. Wenn so ein Säbelzahntiger neben uns auftaucht, ist Drüberreden ja auch keine gute Alternative. Übertreib es mit dem Herumlaufen aber nicht. Manchmal kann es die Aufregung auch verstärken. Probier einfach aus, ob es dir gegen die Auftrittsangst hilft.

Herumlaufen baut Stress ab.

Beruhigende Handschmeichler

Handschmeichler sind Gegenstände, die sich gut anfühlen, aber sonst keinen anderen Zweck erfüllen. Meistens dient ein besonders glatter Stein oder ein poliertes Stück Metall als Handschmeichler. Der Gegenstand sollte so groß sein, dass du ihn leicht in der Hand verborgen mit den Fingern reiben kannst. Handschmeichler haben gleich zwei Vorteile: Sie leiten Fluchtenergie in eine Muskeltätigkeit (das Reiben) ab. Und sie fühlen sich einfach gut und sicher an – ein Gefühl, das sich auf uns überträgt.

Abb. 1–18
Handschmeichler reiben

Ein paar gute Gedanken

Gute Gedanken gegen die Auftrittsangst

»Die Aufregung ist innen viel größer als außen.«
Du nimmst deine Aufregung viel stärker wahr, als sie nach außen dringt. Keiner kann sehen, dass dein Herz schnell schlägt, dass deine Hände feucht werden oder dass deine Knie zittern. Meiner Erfahrung nach wirken Menschen nicht mal halb so aufgeregt, wie sie sich selbst fühlen.

»Jeder ist aufgeregt.«
Musiker, Redner, Zauberer, Wasauchimmervorführer – jeder ist bei einem Auftritt aufgeregt. Und weil das so ist, fühlt jeder im Publikum mit dir mit. Lass die Aufregung zu, und dann lass sie los.

»Die Show ist nicht mein Leben.«
Die Show ist nicht dein Leben. Falls du die Show versenkst, heißt das für dein Leben oder dich als Mensch genau gar nichts.

»Ich bin gut vorbereitet.«
Das allerallerallerbeste Mittel gegen Lampenfieber ist: Du hast dich so gut vorbereitet, dass dir gar nichts passieren kann. Sag dir das. Aber nur, wenn es auch stimmt und du wirklich gut vorbereitet bist.

- Anker setzen.
  Erinnere dich an eine Situation, in der du dich sehr wohlgefühlt hast und in der zu sehr entspannt warst. Ein Abend am Strand zum Beispiel oder beim Hören deines Lieblingssongs (eher eine etwas ruhigere Nummer). Diese Erinnerung wird ab jetzt dein Entspannungsanker sein. Immer wenn du während der Show sehr aufgeregt bist oder wenn dir ein Fehler passiert ist, dann wirfst du deinen Entspannungsanker aus.
- Die Show vorstellen.
  Menschen haben besonders Angst vor etwas, das sie nicht genau kennen oder nicht einordnen können. Komische Geräusche in der Wohnung, fremde Menschen, eine unbekannte Situation. Ein gutes Mittel gegen die Angst ist, dir die Situation (in diesem Fall deine Show) genau vorzustellen. Geh deine Show in Gedanken ein paar Mal durch. Stell dir vor, wie du dastehst, was du sagst, wie das Publikum interessiert schaut oder über deine Witze lacht, welche Bilder du zeigst und so weiter.

Ein Zitat, das mir sehr gut hilft:

> Nur ein mittelmäßiger Mensch ist immer in Hochform.
>
> William Somerset Maugham, Schriftsteller

Und sonst so

Das Folgende wird auch öfter geraten – bei mir hat es nicht funktioniert. Aber vielleicht klappt es ja bei dir. Probier es aus, schaden kann es nicht.

Was sonst noch helfen soll

- Zuschauer nackt oder komisch angezogen vorstellen
  Keine Ahnung, wer sich ausgedacht hat, dass man sich die Zuschauer nackt vorstellen soll, aber diesen Rat kann man immer wieder mal hören. Ich kenne allerdings keinen Show-Erfahrenen, der das so macht. Und ich kann mir auch nicht vorstellen, dass es funktioniert. Allerdings solltest du dich nicht von meiner eingeschränkten Vorstellungskraft davon abhalten lassen, genau dein Mittel gegen die Angst zu finden. Also schalt den Nacktscanner ruhig mal ein.
- Zuschauer wegdenken
  Auch dieser Rat wird öfter mal gegeben. Und ich kenne tatsächlich ein paar Show-Erfahrene, die sich ihr Publikum wegdenken, weil sie sonst vor lauter Aufregung nichts raus-

bekommen würden. Ich finde auch da: Wenn's hilft. Allerdings schneidest du mit dem Wegdenken den Draht zum Publikum durch. Du nimmst keine Reaktionen mehr wahr. So kann es dir leicht passieren, dass du am Ziel vorbei präsentierst.

- »Ich schaff es!« vor dich hinsagen
  Positiv denken! Wird schon werden! Das bekomm ich schon hin! Na ja. Würde das helfen, was wären wir alle glücklich, entspannt und erfolgreich. Ich glaub nicht dran, aber was weiß ich schon. Bestimmt funktioniert das bei mir nur deswegen nicht, weil ich es noch nicht positiv genug gemacht habe.

- Bachblüten, Notfalltropfen
  Die Schulmedizin sagt, es ist Humbug und kann nicht wirken. Viele Menschen schwören allerdings drauf: Bachblüten. Ich weiß auch nicht, was ich davon halten soll, aber es gibt in der Medizin den schlauen Satz: »Wer heilt, hat recht.« Du kannst die Bachblüten also durchaus mal ausprobieren. Besorg dir ein Fläschchen »Notfall-Tropfen« aus der Bachblütenserie in der Apotheke. Vielleicht funktioniert es ja bei dir. Außerdem sind die Notfalltropfen, wenn man nicht an das System dahinter glaubt, nur Wasser mit sehr wenig Alkohol. Das schadet nicht.

Notfalltropfen: Wenn's hilft.

Letzte Minuten gut verbringen

Tu-Tipps und Tu-NICHT-Tipps

Gleich ist es soweit. Sei jetzt besonders nett zu dir, und halte dich an diese Tipps:

Tu-Tipps für vor der Show

- Auf die Toilette gehen
  Geh vor der Show noch mal auf die Toilette, auch wenn du nicht musst. Durch die Aufregung werden die Nieren angeregt, und die füllen die Blase. Mit voller Blase ist jedoch schlecht denken.

- Die Show im Kopf durchgehen
  Geh den Ablauf deiner Show noch mal im Kopf durch. Hast du den ersten Satz (siehe Seite 149) auswendig drauf? Was sind deine wichtigsten Botschaften (siehe Seite 132) im Hauptteil? Wie lautet dein letzter Satz (siehe Seite 156) am Ende der Show? Geh diesen Text im Kopf noch mal durch. Aber Achtung: Veränder nichts mehr. Aus meiner Erfahrung wird eine Show nur schlechter, wenn man kurz vorher noch etwas umbaut.

Kleine sachliche Fehler (eine falsche Jahreszahl zum Beispiel) kannst du natürlich korrigieren.

- Das Zubehör prüfen
Geh ein paar Minuten vor der Show noch mal durch, ob du alle Hilfsmittel bei dir hast, die du für die Show benötigst: Sprecherkarten, Laser-Pointer, Fernsteuerung, ein Taschentuch, um Schweiß von der Stirn zu wischen.

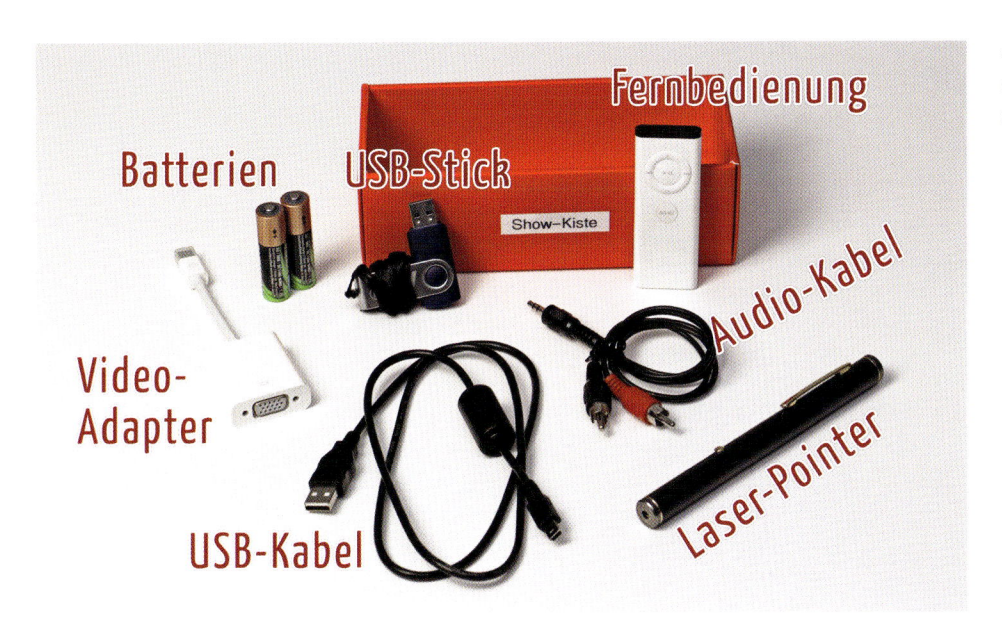

Abb. 1–19

Das ist meine Show-Kiste, in der ich den technischen Kleinkram transportiere.

- Im Oberkörper aufrichten
Stell dich probeweise so hin, wie du später in der Show stehen wirst. Zieh nicht den Bauch ein, und drück nicht die Brust raus. Mit herausgedrückter Brust und eingezogenem Bauch bekommst du schlecht Luft. Heb stattdessen die Schultern zu den Ohren hoch, und lass sie dann bis in den Keller fallen. Mach das zwei-, dreimal.

Dann richte dich im Oberkörper etwas auf. Am einfachsten geht das so: Atme ausnahmsweise einmal ganz viel Luft in den Brustkorb ein. Spüre, wie der Brustkorb sich dabei hebt. Die Schultern bleiben unten. Atme jetzt langsam aus, und halte den Brustkorb auf gleicher Höhe. Lass dich also mit dem Ausatmen nicht nach vorne sinken. Denk dran, danach wieder in den ganzen Körper zu atmen.

Die Rumturnrede
Es gibt ein peinliches Video von mir bei einer Rede. Ich bin stark kurzsichtig und kann ohne Brille Texte nur lesen, wenn sie nicht weiter als 20 Zentimeter weg vom Auge sind. Leider hatte ich die Brille vor dieser Rede nicht aufgesetzt. Ich geh also zum Rednerpult, leg mein Manuskript drauf und will loslegen. Schön im Video zu sehen: Ich stelle fest, dass ich den Text nicht lesen kann, beuge mich zum Manuskript runter, bis der Kopf fast auf dem Pult liegt. In dem Moment wird mir klar, dass das bescheuert aussehen muss. Ich richte mich wieder auf, stelle erneut fest, dass ich nix lesen kann und nehme das Manuskript hoch, nah vor die Augen. Das sieht allerdings genauso doof aus. Schließlich krame ich endlich meine Brille raus und kann den Text ganz entspannt lesen.

Brille aufsetzen

Es gibt im Wesentlichen zwei Arten von Fehlsichtigkeit:
– Kurzsichtig: Du kannst scharf sehen, was kurz vor dir ist.
– Weitsichtig: Du kannst scharf sehen, was weit weg ist.

Die Faustregel lautet: Falls du kurzsichtig bist, setz zur Show unbedingt deine Brille auf. Du kannst sonst vielleicht den Text auf deinem Sprechzettel (mehr dazu ab Seite 254) nicht lesen. Außerdem fällt es dir ohne Brille schwerer, Kontakt zum Publikum aufzunehmen. Weitsichtige können auf die Brille verzichten, solange sie die Sprechzettel auf Armlänge entfernt lesen können.

Tu-NICHT-Tipps für vor der Show

Nicht reden, nicht flüstern, nicht schreien
Rede möglichst wenig vor der Show, am besten gar nicht. Schrei auf keinen Fall. Spar dir deine Rede-Energie für die Show auf. Die Stimmfachleute sind sich uneins, ob Flüstern gut ist, um die Stimme zu schonen, oder im Gegenteil eher schlecht. Meine Erfahrung ist: Wenn ich beim Flüstern zu sehr presse, wirkt meine Stimme hinterher sehr angestrengt. Im Zweifelsfall: Nicht flüstern vor der Show.

Einen Frosch auf keinen Fall wegräuspern
Falls du das Gefühl hast, einen Frosch im Hals (Schleim auf den Stimmbändern) zu haben: Auf keinen Fall räuspern. Räuspern ist Gift für die Stimme und macht das Schleimgefühl nur schlimmer. Vibrier den Frosch stattdessen weg: Summ ganz leise ein paar Töne – den Refrain von deinem Lieblingssong zum Beispiel. Aber summ wirklich nur ganz leise. Genieß dabei, wie deine Nase vibriert. Das Schleimgefühl geht beim Summen von ganz alleine weg. Du kannst auch mit etwas Spuckeschlucken oder Wassertrinken nachhelfen, das Froschgefühl loszuwerden.

Manchmal lässt Trinken den Frosch allerdings auch wachsen. Wenn ein paar Schlucke Spucke oder Wasser nicht helfen, dann lass es sein. Vertrau drauf, dass der Frosch beim Sprechen weggehen wird. Außerdem gilt: Ein Frosch kommt dir viel größer vor, als er beim Publikum ankommt. Die meisten Frösche sind gar nicht zu hören.

Nicht rauchen
Rauch möglichst nicht in der Stunde vor der Show, rauch auf gar keinen Fall während der Show und danach am besten auch nicht. Rauchen ist nicht gut für die Stimme. Es trocknet deinen Rachen aus und führt zu Kratzen und hartnäckigen Fröschen. Aber das ist ein anderes Thema für ein anderes Buch.

Nichts mehr essen und nichts anderes als Wasser trinken
Deine Stimme sagt: Danke dafür, dass du in den letzten Minuten vor deiner Show nichts mehr isst und auch nichts anderes als Wasser ohne Blubber trinkst. Ausnahme: Wenn du an diesem Tag noch nichts gegessen hast, dann solltest du unbedingt vor der Show noch eine Kleinigkeit zu dir nehmen, am besten ein Stück Obst.

1.4 Während der Show

3, 2, 1, Showtime. Ich werd schon aufgeregt, wenn ich nur an diese ersten Sekunden einer Show denke. Noch einmal ganz sanft und nicht zu tief einatmen, eine mini mini Pause machen und loslegen. Die Show beginnt. Beim Radio würdest du jetzt den Mikrofonregler aufziehen und das rote Licht geht an. Ab sofort wird alles, was du sagst, gesendet. Unzurückholbar. Und alle hören dich. Ein geiles Gefühl. Trotzdem hasse ich diesen Moment auch immer noch, und dabei habe ich ihn schon sehr oft erlebt. Es ist jedes Mal wieder wie ohnmächtig werden. Oder schlimmer: wie sterben.

Showtime

Die ganze Wahrheit über die ersten Sekunden
Es ist grausam: Nur dein Auftritt in der Show entscheidet darüber, ob die viele Arbeit der Vorbereitung sich auszahlt oder in die Tonne gekloppt ist. Ich würde dir gerne etwas anderes erzählen, in der Art: Alles gar nicht so schlimm, wird schon und so. Aber du würdest es mit Recht nicht glauben, weil es eben gelogen ist. Es gibt leider kein Rezept für das sichere Gelingen einer Show. Sie kann auch schiefgehen.

Es kann auch schiefgehen.

Auf der anderen Seite wäre die Vorbereitung ganz ohne eine Show auf jeden Fall nutzlos. Eine Show muss irgendwann raus aus dem Kopf. Besser Mist gebaut, als Verstopfung bekommen. Und eine Heldin oder ein Held kannst du auch nur werden, wenn du dich dem Drachen stellst. Also sei eine Frau. Oder ein Mann. Oder was auch immer.

> **Kleine Fehler nicht überbewerten und nie darauf hinweisen, wenn es nicht sein muss**
> Du bist im Augenblick der einzige Mensch, der deine Show kennt. Falls du einen kleinen Fehler machst, oder etwas schiefgeht, dann fällt das wahrscheinlich niemandem im Publikum auf. Es könnte ja zur Show gehören. Mach also einfach weiter im Programm. Das gilt für Fehler wie zum Beispiel: Folien vertauscht, Faden verloren, Fakt vergessen und so weiter.
>
> Größere sachliche Fehler (falscher Name zum Beispiel) dagegen solltest du sofort richtigstellen. Mach allerdings auch daraus kein großes Ding. Sag den richtigen Namen und mach weiter.

Partner im Publikum
Es ist eine gute Idee, Partner im Publikum zu haben, die dich mögen und auf die du dich verlassen kannst. Gute Freunde zum Beispiel sind gute Partner. An ihnen kannst du dich während der Show mit Blicken festhalten. Sag deinen Partnern vorher, dass sie dich anlächeln und dir aufmunternd zunicken sollen. Das hilft besonders in schwierigen Situationen.

Schreib deinen Freunden außerdem zwei oder drei Fragen auf, die sie am Ende der Show stellen können. Die Antworten auf diese Fragen hast du dir vor der Show natürlich schon ausgedacht. Die vorbereiteten Fragen können zum Einsatz kommen, falls vom Publikum nur doofe oder gar keine Fragen gestellt werden.

Falls du keine Freunde ins Publikum setzen kannst, verbünde dich mit dem Moderator (gleich mehr dazu). Sprich vor der Show mit ihm die zwei Fragen für den »Notfall« ab. Und halt dich während der Show immer wieder mit den Augen an ihm fest.

Anmoderation

Empfehlung: Lass dich ankündigen.

Normalerweise legst du nicht sofort mit der Show los. Zunächst stellt jemand dich und deine Show kurz vor: Ein »Moderator« moderiert dich an. Eine Anmoderation ist wie ein Rahmen für ein Bild, ein Sockel für eine Statue oder eine Fanfare für das Erscheinen eines Königs. Die Anmoderation macht aus deiner Show etwas Besonderes. Deine Show geht nicht einfach nur los, sie wird aangeeeküüüündiiiiiiiigt.

Ich empfehle dir sehr, dass du dich von jemand anderem anmoderieren lässt. Das verschafft dir etwas Zeit, dich auf die Lage einzustellen. Außerdem hilft dir eine gute Anmoderation gegen deine Aufregung und stimmt das Publikum positiv auf dich ein. Du solltest die Anmoderation mit dem Moderator vor deiner Show absprechen. Mehr dazu findest du im Abschnitt »Anmoderation ausarbeiten« ab Seite 143.

Mit dem Publikum Kontakt aufnehmen

Schau dir während der Anmoderation dein Publikum an.

Während du anmoderiert wirst, nimmst du Kontakt mit dem Publikum auf. Du schaust und lächelst alle (alle, alle, alle, wirklich alle) mal kurz an. Lass deinen Blick dabei in einem Zickzackmuster durch den Raum streifen, sodass jeder Mensch zumindest einen halben Blick abbekommen hat. So fühlt sich jeder von dir wahrgenommen. Während du dich umschaust, atmest du ganz ruhig und nicht zu tief. Richte dich noch mal im Oberkörper ein wenig auf. Wie das geht, steht auf Seite 45. Da dich allerdings jetzt schon jeder sehen kann, nimm die Schultern nicht ganz so hoch.

Sitzt der erste Satz?
Geh während der Anmoderation im Kopf noch mal den ersten Satz durch, mit dem du gleich deine Show beginnst. Achte darauf, dass sich dabei deine Lippen nicht bewegen. Wenn es irgendwie geht, hör gleichzeitig mit einem halben Ohr dem Moderator zu. Vielleicht hält er sich ja nicht an die vereinbarte Anmoderation, und du musst dir schnell noch einen anderen ersten Satz ausdenken. Zum Beispiel weil der Moderator deinen Gag vorweg erzählt hat.

Wie lautet dein erster Satz?

Los geht die Fahrt
Wenn dir das alles durch den Kopf gegangen ist, sollte die Anmoderation auch schon zu Ende sein. Jetzt bist du dran: Bedank dich beim Moderator, begrüße ganz kurz dein Publikum, und steig in deine Show ein.

> **ÜBRIGENS**
> Leider kommt es immer wieder mal vor, dass der Moderator dir den Einstieg versaut, indem er ihn vorwegnimmt. Ich geh mittlerweile so damit um: Entweder starte ich die Show an der Stelle, die nach dem Einstieg bei mir drangewesen wäre. Das wirkt sehr geschmeidig, fast wie mit dem Moderator abgesprochen. Oder aber ich steige mit einem Standard ein, der immer passt. Mehr dazu findest du ab Seite 149.

Selbst anmoderieren
Falls es kein anderer macht, kündige dich selbst an. Das ist einfach höflicher, als sofort mit der Show loszulegen. Du kommst ja auch im Alltag nicht irgendwohin und redest gleich los.

Zur Not selbst anmoderieren

Halte die Ankündigung kurz, etwa so:
Sag »Hallo« zum Publikum, und mach eine kleine Pause. In dieser Zeit lässt du deinen Blick durchs Publikum schweifen. Versuche dabei, mit möglichst vielen Leuten Blickkontakt aufzunehmen. Stell dich anschließend selbst kurz vor: Sag deinen Namen, was du machst und vielleicht noch, warum ausgerechnet du was zum Thema zu sagen hast. Stell dich auch dann vor, wenn dich im Publikum die meisten kennen.

Bedank dich nicht in der Anmoderation, und sag auch nicht so was wie: »Ich freu mich dolle, dass ich hier sprechen darf.« Bedanken sollte sich das Publikum bei dir, dass es gleich eine geile Show serviert bekommt. Und die Freude am Showmachen sollte man dir anmerken. Das musst du nicht dazusagen.

Zwei Hinweise noch, falls du dich selbst anmoderierst: Handzettel und Fragen
Sag deinem Publikum vor der Show, ob die Handzettel am Ende ausgeteilt werden oder ob sie jetzt schon auf dem Tisch liegen. Handzettel sind die Unterlagen für die Zuschauer mit den wichtigsten Infos aus deiner Show. Mehr zu den Handzetteln und dem Umgang damit (vor oder nach der Show ausgeben) findest du in Abschnitt 6.3, »Handzettel fürs Publikum anfertigen«, ab Seite 269.

Wichtig: Handzettel und Fragen zur Show abklären

Und sag außerdem an, ob Fragen jederzeit während der Show gestellt werden können oder ob die Menschen bis nach der Show mit den Fragen warten sollen. Mehr zum Umgang mit Fragen aus dem Publikum (während der Show oder danach) findest du in Abschnitt 1.5, »Fragen aus dem Publikum«, ab Seite 58. Wie auch immer du es mit den Fragen und den Handzetteln machst, du musst es deinem Publikum sagen.

Beispiel-Ansage zum Thema Fragen und Handzettel:
»Sie können mir jederzeit Fragen stellen. Die Handzettel mit den wichtigsten Infos und den Folien liegen nach der Show für Sie aus.«

Einstieg

Bitte einsteigen, die Show fährt ab.

Und los geht die Show mit deinem ersten Satz, den du auswendig und nicht zu schnell sprichst. Nach diesem ersten Satz atmest du einmal nicht zu tief ein und aus und freust dich, dass bisher alles so gut gelaufen ist. Schau kurz ins Publikum, lächle, und dann geht die Fahrt einfach weiter. Bewahre dir diese Freundlichkeit für den Rest der Show. Und vor allem: Sei dir selbst gegenüber freundlich und nachsichtig. Du kannst dich nach der Show noch ausführlich über dich ärgern und dich kritisieren. Für die nächsten Minuten deiner Show gilt aber: »Ich mag mich und bin nett zu mir.«

Abb. 1–20
Einstieg gut, Show gut

Hilfe, mir wird ganz komisch

Ein bisschen Lampenfieber ist eine gute Sache. Es hält dich wach und konzentriert. Bei zu viel Lampenfieber kannst du allerdings einen Blackout kriegen. Wenn die Aufregung zu groß wird, mach kurz Pause, und atme atme einige Male nicht zu tief ein und aus. Du kannst dir auch einen Schluck Wasser nehmen und mal kurz in deine Zettel gucken. Wenn es ganz schlimm mit der Aufregung wird, sag einfach deinem Publikum, dass du sehr aufgeregt bist. Jeder wird das verstehen, und es macht dich vielleicht sogar sympathisch.

Blackout

> **Achtung, Überatmung**
> **(Fachbegriff: Hyperventilation)**
> Wenn deine Haut zu bitzeln anfängt (»Ameisenlaufen«), wenn dir schwindelig wird, du Sternchen siehst oder deine Hände sich verkrampfen, dann musst du sofort mit der Show aufhören. Du hast dich wahrscheinlich »überatmet«.
>
> Das beste Mittel gegen diese Überatmung ist es, wenn du ein paarmal in eine Plastiktüte atmest, die du dir vor den Mund hältst. Du atmest also für ein paar Atemzüge die gleiche Luft wieder ein, die du ausgeatmet hast. Dadurch sollten die komischen Empfindungen schnell wieder verschwinden. Wenn das nicht der Fall sein sollte, geh zum Arzt. Das solltest du auch tun, wenn du häufiger solche Probleme hast.

Nimm die Show ernst, aber nicht zu ernst.
Meiner Erfahrung nach laufen Shows am besten, wenn ich mit Ernst an die Sache rangehe, aber immer daran denke, dass sie auch nicht wirklich wichtig ist. Eine Show ist keine Herztransplantation, keine Kernkraftwerkssicherheitsprüfung und auf keinen Fall eine Meteoritderaufdieerdezurastindieluftsprengung.

Ich wiederhole: Einstieg auswendig

Das kann ich gar nicht oft genug schreiben: Lern deinen Einstieg auswendig. Zumindest der erste Satz sollte von ganz alleine aus dir rauskommen. In den ersten paar Sekunden deiner Show entscheidet sich, ob du bei den Leuten gut ankommst und du ihre Aufmerksamkeit gewinnst. Es ist schwer, einen vergeigten Start im weiteren Verlauf wieder gutzumachen.

Der erste Satz muss sitzen.

Stimme erheben

Eins noch zu deiner Stimme. Rede lieber etwas lauter, wenn im Publikum mehr als 15 Menschen sitzen. Faustregel: Wenn du dich selbst zu laut findest, ist es grade okay. Hauptsache, die Menschen in der letzten Reihe verstehen dich noch gut. Aber drück nicht auf die Stimme. Press also nicht die Luft mit Macht durch die Stimmbänder, sondern lass sie entspannt an ihnen vorbeigleiten. Lies dir noch mal die Stimm-Tipps im Abschnitt »Stimme wirken lassen« ab Seite 31 durch.

Lieber etwas lauter reden als zu leise

Hauptteil

Goldene Regel im Hauptteil:
Wiederhol dich.
Wiederhol dich.

Der Einstieg ist geschafft. Wenn alles gut gelaufen ist, hast du die Aufmerksamkeit des Publikums gewonnen. Sie finden dich nett und lustig und sind schon gespannt, wie es weitergeht. Jetzt gilt es, diese Erwartungen zu erfüllen. Die wichtigste Regel für den Hauptteil vorneweg:

> **Tell them you will tell them. Tell them. Tell them you told them.**
> **Übersetzt: Sag ihnen, dass du gleich was sagen wirst. Sag ihnen, was du zu sagen hast.**
> **Sag ihnen, dass du ihnen gerade was gesagt hast.**

»Redundanz« nennt die Wissenschaft die Wiederholung. Leider hat die Redundanz einen schlechten Ruf. Viele Menschen glauben, dass sie mit Wiederholungen den Zuhörer für dumm erklären. Das Gegenteil ist richtig. Eine schlau gemachte Wiederholung sorgt dafür, dass die Zuhörer viel mehr Gelegenheit haben, sich mit dem Gesagten auseinanderzusetzen und es sich zu merken. Ein Beispiel: »Gleich erzähle ich euch etwas darüber, wie die Löcher in den Käse kommen. BlaBlaBla, Trara. Kleine Zwerge beißen also die Löcher in den Käse. BlaBlaBla. Und die Zwerge, die Löcher in den Käse fressen, sorgen auch noch für den angenehmen Geruch nach altem Fuß.«

Der normale Lauf der Folien

Am geschmeidigsten wirkt eine Folienpräsentation, wenn du dich an diesen Ablauf hältst:

1. Ankündigen
   Am Ende deines Textes zur aktuellen Folie machst du eine ganz kurze Pause und kündigst danach die neue Folie an. Du sagst zum Beispiel: »Schauen Sie sich bitte als Nächstes die Zahlen unserer Konkurrenz an.« Bleib aber noch auf der alten Folie stehen, ehe du die neue ankündigst.

   Du kannst auf die Sprechpause vor der Ankündigung auch verzichten und nahtlos überleiten. Allerdings muss diese Überleitung wirklich passen und für die Zuschauer nachvollziehbar sein. Lass bitte die Finger von gekünstelten Übergängen dieser Art: »Apropos Fisch. Neulich fiel es mir wie Schuppen aus den Haaren.«

   Es ist typisch für schlechte Redner, dass sie zwischen allem und jedem einen Übergang schaffen müssen. Gute Redner finden entweder einen passenden Übergang oder machen vor einem neuen Abschnitt eine kurze Pause.

Abb. 1–21
Immer gleicher Ablauf:
vier Schritte beim Folienwechsel

1. Ankündigen
2. Umschalten
3. Warten
4. Weiterreden

2. Umschalten
   Nach der Ankündigung schaltest du auf die nächste Folie um. Wenn du ganz geschmeidig rüberkommen willst, kannst auch schon kurz vor dem Ende des Satzes umschalten. Probier das Sprechen und Drücken aber vor der Show ein paarmal, damit dich das Umschalten nicht durcheinanderbringt.

3. Warten
   Jetzt hältst du die Klappe und guckst mit dem Publikum zusammen auf die Leinwand, auf der die nächste Folie gezeigt wird. Zum einen kannst du auf diese Art kontrollieren, ob die richtige Folie angezeigt wird. Zum anderen ist dein Umdrehen für das Publikum der Reiz, ebenfalls auf die Leinwand zu schauen. Lass drei Sekunden verstreichen, damit sich das Publikum an die neue Folie gewöhnen kann. Lies auf keinen Fall vor, was auf der Folie steht. Das gilt auch, wenn viel Text auf der Folie steht. Lass das Publikum selbst lesen. Ausnahme: Das Publikum besteht aus Dreijährigen.

4. Weiterreden
   Nach der kurzen Pause drehst du dich wieder zum Publikum und fährst in deinem Vortrag fort.

Aufmerksamkeit holen

Die Aufmerksamkeit des Publikums ist ein scheues Reh. Wenn du nicht aufpasst, hüpft es davon. Deine wichtigste Aufgabe im Hauptteil ist es daher, immer wieder die Aufmerksamkeit des Publikums für dich zu gewinnen und bei dir zu halten. Dafür gibt es vier bewährte Methoden:

1. Lass deine Show interessant sein!
   Interessant ist deine Show, wenn du dich gut vorbereitet hast und dabei immer an dein Publikum gedacht hast. Okay, falls du deine Show nicht gut vorbereitet hast, kannst du jetzt auch nicht mehr viel reißen. Ich wollte aber nur noch mal gesagt haben, wie wichtig die Vorbereitung ist, und dir das Kapitel 4, »Show vorbereiten«, ab Seite 95 ans Herz legen.

2. Bring Abwechslung in dein Sprechen!
   Der größte Aufmerksamkeitsmörder ist ein Redner, der in eintöniges Runterlesen verfällt. Jeder Satz ist wie der vorige, es gibt keinen Wechsel in der Lautstärke oder im Tempo, keine Pausen und keine Sprachmelodie mit Höhen und Tiefen. Lass die Zuschauer bitte leben!

Wenn du ein Video abspielst, schau es dir ruhig mit deinem Publikum zusammen an.

Natürlich hast du Pause, wenn du ein Video in der Show zeigst. Du kannst deine Stimme entspannen, einen Schluck Wasser trinken und deine Gedanken sammeln. Guck aber trotzdem auf die Leinwand, als würdest du das Video interessiert ansehen. Wenn du stattdessen zum Beispiel in deinen Unterlagen rumsuchst, wirkt es für dein Publikum, als sei das Video nicht wichtig.

Und noch was: Quatsch auf keinen Fall in das Video rein, wenn es schon einen Ton enthält. Die Zuschauer verstehen dann weder dich noch den Originalton richtig. Das nervt.

Interesse hochhalten

Abwechslungsreich sprechen

Bring während der Show immer wieder etwas Abwechslung in deine Stimme. Sprich mal etwas lauter und ein wenig schneller, dann wieder leiser und langsamer. Mach kleine Pausen, zum Beispiel um entspannt Luft zu holen. Deine Stimme kann auch höher oder tiefer werden, um einzelne Wörter oder Satzteile zu betonen. Übertreib aber all das nicht. Du sollst nicht singen, brüllen oder flüstern. Mehr Infos zur Show-Stimme findest du ab Seite 27.

3. Lass das Publikum etwas machen!

Die Menschen was machen lassen

Wenn Menschen längere Zeit nichts tun, außer rumzusitzen und zuzuschauen, lassen sie gerne mal ihre Gedanken irgendwohin wandern. Zum Beispiel zur Abendgarderobe oder dem Wochenendvergnügen. Deine Show kann noch so geil sein, das wird ganz sicher passieren. Hol dir die Aufmerksamkeit zurück, indem du die Menschen etwas tun lässt.

Die einfachste Mitmachaktion ist die Abstimmung. Du bittest um Handzeichen zu einer bestimmten Frage: »Hände hoch, wer von euch weiß, was Twitter ist?« Aber es gibt andere Möglichkeiten, die Menschen etwas tun zu lassen. Hol dir zum Beispiel jemanden aus dem Publikum auf die Bühne, und lass ihn bei irgendetwas assistieren, zum Beispiel eine Tafel hochhalten. Oder gib einen Gegenstand ins Publikum, den die Menschen durchreichen sollen. Oder bring die Menschen mit ihren Nachbarn in Kontakt. Sie sollen sich zum Beispiel vorstellen oder sich die Hand schütteln. Es kommt nicht drauf an, was genau die Menschen tun müssen. Hauptsache, die Zuschauer kommen etwas in Bewegung.

4. Blende zwischendurch die Folien aus!

Bild auf Schwarz schalten

Falls du die Folie auf der Leinwand nicht mehr benötigst, weil du grade über etwas anderes sprichst, schalte das Bild auf Schwarz. So schauen die Menschen im Publikum ganz automatisch wieder zu dir.
– Möglichkeit eins: Du kannst schon in der Vorbereitung schwarze Folien einbauen, die dann ganz automatisch kommen. Vorteil: Du vergisst das Schwarzschalten nicht, da die schwarze Folie von alleine auftaucht.
– Zweite Möglichkeit: Die Präsentationsprogramme schalten auf Tastendruck das Bild schwarz, meistens mit der Taste »B« auf der Tastatur. Noch mal »B«, und die Folie ist wieder zu sehen. Vorteil: Diese Art zu schwärzen, geht jederzeit während der Show.
– Dritte Möglichkeit, das Bild schwarz zu machen: Manche Beamer haben auf der Fernbedienung eine Taste, die das Bild abschaltet, ohne den Beamer auszuschalten. Die Taste heißt meistens »Black« oder »Blank«. Vorteil: Du musst nicht zum Computer laufen, um eine Taste zu drücken.

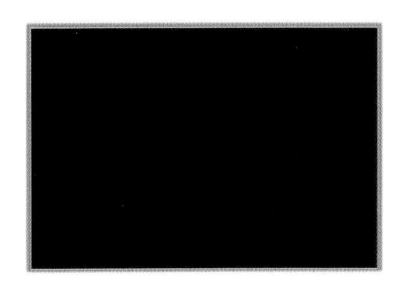

Abb. 1–22
Immer wieder mal schwarz machen.

- Und die vierte Möglichkeit ist es, vor den Beamer eine schwarze Pappe oder ein Buch zu stellen, um den Lichtfluss zu unterbrechen. Vorteil: Dabei kann technisch gesehen nichts schiefgehen. Achte aber darauf, das Buch nicht zu nah an die Beamer-Linse zu stellen. Die Lampe im Gerät kann sehr heiß werden. Das mögen Bücher nicht.

Mist, mir fällt das Wort nicht ein!
Wenn die Zuhörer unaufmerksam werden, bau einen »Hänger« ein. Tu so, als ob dir grade ein bestimmtes Wort nicht einfällt. Lass dir dann von den Zuschauern helfen. Das Wort musst du so wählen, dass jemand aus dem Publikum draufkommen kann. Falls keiner das Wort vorsagt, fällt es dir eben selbst wieder ein. Wie auch immer, dein Publikum ist nach der Aktion wieder besser bei der Sache. Außerdem wirkt es sympathisch, wenn beim Showmaster auch mal was klemmt.

Abb. 1–23
Mit Störungen umgehen

Mit Störungen umgehen

Wenn Menschen nicht gerade tot sind, machen sie ständig irgendwas: rumzappeln, flüstern, husten, das Gesicht verziehen und so weiter. Je länger eine Show dauert, umso größer wird das Bedürfnis der Menschen, ihre aufgestaute Energie umzuleiten. Sobald es dich oder andere im Publikum stört, wird dieser natürliche Drang zu einer Störung. In der Themenzentrierten Interaktion (eine psychologische Methode zur Arbeit in Gruppen) gibt es einen wichtigen Leitsatz:

Störungen haben Vorrang.

Störungen haben Vorrang.

Das bedeutet, dass wir uns mit Störungen bevorzugt befassen müssen, sobald sie auftauchen. Sie nicht zu beachten funktioniert nicht. Eine Störung aus dem Publikum ist immer ein Zeichen dafür, dass irgendwas den Fluss der Show hemmt. Das muss nicht unbedingt etwas mit dir zu tun haben. Vielleicht ist es zu kalt im Raum, die Leute brauchen eine Pause, weil es schon spät am Nachmittag ist, oder sie haben Durst und Hunger.

Störungen können aber auch mit dir zu tun haben: Du hast zu leise gesprochen, und ein Zuschauer fragt bei seinem Nachbarn nach. Oder es gibt jemanden im Publikum, der anderer Meinung ist und das zum Beispiel durch lautes Schnaufen zeigt. Oder du bist zu schnell über etwas Interessantes gehuscht, von dem die Menschen mehr wissen wollten.

Störung erkennen und sofort angehen

Weg mit der Störung!

Du musst dir zunächst klar werden, was der Grund für die Störung sein könnte. Vielleicht ist es an der Zeit, die Menschen im Publikum mal wieder etwas tun zu lassen. Abstimmen zum Beispiel. Oder du erkennst, dass du tatsächlich immer schneller gesprochen hast. Solche Gründe für Störungen lassen sich leicht abstellen.

Andere Möglichkeit: Frag den Störer. Biete in der Frage einen möglichen Grund für die Störung an, zum Beispiel: »Haben Sie eine Frage zum Thema?« Entweder kommt dann ein Grund (geh darauf ein) oder nicht (dann hört meistens die Störung auf). Manchmal reicht es auch, zum Störer hinzugehen und in der Nähe stehenzubleiben.

Falls die Störung weitergeht, mach eine kurze Pause, und warte darauf, dass sich der Störer beruhigt. Hilft das auch nicht, kannst du höflich, aber deutlich darum bitten, dass der Störer im Interesse der anderen Ruhe gibt.

Technische Probleme

Verdammte Technik! Es kann nicht nur passieren, es wird passieren: Die Technik macht Probleme. Vielleicht sind nur die Lautsprecher zu leise eingestellt, vielleicht fällt der Strom kurz aus. Im schlimmsten Fall macht der Laptop schlapp.

Bei kleinen technischen Problemen

Lass dich nicht aus der Ruhe bringen. Geh über den Fehler hinweg, als sei nichts gewesen. In den meisten Fällen hat das Publikum nichts gemerkt.

Bei großen technischen Problemen

Lass dich nicht aus der Ruhe bringen. Erkläre dem Publikum, dass es ein technisches Problem gibt. Bitte um ein paar Sekunden Geduld, und versuche, das Problem zu lösen. Falls du nach 30 Sekunden noch keine Lösung hast, gib auf, und denk dir eine Alternative aus. Zum Beispiel: Falls ein Video nicht läuft, beschreib einfach, was zu sehen gewesen wäre. Falls der Beamer ausfällt, benutz die Tafel oder ein Flipchart. Oder nutz deine Arme und Beine, um etwas anschaulich zu machen.

Denke immer dran: Die Technik ist nur dazu da, dich zu unterstützen. Falls sie ausfällt, fehlt dir nur etwas Stütze. Wenn du einen Platten am Fahrrad hast, schiebst du eben und bleibst nicht einfach auf der Straße stehen. Mach es bei deiner Show genauso: Bei Technikproblemen nicht stehenbleiben, sondern das Ding irgendwie durchs Ziel schieben.

Hilfe, der Hauptteil wird zu lang

Die Zeit läuft davon. Du solltest deine Show in der vorgegebenen Zeit über die Bühne kriegen. 10 Prozent mehr, also knapp 2 Minuten bei 15 Minuten Showtime geht in Ordnung. Wenn du mitten im Hauptteil merkst, dass du stärker überziehst, frag dein Publikum, ob es mehr von dir hören will. Gib eine Einschätzung ab, wie lange du etwa noch brauchst und was du noch zeigen würdest. Falls die Leute mehr hören wollen, zieh dein Programm ganz entspannt durch. Du scheinst beim Publikum anzukommen.

Besteht dein Publikum allerdings darauf, dass du pünktlich aufhörst, dann würg nicht den Teil ab, den du gerade zeigst. Spar die Zeit vom Schluss her, lass also die Zusammenfassung oder den Gag am Ende weg. Reicht das immer noch nicht, lass einen Teil oder sogar die gesamte letzte Botschaft weg. Mehr kürzen ist dann allerdings nicht drin. Fehlt dir trotzdem noch Zeit, dann hast du dich in der Vorbereitung gründlich verschätzt. Und du bist nicht der Erste damit. Sondern mindestens der Zweite nach mir.

Vom Schluss her sparen.

Schluss

Den ersten Eindruck von dir hat dein Publikum bei deinem ersten Satz bekommen. Im Hauptteil hast du diesen Eindruck gefestigt. Und ob dieser Eindruck über deine Show hinaus hängen bleibt, darüber entscheidet dein Schluss. Egal, ob es gut oder schlecht gelaufen ist. Jetzt liegt die größte Gefahr darin, aus dem Schluss eine zweite kleine Show zu machen: entweder, weil du den Bockmist noch irgendwie retten willst oder weil du grad so gut in Fahrt bist.

Stark unterschätzt: der Schluss

Aufhören, bitte aufhören!

Ich weiß, wovon ich rede: Wenn ich mal warmgelaufen bin, könnte ich endlos weitermachen. Und manchmal mache ich es auch. Schließlich gibt es ja noch so viel zu sagen. Wozu hab ich mich denn stundenlang vorbereitet, wenn ich nur eine läppische Viertelstunde was zeigen konnte?

Widerstehe der Versuchung, alles aus dir rauszuholen. Lass die Show am Ende einfach los. Sag deinen letzten Satz, und mach eine, zwei, drei Sekunden Pause. Falls dann immer noch keiner klatscht, verbeug dich. Und sag: Danke. Wenn spätestens jetzt niemand klatscht, dann handelt es sich bei deinem Publikum um einen Haufen mieser Schnösel. Die dich gar nicht verdient haben.

> **ÜBRIGENS**
>
> Ich habe den Eindruck, dass der Applaus aus der Mode gekommen ist. Oft wird nach Shows nahtlos im Programm weitergemacht, um nur ja keine Zeit zu verlieren. Schade ist das. Applaus ist eine wichtige Form der Wertschätzung des Publikums für den Menschen auf der Bühne. Darum: Bestimmt wirst du irgendwann mal als Zuschauer eine tolle Show erleben. Fang danach einfach an zu klatschen oder mit den Knöcheln auf den Tisch zu bumpern. Des g'hört sich so.

Unterziehen ist okay

Wie ich gerade gesagt habe, solltest du deine Show-Zeit nicht überziehen. Andersrum dagegen ist es völlig okay: Wenn du früher fertig wirst, hör einfach auf. Ich hab ein vorzeitiges Ende zwar erst selten bei anderen erlebt (und noch nie bei einer meiner Shows), aber es ist immer gut angekommen. Beschwert über die gewonnene Zeit hat sich niemand.

Echt? Du hast sogar noch Zeit übrig? Wow!

Während der Show

Abmoderation

Nach dir die Sintflut?

> **WICHTIG**
>
> **Wissen, was nach dem Schluss kommt**
>
> Mach dich vor der Show bei deinem »Auftraggeber« (Lehrer, Chefin, Prof, Kunde) darüber schlau, was du tun sollst, wenn die Show vorbei ist. Sollst du dich wieder an deinen Platz setzen oder an einen anderen Platz? Sollst du vielleicht den Raum verlassen? Gibt es im Anschluss eine gesellige Runde zusammen mit dem Publikum?

Falls du für deine Show anmoderiert worden bist, kommt jetzt eine Abmoderation. Der Moderator bedankt sich bei dir für die geile Show und erkundigt sich beim Publikum, ob es Fragen gibt. Falls du keinen An- und Abmoderator hast, machst du selbst dem Publikum das Angebot, Fragen zu stellen. Lass aber erst mal den Applaus zu Ende gehen.

Die Abmoderation ist genauso wichtig wie die Anmoderation. Beide zusammen schaffen einen Rahmen um deine Show. Wichtig ist, dass der Moderator aus der Abmoderation keine eigene kleine Show macht. Auf keinen Fall soll er noch mal wesentliche Aussagen zusammenfassen oder etwas ergänzen oder berichtigen. Das schwächt deine Position als Showmaster. Du musst also schon vor der Show die Abmoderation mit dem Moderator klären. Am besten soll er die Standardformel verwenden: »Danke sehr für die Show, gibt es noch Fragen dazu?«

Danach nimmt der Moderator den Ablauf in die Hand: Er merkt sich, wer in welcher Reihenfolge die Hand gehoben hat, um eine Frage zu stellen. Gleichzeitig achtet der Moderator darauf, dass die Fragen und deine Antworten nicht zu lang werden.

1.5 Fragen aus dem Publikum

Jetzt ist das Publikum dran.

Fragen sind eine feine Sache. Du hast dich in der Vorbereitung deinem Thema mit Fragen genähert, und während der Show entstehen in den Köpfen der Zuschauer Fragen. Es gibt allerdings keinen Zusammenhang zwischen der Zahl der Fragen aus dem Publikum und der Qualität deiner Show. Wenig Fragen sind kein Zeichen dafür, dass alles supi war und du alles gut erklärt hast. Umgekehrt bedeuten viele Fragen nicht, dass viel unklar geblieben ist.

Wenn dein Publikum viele Fragen hat, hast du die Menschen vielleicht mit deiner Show so richtig mitgerissen und angeregt. Wenn nur wenige Fragen kommen, liegt es vielleicht daran, dass die Menschen sich nicht trauen, sie zu stellen. Um diesen Trau-mich-nicht-Effekt zu umgehen, kannst du dem Publikum anbieten, dir im Anschluss weitere Fragen unter vier Augen zu stellen oder per E-Mail. Andere Möglichkeit: Du lässt die Fragerunde nach der Show von Freunden mit vorbereiteten Fragen in Gang bringen. Details dazu kannst du im »Powertipp 5: Partner im Publikum« auf Seite 48 nachlesen.

Zwei Zeitpunkte für Fragen aus dem Publikum

Es gibt zwei Zeitpunkte, an denen dein Publikum Fragen stellen kann: Einzelne Fragen während deiner Show und gebündelte Fragen nach der Show. Beide Varianten haben ihre Vor- und Nachteile, es gibt da kein richtig oder falsch. Entscheide du. Auf alle Fälle muss dein Publikum vor der Show erfahren, was Sache ist. Du sagst an, wie es läuft: Fragen dürfen während der Show oder erst danach gestellt werden. Oder noch besser: Dein Anmoderator sagt das an. Das muss natürlich abgesprochen sein. Mehr zu diesem Thema findest du im Abschnitt »Anmoderation ausarbeiten« ab Seite 143.

Fragen während der Show oder danach?

Fragen nach der Show
- Vorteile: Du kommst nicht aus dem Takt und ziehst deine Show durch. Außerdem tut es manchen Fragen gut, wenn sie Zeit hatten, im Kopf des Fragers zu reifen. Manche Fragen haben sich vielleicht im Laufe der Show erledigt, weil du sie beantwortet hast.
- Nachteile: Eine offene, wichtige Frage kann dazu führen, dass die Menschen deiner Show nicht weiter folgen. Sie bleiben dann an der Frage »hängen«. Außerdem gehen vielleicht wichtige Fragen verloren, wenn sie nicht gleich gestellt werden.
- Empfehlung: Als Anfänger solltest du Fragen besser nach der Show beantworten. Es ist für dich eh schon schwer genug, dich auf alles zu konzentrieren und einigermaßen selbstsicher durchzukommen. Fragen während der Show lenken dich nur ab.

Für Anfänger

Fragen während der Show
- Vorteile: Die Menschen können dir ihre Frage dann stellen, wenn sie sich ihnen selbst stellt. Die Frage ist dann noch ganz frisch in ihrem Kopf. Außerdem sorgt deine Antwort dafür, dass die Menschen deiner Show weiter folgen und nicht über eine wichtige Frage nachdenken.
- Nachteile: Du kommst aus deinem Fluss, wenn du Fragen beantwortest. Außerdem sind manche Fragen nur für einen einzelnen Menschen wichtig. Die Antwort auf so eine Frage kann dazu führen, dass alle anderen abschalten.
- Empfehlung: Als Fortgeschrittener kannst du auch während der Show Fragen zulassen. Beantworte allerdings nicht jede Frage auch sofort. Nur wenn die Antwort kurz ist (ein Satz oder so), gib sie gleich. Fragen, die eine umfangreichere Antwort erfordern, verschiebst du ans Ende der Show. Sag das dem Frager genau so, und schreib dir die Frage zur Sicherheit auf.

Fortgeschrittene

Ausnahmen: sehr großes oder sehr kleines Publikum

Zwei Ausnahmen zur Regel — Zwei Ausnahmen gibt es allerdings: Bei einem sehr großen Publikum (mehr als 100 Leute) solltest du die Fragen ans Ende legen. Umgekehrt ist es bei sehr kleinem Publikum (weniger als 10 Leute) üblich, dass jederzeit Fragen gestellt werden können.

Tipps zum Umgang mit Fragen

4 Tipps zum Umgang mit Fragen

Keine zweite Show aus der Fragerunde machen

Keine zweite Show — Für manche Menschen ist die Versuchung riesig: Sie wollen in der Fragerunde all das Wissen loswerden, das nicht mehr in die Show gepasst hat. Ich kann dich nur warnen: Mach keine zweite Show aus der Fragerunde. Mach es lieber so: Beantworte die Fragen möglichst genau und knapp, und biete dem Fragesteller an, später im Einzelgespräch oder in einer E-Mail ausführlicher darauf einzugehen.

Fragen voraussehen

Hellsehen — Manche Fragen, die aus dem Publikum kommen, sind erwartbar. Bestimmt bist du diesen Fragen selbst schon in deiner Vorbereitung begegnet. Zu solchen offensichtlichen Fragen (besonders zu den kritischen) solltest du dir vorher die passenden Antworten überlegen. Bei ganz wichtigen vorhersehbaren Fragen kannst du auch eine Folie vorbereiten. Die zeigst du dann nicht in der Show, sondern erst in der Fragerunde an passender Stelle – das beeindruckt.

Auch mal sagen: »Keine Ahnung«

Keine Ahnung — Selbst wenn du dich super auf deine Show vorbereitet hast, wird es Fragen geben, die du nicht beantworten kannst. Statt jetzt lange drumherum zu reden, sag einfach: »Das kann ich Ihnen nicht sagen. Ich werde mich schlaumachen und lasse Ihnen die Antwort zukommen.«

Mit Scheinfragen umgehen

Fragen, die keine sind — »Balkonfragen« nennen Journalisten es, wenn ein Fragesteller erst mal seine eigene Ansicht darlegt (Balkon), um dann die eigentliche Frage zu stellen. Das ist kein Problem, wenn der Balkon sehr kurz gehalten wird. Bei Shows kommt es allerdings immer wieder vor, dass ein Balkonfrager die Fragerunde nutzt, um seine Sicht der Dinge mal so richtig ausführlich darzustellen. Schließlich musste er ja lange die Klappe halten und kann jetzt endlich alles loswerden.

Der Umgang mit solchen Scheinfragen ist schwierig. Einerseits ist es unhöflich, dem Balkonfrager ins Wort zu fallen. Andererseits ist es deine Show und keine offene Diskussionsrunde. Balkonfrager fressen in einer Fragerunde viel Zeit, die anderen Fragenden verloren geht. Du hast zwei Möglichkeiten: Balkonfrage abwürgen oder umwerten.

»Abwürgen« mag etwas hart klingen, aber manchmal geht es einfach nicht anders. Bei einer Show können zwei Menschen die ausufernde Scheinfragerei beenden: der Moderator oder du. Einer von euch muss den Balkonfrager höflich bitten, jetzt endlich seine Frage zu stellen: »Bitte Herr Schwall, was ist Ihre Frage?«

Manchmal ist es schlauer, den Scheinfrager in Ruhe ausreden zu lassen und dann selbst aus den Aussagen eine Frage zu machen: »Wenn ich Sie richtig verstehe, so fragen Sie, wie wir trotz gesunkener Marktanteile unser Produkt erfolgreicher machen wollen!«

Nach der Fragerunde ist deine Show zu

ENDE.

Applaus!

2 Nach der Show …

… ist vor der Show

> Erfahrung heißt gar nichts. Man kann seine Sache auch 35 Jahre schlecht machen.
>
> Kurt Tucholsky, Schriftsteller

Eine geile Show ist wie ein Kinofilm – es gibt Blockbuster und Flops. Auch du wirst erfolgreiche und weniger erfolgreiche, ach, ich sag es ganz direkt: total verbockte Shows erleben. In diesem Kapitel geht es darum, wie du am besten mit dem Erfolg oder Misserfolg deiner Aufführung umgehst. Und wie du am meisten für deine Weiterentwicklung rausziehst.

Wie war ich?

Musiker feiern nach dem Auftritt die After-Show-Party. Mach das auch, und feier dich, wenn deine Show gut gelaufen ist. Aber heb nicht ab. Ärger dich ruhig etwas, wenn es nicht ganz so gut oder total schlecht gelaufen ist. Aber lass dich nicht zu sehr runterziehen.

Nutz die Zeit
Nach der Show ist vor der Show. Fang also gleich damit an, dich auf deinen nächsten Einsatz vorzubereiten. Damit du immer besser wirst, solltest du nach jeder Show drei Dinge tun:

1. dein Publikum befragen
2. dich selbst einschätzen
3. andere Shows anschauen

2.1 Dein Publikum befragen

Hatte ich das schon erwähnt: Was du willst, ist wurscht. Wichtig ist nur, was das Publikum will. Und so ist dein Publikum das wichtigste Messinstrument für den Erfolg deiner Show. Es gibt eine einfache Art, herauszufinden, wie deine Show angekommen ist: Du fragst die Menschen. Dafür hast du zwei Möglichkeiten:

Wie fand es dein Publikum?

1. Du fragst die Menschen persönlich.
2. Du lässt die Menschen anonym (ohne dass sie ihren Namen angeben) einen Fragebogen ausfüllen.

Direkt und persönlich nachgefragt

Red mit den Menschen.

Leider kommen Menschen manchmal nicht so richtig mit der Wahrheit rüber. Auf die Frage, wie sie die Show fanden, sagen sie oft »ganz gut«. Vielleicht aus Angst, den Frager zu verletzen. Der erfahrene Show-Hase weiß: »Ganz gut« ist die Schokoladen-Version von »ganz nett«. Und »ganz nett« wiederum ist die putzige kleine Schwester von »mies«. »Ganz gut« könnte also alles bedeuten zwischen »ganz gut« und »mies«.

Auch Aussagen wie »toll« oder »echt super« bringen dich nicht wirklich weiter. Denn wenn du nicht gerade die beste Show aller Zeiten hingelegt hast, dann hatte sie gute und schlechte Seiten. Damit du dich weiterentwickeln kannst, musst du wissen, was genau gut und was schlecht war.

Was genau?

Frag also nach, was so »toll« oder »ganz gut« an deiner Show war. Und dann frag, ob es auch etwas gab, das nicht so gut angekommen ist. Wichtig dabei ist, dass du dir alles anhörst, was der andere sagt und selbst die Klappe hältst. Rechtfertige dich nicht für Fehler, und urteile nicht über die vielleicht seltsame Auswahl an Einzelheiten, die dem Befragten aufgefallen sind. Sammle einfach nur das, was er sagt, sammle sein »Feedback« (englisch für: Rückmeldung).

Der sichere Fragebogen

Setz einen Fragebogen ein.

Mit einem Fragebogen (ein Beispiel findest du auf Seite 283) gehst du einen sicheren Weg. Zum einen können die Menschen viel freier schreiben, was sie denken, als es dir ins Gesicht zu sagen. Zum anderen ist ein Fragebogen auch leichter für dich. Manche Menschen hauen einem nämlich ganz direkt die Kritik um die Ohren. Das ist zwar eigentlich sehr wertvoll, tut aber leider auch weh.

> **ÜBRIGENS**
>
> Gewöhne dir an, selbst auch nicht mit »ganz gut« oder so zu antworten, wenn du nach einer Show gefragt wirst. Werde stattdessen greifbar: »Sehr gut gefallen hat mir dies, das und jenes. Weniger gut fand ich dies.« Such für »gut« drei Beispiele aus und für »schlecht« ein einziges Beispiel. Ausnahme: Einem guten Freund kann man auch gut die Wahrheit sagen und drei »schlechte« Beispiele nennen. Dazu sind Freunde nämlich da.

2.2 Dich selbst einschätzen

Jeder Radio- und Fernsehmoderator kennt den »Aircheck«: Es wird regelmäßig überprüft (check), was in die Luft (air) gegangen ist. Dafür werden Sendungen mitgeschnitten und von einem »Airchecker« (wörtlich: Luftprüfer) angeschaut und angehört. Der Airchecker spricht anschließend mit dem Moderator und sagt ihm, was der seiner Meinung nach in der Sendung gut und nicht gut gemacht hat.

Für den Anfang brauchst du noch keinen Airchecker, du kannst dich auch selbst checken. Dazu musst du deine Show aufnehmen, am besten auf Video. Die meisten Handy-Kameras und fast alle einfachen Digital-Kameras können Video aufnehmen. Stell die Kamera vor der Show stabil auf. Bitte jemanden aus dem Publikum kurz vor Beginn deiner Show, den Aufnahmeknopf zu drücken.

Blick in den Spiegel

Selbstbetrachtung
Nach deiner Show lässt du dann ein paar Tage vergehen, und dann schaust du dir das Video in aller Ruhe an. Keine Sorge: Die meisten Menschen finden es peinlich, sich auf Video zu sehen und zu hören. Aber versuch dich daran zu gewöhnen. Dich aufzunehmen und kritisch anzuschauen ist der beste Weg, um immer besser zu werden. Außerdem hat das Publikum in deiner Show dich ja auch genauso gesehen. Also: Augen auf und durch.

Abb. 2–1

Mit so einem Camcorder kannst du deine Show auf Video aufnehmen.

2.3 Andere Shows anschauen

»Was machen die denn da für coole Sachen?« war wahrscheinlich mein erster Gedanke, als ich auf die Welt kam. Diese Neugier begleitet mich bis heute. Fast alles, was ich im Leben gelernt habe, hab ich mir abgeguckt von anderen Menschen, die ich gut fand und die es drauf hatten. Ich glaube nicht, dass ich mit dieser Neugier allein dastehe. Schau dir mal an, wie aufmerksam kleine Kinder andere Menschen beobachten und wie sie alles nachmachen. Bestimmt hast du auch viel Neugier in dir für Sachen, die dir Spaß machen.

Von anderen lernen

Show-Neugier entwickeln
Denk mal an das, was du am liebsten in deiner Freizeit machst. Bestimmt kannst du aus dem Stand drei Geschichten über dein Hobby erzählen, die keiner um dich herum kennt. Deine Neugier hat dich diese Geschichten erleben lassen. Nutz diese Neugier, um deine Shows immer besser zu machen. Schau dir die Shows von anderen an. Gelegenheiten gibt es genug:

Meetings im Büro, Präsentationen an der Uni, den Unterricht eines Lehrers. Und dank Internet ist es ganz leicht, auch mal Shows von ganz erfahrenen Rednern anzuschauen.

Was? Wie?

Darauf achtest du bei anderen Shows.

Schau dir die Shows von anderen dabei gleichzeitig auf zwei Arten an: was und wie? Also: Versuch rauszufinden, was das Thema der Show ist und welche Informationen dir vermittelt werden. Gleichzeitig schaust du dir genau an, wie das gemacht wird: Welche Farben werden eingesetzt, sitzt oder steht der Vortragende, wie ist der Aufbau? Schreib dir auf, was dir an einer fremden Show gefällt und was nicht gut war. Und schreib jeweils dazu, was wohl die Gründe dafür sein könnten: »Minus: Flachwitz am Anfang, keiner lacht, Einstieg versaut. Plus: Anschauliches Diagramm, wenig Werte, gut erklärt.«

Achte bei den Shows von anderen besonders darauf:
- Wie ist die Show aufgebaut?
- Wie steht der Mensch da, was macht er mit den Händen?
- Welche Sprache verwendet er?
- Wie ist der Kontakt zum Publikum?
- Welche Mittel (Folien, Gegenstände etc.) setzt er ein?
- Gibt es irgendeinen Zaubertrick, der dich beeindruckt hat?

Und die wichtigste Frage von allen ist:
- Was kann ich aus dieser Show für mich mitnehmen?

Frage dich das, beantworte dir das, und dann mach es so bei deinen nächsten Shows.

Glückwunsch!

Du hast deine Show erfolgreich hinter dich gebracht. Jetzt ist die gute Gelegenheit, das Show-Handwerk von Grund auf zu lernen oder dein vorhandenes Wissen zu vertiefen. Auf den nächsten Seiten bekommst du wichtiges Show-Know-how geboten, das dir auch im Alltag weiterhilft.

3 Theorie

Viel Blabla, trotzdem wichtig

… … …!

Chuck Norris, Kampfsportler

Die drei Werkzeuge für eine geile Show sind: Wissen (Theorie) und Übung (Praxis). In diesem Kapitel geht es um Show-Theorie. Auf den nächsten Seiten erfährst du, wie das Reden funktioniert, wie du tolle Grafiken gestalten kannst, und du lernst, vor Ideen nur so zu sprühen. Ach so, und weil ich von drei Werkzeugen gesprochen habe, Theorie und Praxis aber deren nur zwei sind: Ich mag die Drei einfach sehr gerne. Sie steht für Vollständigkeit, Standfestigkeit und Abwechslung:

die drei Musketiere
Sonne, Mond und Sterne
Vater, Mutter, Kind
und so weiter

Falls dir das als Erklärung nicht reicht, dann denk dir zu Theorie und Praxis noch die geheimnisvolle Zutat hinzu: das gewisse Etwas, das Je-ne-sais-quoi, das One-more-Ding. Das kann man nicht aus einem Buch lernen. Das ist so ein Zustand, der sich irgendwann einstellt, wenn man sich mit Theorie und Praxis eine Weile beschäftigt hat.

Um es mit einem Zen-Meister zu sagen:

Ehe du dich auf den Weg machst, sind die Bäume – Bäume. Wenn du auf dem Weg bist, sind die Bäume keine Bäume. Wenn du angekommen bist, sind die Bäume – Bäume.

Irgendjemand, Zen-Meister

Wissen, was Sache ist

Abb. 3–1
Und die Superzahl: die 3

3.1 Reden und schreiben können

Kommunizieren bedeutet mitteilen.

Der Fachbegriff fürs Reden und Schreiben lautet »Kommunikation«. Kommunikation kommt vom lateinischen »communicare«, das bedeutet »teilen, mitteilen, austauschen«. Ein Beispiel für Kommunikation ist ein Gespräch unter zwei Leuten:

Abb. 3–2
Kommunikation in 3D

Eine Show ist auch eine Art Gespräch, bei dem nur einer redet. Damit ein Gespräch (und auch eine Show) gut gelingt, lohnt es sich zu wissen, wie Kommunikation funktioniert. Das hat sich der Herr Lasswell vor über 60 Jahren auch gedacht und einen Merksatz entwickelt. Eigentlich ist es eine Merkfrage:

> Wer sagt was in welchem Kanal zu wem mit welchem Effekt?
>
> Harold Dwight Lasswell, Politologe

Wenn man diesen Merksatz auf unser Beispiel von eben anwendet, sieht das so aus:

Abb. 3–3
Wer sagt was in welchem Kanal zu wem mit welchem Effekt?

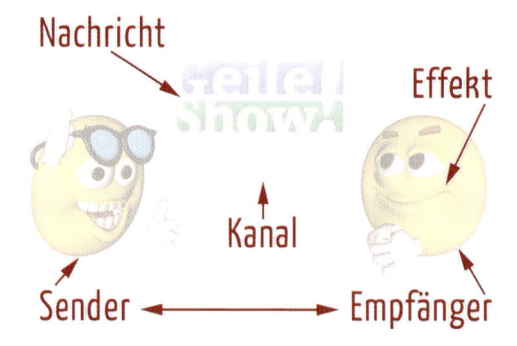

Das Kommunikationsmodell

Ein Sender teilt einem Empfänger eine »Botschaft« (»Nachricht«) auf einem Kanal mit. Diese Botschaft bewirkt etwas im Empfänger. Wenn du dich mit jemandem unterhältst, wechselt ihr beide euch immer als Sender und Empfänger ab. Wenn du sprichst, sendest du, wenn du zuhörst, empfängst du. Die Botschaft ist das, worüber ihr redet, und der Kanal überträgt die Botschaft.

Der Kanal besteht aus vielen Teilen: aus eurer Sprache, aus dem Schall, der Luft und mehr. Falls ihr euch am Telefon unterhaltet, ist auch das Telefonnetz und euer Handy ein Teil des Kanals. Der Kanal wird auch Medium genannt. Medium ist die Einzahl von Medien.

So funktioniert Kommunikation.

Der Kommunikationsforscher Paul Watzlawick sagt:

Man kann nicht nicht kommunizieren!

Jeder kommuniziert also ständig, auch wenn grade keiner was sagt. Denn neben der verbalen (sprachlichen) Kommunikation findet bei einem Gespräch noch eine zweite Kommunikation statt, die nonverbale (nichtsprachliche) Kommunikation.

Nonverbale Kommunikation

Die nonverbale Kommunikation besteht aus Gesten (Handbewegungen), Mimik (Gesichtsausdrücken), Berührungen, ja sogar aus Geruch und Geschmack. Alles zusammen ist nonverbale Kommunikation. Und die ist ein ganz wichtiger Bestandteil, wenn Menschen miteinander kommunizieren. Manche Forscher sagen, dass die nonverbale Kommunikation sogar wichtiger ist als das, was tatsächlich gesprochen wird.

Ohne Worte!

Störungen in der Kommunikation

Kommunikation läuft also immer ab, aber sie ist nicht immer erfolgreich. »Erfolgreich« bedeutet, dass beim anderen auch ankommt, was du ausdrücken willst. Manchmal klappt das allerdings nicht, man sagt: Die Kommunikation ist gestört. Störungen in der Kommunikation können an verschiedenen Stellen auftreten:

Kommunikation kaputt

Kanal ist gestört
Das kennst du sicherlich vom Handy. Wenn der Empfang schlecht ist, dann versteht man den anderen nicht. So ist natürlich keine gute Unterhaltung möglich. In einer Show

Kanal gestört

ist der Kanal zwischen dir und deinem Publikum gestört, wenn zum Beispiel Baulärm von draußen deine Stimme überkracht.

Beziehung ist gestört

Beziehung gestört
Neben dem Inhalt der Kommunikation ist noch die »Beziehung« zwischen Sender und Empfänger interessant. Man sagt: Kommunikation hat eine Inhaltsebene und eine Beziehungsebene. Beziehung meint hier aber nicht »verliebt, verlobt, verheiratet«. Die Beziehung in der Kommunikation beschreibt allgemein, wie Sender und Empfänger zueinander stehen. Sind sie befreundet? Haben sie sich eben erst kennengelernt? Mögen Sie sich nicht? Gibt es eine Abhängigkeit zwischen den beiden, wie zwischen Mutter und Kind? Stehen Sender und Empfänger auf unterschiedlichen Ebenen, wie Chefin und Mitarbeiter?

Die Beziehung ist okay, wenn sich Sender und Empfänger vertrauen, wenn sie sich mögen und die gleichen Werte (was ist richtig, was ist falsch) teilen. Ganz klar: Wenn man jemanden nicht mag, ist es schwer, normal mit ihm zu reden.

Störung der Beziehung am Beispiel:

Der Sender sagt: »Die neue Brille steht dir aber gut.«

Der Sender meint (Beziehung ist okay): »Die neue Brille steht dir gut.«

Der Sender meint (Beziehung ist gestört): »Boah, sieht die neue Brille scheiße aus.«

Sender und Empfänger sprechen unterschiedliche »Sprachen«

Sprachen unterschiedlich
Wenn der Sender nur Deutsch spricht und der Empfänger nur die Sprache der Bantu kennt, kann keine erfolgreiche Kommunikation zustande kommen. Logisch. Aber »Sprache« meint hier mehr. Auch wenn beide die gleiche Sprache sprechen, so kann es doch sein, dass der Empfänger ein bestimmtes Wort nicht kennt. Oder er kennt das Wort, es hat jedoch eine andere Bedeutung für ihn. »Idiot« zum Beispiel bedeutete bei den alten Griechen »eigenartiger Mensch«. Erst später wurde »dummer Mensch« daraus.

Wie gelingt Kommunikation?

Es gibt noch mehr Störungsstellen der Kommunikation. Sie hier alle aufzuzählen, das würde zu weit gehen. Wenn dich das Thema gepackt hat, schau mal in die Buchtipps auf Seite 285. Dort findest du spannende Lektüre zum Thema Kommunikation. Auf den nächsten Seiten in diesem Buch geht es darum, wie du erfolgreich kommunizieren kannst.

Hirne ansprechen

Ein guter Radiomoderator schafft es, bei seinen Zuhörern einen Kinofilm im Kopf ablaufen zu lassen. Die Menschen machen sich ihre eigenen Bilder zu dem, was er ihnen im Radio erzählt. Nun hat so ein Hirnkinomacher nichts anderes zur Verfügung als du: die deutsche Sprache nämlich. Er setzt sie allerdings so schlau ein, dass seine Wörter gut ins Hirn »reinlaufen«. Das kannst du auch lernen. Zunächst musst du wissen, wie die Hirne der Zuhörer funktionieren.

Von Hirn zu Hirn

Wie Hirne funktionieren

Menschenhirne haben viel zu tun. Ständig rauschen Tausende unterschiedliche Eindrücke von außen über die fünf Sinne (Augen, Ohren, Nase, Zunge und Haut) durch den Schädel ins Gehirn. Dort müssen die Eindrücke gebündelt, verarbeitet und bewertet werden. Und weil das Hirn so viel zu tun hat, liebt es verständliche und interessante Dinge.

Abb. 3–4
Sensation: Hirnwindungen beim Denken fotografiert! Okay, das sind Äste mit Schnee drauf. Hirn sieht aber sehr ähnlich aus.

Verständlich

»Verständlich sein«, das klingt ganz leicht, aber wann ist zum Beispiel ein Text verständlich? Ein paar Psychologen aus Hamburg haben diese Frage wissenschaftlich erforscht. Herausgekommen ist das »Hamburger Verständlichkeitskonzept«. Ein »Konzept« ist eine Sammlung von Gedanken zu einem Thema. Ein Konzept hilft den Menschen, sich eine bessere Vorstellung von irgendetwas (in diesem Fall von Verständlichkeit) zu machen.

Einfach, gegliedert, deutlich und anregend

Im Hamburger Verständlichkeitskonzept sind vier Merkmale verständlicher Texte genannt: einfach, gegliedert, deutlich und anregend. Je mehr von diesen Merkmalen ein Text aufweist, umso verständlicher ist er.

1. Einfach:
   Der Text besteht aus allgemein bekannten Wörtern. Die Sätze sind kurz und klar.
   Tipp: Mach einen Text lieber zu einfach für die Leser oder Zuhörer. »Zu einfach« stört meiner Erfahrung nach niemanden. Ist ein Text aber zu schwer, schalten die Menschen ab. Das heißt nicht, dass du Babysprache verwenden sollst. Schreibe so, wie du im Alltag redest.
2. Gegliedert:
   Der Aufbau des Textes ist nachvollziehbar und zusammenhängend.
   Tipp: »Nachvollziehbar« heißt nicht »vorhersehbar«. Es dürfen also gerne ein paar Überraschungen im Text auftauchen.
3. Deutlich:
   Der Text besteht aus kurzen, klaren Sätzen mit aussagekräftigen Wörtern.
   Tipp: Lies dir Texte von Behörden durch. Dann weißt du, wie du es nicht machen sollst.
4. Anregend:
   Der Text besteht aus bildhafter Sprache und Geschichten.
   Tipp: Leg dir ein paar Geschichten zu, die du jederzeit erzählen kannst. Mehr zum Geschichtenerzählen findest du ab Seite 75.

Interessant

Interessant? Klingt gut.

Interessant kommt vom lateinischen Verb »interesse«, das bedeutet »teilhaben«, »dabei sein«. Wenn wir etwas interessant finden, sind wir also ganz bei der Sache. Diese »Sache«, die Menschen interessant finden, kann alles sein: Klamotten, Ultimate Fighting, Briefmarken. Es gibt nichts, was an sich interessant oder uninteressant ist. Der eine mag dies, den anderen langweilt das.

Interesse ernährt sich von zwei Zutaten: von Bekanntem und Neuem. Es langweilt die Menschen, wenn sie immer den gleichen alten Kram hören. Auf der anderen Seite finden sie aber schwer Zugang zu etwas völlig Neuem. Erst die gute Mischung aus »neu« und »bekannt« schafft Interesse.

Die Reihenfolge beim Erzählen ist ganz einfach:
Erzähl den Menschen zuerst etwas, das sie schon wissen. Dadurch fühlen sie sich sicher. Halt dich aber nicht zu lange mit dem Bekannten auf, sonst lässt die Aufmerksamkeit schnell nach. Erzähl den Menschen dann etwas Neues, das aber zu dem passt, was sie gerade gehört haben. Schon rattern ihre Hirne und versuchen, einen Bezug zwischen dem Neuen und dem Bekannten herzustellen.

Erst: Bekanntes
Dann: Neues

Herzen erreichen

Neben den Hirnen wollen auch die Herzen der Menschen angesprochen werden. Mit Herz ist hier nicht das Organ gemeint, das Blut durch uns pumpt. »Herz« ist ein Bild für die Gefühle der Menschen. Aber was sind Gefühle eigentlich? Klingt idiotisch diese Frage, aber in unserer Sprache hat das Wort »Gefühl« unterschiedliche Bedeutungen:

Gefühl = Sinneseindruck
Ich hab so ein komisches Gefühl im Bauch.
Gefühl = Vermutung
Ich habe das Gefühl, dass es heute noch regnet.
Gefühl = Fähigkeit
Sie hat ein tolles Ballgefühl.
Gefühl = Erleben
Ich bin traurig.

Show, don't tell.
Übersetzt: Zeigen, nicht berichten.
Das ist ein Rat, den erfahrene Romanschreiber gerne Schreibanfängern geben. Er passt auch gut für Show-Texte. Gemeint ist, dass die Zuhörer oder Leser selbst anhand von Bildern ihre Schlüsse ziehen sollen. Ein Beispiel:
Statt: »Oliver ist unordentlich.«
Schreib: »Zum tausendsten Mal suchte Oliver zwischen den Kabeln und den Kästen mit blinkenden Lichtern, unter halb gelesenen Büchern, Fotos und Kontoauszügen nach seinem Ideenbuch.«
Durch diese Beschreibung wird jedem Leser klar, dass Oliver unordentlich ist.

Die Erleben-Gefühle

In diesem Abschnitt geht es um Gefühle, die Menschen erleben. Manche Psychologen sagen, dass es vier Grundgefühle gibt: Angst, Wut, Freude und Trauer. Andere Psychologen nennen weitere Gefühle, die alle Menschen haben: Fröhlichkeit, Verachtung, Scham, Mitleid, Neid, Stolz, Liebe, Lust, Geborgenheit, Ekel.

Es ist nicht so wichtig, wie viele und welche Gefühle Menschen nun erleben. Entscheidend ist, dass du in einer Show Gefühle in den Menschen ansprichst. Das müssen nicht nur die »guten« Gefühle sein, wie Freude oder Stolz. Wenn es zum Thema passt, dann können die Menschen durchaus während der Show traurig sein oder Mitleid empfinden.

Gefühle ansprechen mit Sprachbildern

Mitten ins Herz mit einem sprachlichen Bild

Die Gefühle werden am besten über Bilder angesprochen. Damit sind zum einen »richtige« Bilder gemeint, wie Fotos oder Zeichnungen. Aber auch in der Sprache gibt es Bilder. Solche Sprachbilder bestehen aus Wörtern, die eine andere Bedeutung haben als das, was ausgedrückt werden soll. Das Bild entsteht im Kopf der Zuhörer oder Leser durch ihre Erinnerung und Fantasie.

Sprachbilder, die zu häufig benutzt werden, wirken »abgegriffen«. Vermeide solche abgegriffenen Bilder. Schreib nicht »der putzige kleine Nager«, sondern »das Eichhörnchen«. Oder erfinde ein neues Sprachbild, das frisch und kraftvoll ist. Viele Beispiele für frische, aber auch abgegriffene Sprachbilder findest du in Gedichten und Songtexten. Als Anregung eines meiner Lieblingsgedichte:

Der Panther
Im Jardin des Plantes, Paris

Sein Blick ist vom Vorübergehn der Stäbe
so müd geworden, dass er nichts mehr hält.
Ihm ist, als ob es tausend Stäbe gäbe
und hinter tausend Stäben keine Welt.

Der weiche Gang geschmeidig starker Schritte,
der sich im allerkleinsten Kreise dreht,
ist wie ein Tanz von Kraft um eine Mitte,
in der betäubt ein großer Wille steht.

Nur manchmal schiebt der Vorhang der Pupille
sich lautlos auf –. Dann geht ein Bild hinein,
geht durch der Glieder angespannte Stille –
und hört im Herzen auf zu sein.

Rainer Maria Rilke, Dichter

Abb. 3–5
So müd geworden

Im »Panther« stecken einige Bilder: »Vorhang der Pupille«, »müder Blick« und »Tanz von Kraft um eine Mitte«. Bestimmt findest du weitere. Hör dir vielleicht auch mal den Text deines Lieblingslieds genauer an, und schau, ob du Sprachbilder entdeckst.

Tipps für eine Sprache, die Gefühle anspricht

Verwende kurze Wörter!
Wörter, die starke Gefühle auslösen, sind in unserer Sprache eher kurz. Das liegt vielleicht daran, dass bei langen Wörtern die Aufmerksamkeit verloren geht. Kurze Wörter treffen direkt ins Herz, aber nicht ins Blutherumpumporgan. Versuch also, ein möglichst kurzes Wort zu finden, wenn du einen Text schreibst. Beispiele: »Neid« statt »Missgunst«. »Tod« statt »Dahinscheiden«. »Geil« statt »bemerkenswert«.

Lass Verben sprechen!
Gefühle bewegen die Menschen meistens dazu, etwas zu tun: Angst lässt sie weglaufen, Freude lässt sie tanzen, und Wut lässt Menschen zuschlagen. Umgekehrt vermuten Menschen hinter einem Tun immer Gefühle. Wer wegläuft, hat vermutlich Angst und so weiter. Tun tun in unserer Sprache die Verben. Also lass die Verben ran, und du sprichst die Gefühle an. Beispiel: »Er stampfte auf dem Boden auf«. Jeder Zuhörer oder Leser vermutet: vor Wut.

Erzähl von Menschen und ihren Gefühlen!
Menschen werden am stärksten von dem berührt, was andere Menschen oder Lebewesen erleben. Lass es deshalb »menscheln«, wenn du erzählst. Je genauer du dabei den Menschen und seine Gefühle beschreibst, umso näher kommt die Geschichte an die Zuhörer ran.

Erzähl kurz, in Verben und von Menschen.

Geschichten erzählen

Ich habe ein mieses Gedächtnis für Zahlen (und für Namen und Orte – und manchmal für das, was ich neulich gesagt habe). Ganz besonders schlecht bin ich allerdings darin, mir geschichtliche Zahlen zu merken. Nur ein Datum klebt mir seit 30 Jahren im Hirn. Und das liegt an meinem Schulfreund Markus.

Markus hat in einem Deutsch-Referat über die Freundschaft zwischen Goethe und Schiller diese Geschichte hier erzählt: »Im Mai 1805 bekam die Freundschaft zwischen Goethe und Schiller einen Riesenknacks, der nie mehr wieder heilte.
Pause.
Pause.
Pause.
1805 ist Schiller nämlich gestorben.«

Fakten an Geschichten binden.

Klasse Gag, Riesenlacher, und ganz nebenbei hat sich dadurch das Todesjahr von Schiller bei mir nachhaltig eingeprägt. Die Geschichte von dieser Geschichte erzähle ich wiederum heute noch gerne als Beispiel dafür, wie ich mir mit Geschichten Zahlen gut merken kann. Und die Hirnforschung der letzten Jahre hat gezeigt: Die meisten Menschen können sich Geschichten besser merken als nackige Fakten.

> **»Die Hirnforschung hat gezeigt …«**
> Die meisten Sätze, die so anfangen: »Die Hirnforschung hat gezeigt« oder »Studien haben ergeben«, kannst du in die Tonne treten. Danach kommt meistens nichts Gutes mehr. Bei solchen Sätzen muss immer genau dabei stehen, wer wo was erforscht hat. Es ist unwissenschaftlich, die Quellen und Studien nicht beim Namen zu nennen. Du wirst hier im Buch trotzdem manchmal auf solche Sätze stoßen. Das liegt daran, dass »Geile Show!« ein praktisches Handbuch für Anfänger ist und keine wissenschaftliche Arbeit. Es gilt aber trotzdem die Regel: Glaub mir nichts, prüf alles selbst nach.

Woran liegt es, dass Geschichten besser haften?

Geschichten sind was ganz Besonderes.

Vergleiche mal diese beiden Arten, eine Information mitzuteilen:

»Schiller starb am 9.5. 1805.«
»Im Mai 1805 bekam die Freundschaft zwischen Goethe und Schiller einen Riesenknacks, der nie mehr wieder heilte. 1805 ist Schiller nämlich gestorben.«

Auf den ersten Blick sieht es so aus, als könnte man sich den großen Klumpen schlechter merken, als die kurze Sammlung von Fakten. Trotzdem bleibt die Geschichte viel besser haften. Warum ist das so? Der Satz »Schiller starb am 9. Mai 1805« ist völlig beliebig. Jeder hat einen Namen, jeder muss mal sterben, und das an irgendeinem Datum.

Vergleiche diese drei Sätze:
```
Schiller starb am 9.5. 1805.
Schaller starb am 9.5. 1805.
Schiller starb am 5.9. 1802.
```

Hast du die Unterschiede zwischen den drei Sätzen auf den ersten Blick bemerkt? Nein? Klar, denn solche Sätze rauschen ins eine Auge rein und aus dem anderen wieder raus. Es haftet nichts Besonderes an diesen Sammlungen von Buchstaben und Ziffern. Es steckt nichts drin, das uns bewegt oder uns an etwas Wichtiges erinnert. Falls du also willst, dass die Menschen aus deiner Show etwas heraustragen, verpacke deine wichtigsten Aussagen in Geschichten.

Nicht zu viele Geschichten
Aber übertreib es nicht mit dem Geschichtenerzählen. Nimm aus deiner Show allerhöchstens die drei wichtigsten Botschaften (mehr dazu ab Seite 132), und verpack diese in je eine Geschichte. Es gilt: Weniger ist mehr.

Werde zum Geschichtenerzähler
Geschichtenerzählen lernst du am besten im Alltag. Nutze jede Gelegenheit, um etwas zu erzählen. Leg dir ein »Repertoire« zu, eine Sammlung von ein paar Geschichten. Es kann sich um etwas drehen, das du selbst oder jemand anderes erlebt hat. Teste die Geschichten. Erzähl sie immer und immer wieder bei unterschiedlichen Gelegenheiten. Wenn du eine Geschichte dreimal erzählt hast und sie nie so richtig angekommen ist, streich sie aus deinem Repertoire. Sie funktioniert offensichtlich nicht.

Spiel mit deinen Geschichten herum: Probier einen neuen Einstieg aus, erfinde ein neues Ende, bau einen neuen Gag ein. Es sind deine Geschichten, du kannst damit machen, was du willst. Schau dir Comedians im Fernsehen an – alle, auch die langweiligen und doofen. Schau, wie sie das Publikum dazu bringen zu lachen, obwohl die Menschen den Gag oder die Geschichte schon oft gehört haben.

Eine gute Geschichte
muss nicht, kann aber lang sein.
hat einen Einstieg, einen Hauptteil und einen Schluss.
ist persönlich und spricht Gefühle an.
muss lebendig (mit dem ganzen Körper) erzählt werden.
ist bildhaft und greifbar.

Die größten Fehler beim Geschichtenerzählen
Der Hauptteil ist zu lang.
Es gibt keinen richtigen Schluss.
Das Publikum hört gar nicht mehr zu, und der Erzähler merkt es nicht.

Leg dir ein paar gute Geschichten zu.

Eine große Geschichte draus machen
Erinner dich an irgendetwas Peinliches, das dir mit dem anderen Geschlecht (oder je nach Vorliebe: dem eigenen) passiert ist. Falls dir keine selbsterlebte Geschichte einfällt, nimm eine, die einem anderen Menschen passiert ist. Zur Not erfinde etwas, oder nimm das, was ich dir gleich erzähle. Bau die Geschichte so weit aus oder kürze sie, dass sie in 2 Minuten erzählt ist. Erzähl sie ein paarmal der Wand oder einem Baum, und guck dabei auf die Uhr. Aufschreiben ist auch eine gute Idee. Wenn du mit der Geschichte zufrieden bist, teste sie in deinem Freundeskreis. Erzähl sie immer wieder, wenn du neue Menschen kennenlernst. Und achte jedes Mal darauf, wie die anderen Menschen auf deine Geschichte reagieren. Langweilige Stellen lässt du beim nächsten Erzählen weg. Die Teile, die gut ankommen, schmückst du aus. Wenn du mit dieser Geschichte zufrieden bist, such dir eine weitere. Und noch eine.

Eine Rose für die Schöne
Meine peinliche Geschichte geht so:
Ich hatte mich im Medizinstudium in eine Mitstudentin verguckt. Klingt zwar komisch, dass sich zwei Menschen näherkommen, wenn sie gemeinsam an toten Menschen herumschneiden, ist aber so. Wir haben die gleichen Vorlesungen besucht, gemeinsam gelernt und auch sonst viel Zeit miteinander verbracht. Sie war so, wie eine Frau für mich sein muss: schlau, schön und schlau. Und schön. Kurz: Ich hab mich total verknallt. Aber wie sag ich es? Soll ich ihr meine Zuneigung zuflüstern, während wir uns gemeinsam über einen aufgeschnittenen Bauch beugen? Oder soll ich ihr in der Vorlesung einen Zettel rüberschieben, während der Prof gerade ein paar Fotos von besonders übel aussehenden Hautausschlägen an die Wand wirft? Vielleicht knie ich mich im Zimmer des Patienten mit der Muschelvergiftung vor ihr hin? Nein, das ist alles null romantisch. Ich denk mir stattdessen einen guten Spruch aus, kauf eine rote Rose und besuch sie am Abend überraschend zu Hause. Guter Plan. Ich steh also um zehn vor ihrer Tür und klingle. Die Tür geht auf, ich will mein Sprüchlein aufsagen, bekomme aber keinen Ton raus. Vor mir steht ein Typ in Netzhemd und Boxershorts. Er guckt mich kurz an und ruft: »Schatz, für dich!« Ich warte nicht mehr auf sie, sondern sterbe auf der Stelle.

Abb. 3–6
»Schatz, für dich!«

Diese Geschichte ist gar nicht mir passiert, sondern einem Bekannten. Und ganz so wie beschrieben ist es auch nicht abgelaufen. Er studierte nicht Medizin, und ihr Typ hat überhaupt nichts gesagt. Keiner ist vor Scham gestorben, aber peinlich war es trotzdem. Und es ist eine gute Geschichte. Deshalb hab ich sie in mein Repertoire übernommen. Verlieben ist immer ein gutes Thema, wenn Menschen zusammensitzen und sich unterhalten. Andere Themen, für die du dir eine Geschichte zulegen solltest: Autofahren, Schule/Uni/Arbeit, Essen, Reisen, Urlaub, Computer, Krankheit und was sonst noch jeder kennt. Auch ein seltener Beruf oder ein ungewöhnliches Hobby geben gut was zum Erzählen her. Die Geschichte muss nicht peinlich sein oder lustig. Sie muss nur irgendwie »interessant« sein. Was genau das ist, findest du am besten durch häufigen Versuch und Irrtum heraus.

Mit Stil sprechen und schreiben

Etwas mit »Stil« zu tun bedeutet zum einen, es auf eine besondere Art zu tun. Es gibt Stile in der Malerei, der Baukunst und in der Musik. Etwas mit Stil zu machen bedeutet aber auch, es elegant, edel und passend zu tun. Diesen Stil meine ich, wenn es auf den nächsten Seiten darum geht, den Sprachstil zu verbessern.

Sprachstil pflegen

Sprechen mit Stil, die Grundregeln

Einige der wichtigsten Grundregeln für die gesprochene Sprache mit Stil:

- Sprich einfach und klar, in kurzen Sätzen.
- Sprich für deine Zuhörer.
- Sprich erst, wenn du ausgedacht hast.
- Sprich möglichst wenig in Fachbegriffen, und erkläre jeden einzelnen, wenn du ihn das erste Mal verwendest.
- Sprich konkret und anschaulich.
- Sprich anregend, abwechslungsreich und persönlich.
- Sprich kein überdeutliches Hochdeutsch, sondern in deiner ganz normalen Alltagssprache. Dialekt ist okay, wenn er nicht übertrieben ist und von allen Menschen im Publikum verstanden wird.
- Sprich das Wichtigste zuerst aus.
- Sprich gradlinig, nicht in Spiralen: Ein Satz, ein Gedanke. Neuer Gedanke, neuer Satz.
- Sprich möglichst frei, und lies nicht ab.

Sprechen mit Stil, die Beispiele	
So	**Nicht so**
Direkt »Ich«, »du«, »er«, »sie«	Indirekt »Man«, »es«
Aktiv »Alle lachten.«	Passiv »Es wurde gelacht.«
Umgangssprachlich »Geil«	Geschraubt »Überaus gut«
Kurze Wörter »Der Tote«	Langatmige Wörter »Der Dahingeschiedene«
Kurze Sätze »Ich kam, sah und siegte.« (Julius Cäsar)	Lange Sätze »Nachdem ich eingetroffen war, blickte ich in die Runde und konnte anschließend meine Gegner überwinden.«

Sprechen mit Stil, die Beispiele	
So	**Nicht so**
Konkret »Zu Fuß«	Abgegriffen bildhaft »Auf Schusters Rappen«
Überraschend »Deine Augen sind wie die Waldbeeren.« (Max Dauthendey)	Vorhersehbar »Deine Augen sind wie Sterne.«
Gleiches Wort für selbes Ding »Eine Rose ... eine Rose ... eine Rose ist.«	Anderes Wort für selbes Ding »Eine Rose ... Symbol der Liebe ... rotes Dornengewächs ist.«
Verb »Er kocht.«	Substantiv »Er führt eine Essenszubereitung durch.«
Alltagssprache »Sie hat keinen Bock auf Schule.«	Fachbegriff »Es wurde ein Aufmerksamkeitsdefizit bei ihr diagnostiziert.«
Wie unter Freunden »Ich wohne in Nürnberg.«	Wie in einer Behörde »Ich bin wohnhaft in Nürnberg.«
Anschaulich »Das Haus mit den hohen Fenstern im Industriegebiet«	Ungefähr »Ein Haus in der Stadt«
Gerundet »Kurz vor halb drei«	Übertrieben genau »14 Uhr 23«
Klar »Heute ist ein schöner Tag.«	Füllwörter »Also heute ist ja eigentlich irgendwie schon ein ganz schöner Tag.«
Auf den Punkt »Eine Katastrophe«	Doppelt gemoppelt »Eine große Katastrophe« (Eine Katastrophe ist schon groß, das muss nicht dabeistehen.)
Speziell »Tulpen«	Allgemein »Blumen«
Hauptsätze »Das Haus steht am Stadtrand. Es ist unbewohnt. An die Hauswand hat jemand Graffitis gesprüht.«	Nebensätze »Das Haus, das am Stadtrand steht, ist unbewohnt und wurde von Unbekannten mit Graffitis besprüht.«

3.2 Ideen verstehen

Ich hab da so 'ne Idee ...

Der Physiker Archimedes hat vor 2000 Jahren von seinem König eine Aufgabe gestellt bekommen. Er sollte herausfinden, ob eine bestimmte Krone aus purem Gold sei – ohne die Krone zu beschädigen. Auf die entscheidene Idee ist Archimedes ausgerechnet in der Badewanne gekommen. Die ist übergelaufen und genau in dem Moment hatte er die entscheidende Idee. Er hatte das »spezifische Gewicht« gefunden: Je dichter ein Ding ist, umso weniger Wasser verdrängt es. Gold ist sehr dicht und verdrängt deshalb wenig Wasser.

Angeblich ist Archimedes nach dieser Entdeckung aus der Badewanne gesprungen, und nackt und »Heureka« (etwa: »Ich hab's«) rufend durch die Straßen von Syrakus gelaufen. Dieses Heureka war sein Ausdruck dafür, dass er einen Einfall hatte, eine Idee. Ideen bekommt man also anscheinend manchmal in den unpassendsten Situationen.

Abb. 3–7
So in etwa sehen Ideen aus.

Aber was ist eine Idee eigentlich? Woraus besteht sie, und wie kannst du auf Knopfdruck Ideen hervorzaubern? Auf den nächsten Seiten verrate ich dir das Geheimnis hinter den Ideen.

Raum für Ideen schaffen

Eine Idee ist ein frischer Gedanke, den du so noch nicht hattest. Eine Idee kann ein Wort sein, ein Satz oder etwas, das du nicht in Worte fassen kannst. Menschen, die viele Ideen entwickeln, nennt man »kreativ«, lateinisch für: »schöpferisch«. Vielleicht denkst du, dass du nie eine gute Idee hast, wenn du sie grade brauchst. Aber Ideen kommen gar nicht so selten.

Jeder Mensch hat jede Sekunde jede Menge Ideen.

> **ÜBRIGENS**
>
> Wofür du Herz, Lunge und Füße hast, das ist klar. Aber was macht deine Milz eigentlich den ganzen Tag so? Schlag das vielleicht gleich mal in einem Buch oder im Internet nach. Das Nachschlagen ist ein guter Trick, um das Hirn am Laufen zu halten und auf neue Ideen zu kommen.

Jeder Mensch hat jede Sekunde sogar ganz viele Ideen, du auch. Du hast nämlich ein Gehirn. Und der Job deines Gehirns ist es (unter anderem), Ideen herzustellen. Und zwar viele davon. So wie es die Aufgabe des Herzens ist, Blut im Körper herumzupumpen. Deine Lungen nehmen Sauerstoff aus der Luft auf, und deine Füße wollen herumlaufen und tanzen.

Viel Quatsch dabei

Unser Gehirn kommt also ständig auf Ideen. Die meisten davon sind allerdings totaler Quatsch. Aber unter den vielen Ideen sind immer auch ein paar brauchbare. Du musst nur genau hingucken, was dir so durch den Kopf rauscht. Ideen benötigst du an jeder Ecke deiner Show: eine Idee für einen guten Titel, eine Idee für eine Grafik im Hauptteil, eine Idee für eine ausdrucksvolle Handbewegung.

Das Wichtigste: Erwartungen enttäuschen

Mehr als eine Lösung für möglich halten

Wahrscheinlich hast du das schon mal gehört: »Viele Wege führen nach Rom!« Und wahrscheinlich hast du dir dabei gedacht: Was für ein platter Spruch. Ist doch klar, dass es immer mehrere Wege zum Ziel gibt. Meiner Erfahrung nach glauben die meisten Menschen allerdings nicht wirklich an die vielen Wege. Wie sollen sie auch.

Gleich nach dem ersten Atemschnapper wird uns beigebracht, dass es für ein Problem genau eine richtige Lösung gibt und alles andere falsch ist. In jeder Prüfung wird von uns erwartet, die eine, »richtige« Lösung zu finden. Irgendwann haben wir uns vom »einen Weg« überzeugen lassen. Ab dann wird es uns sehr schwer fallen, auf neue Lösungen zu kommen. Wir werden immer die Erwartung erfüllen und die eine Lösung suchen, statt andere Lösungen zuzulassen.

Ein Beispiel:

Aufgabe: Finde in einer Wiese voll mit dreiblättrigen Kleeblättern ein vierblättriges. Deine Suche wird sehr mühsam, wenn du ganz sicher bist, dass in dieser Wiese genau ein Kleeblatt mit vier Blättern versteckt ist. Du wirst es vermutlich gar nicht erst versuchen. Kannst du dir allerdings vorstellen, dass zehn oder hundert vierblättrige Kleeblätter in der Wiese sind, dann ist es schon viel einfacher, eines davon zu finden.

Noch ein Beispiel:

Aufgabe: Klaus ist 70 Kilogramm schwer. Sabine ist 50 Kilogramm schwer. Was wiegen Sabine und Klaus? Erwartete (»richtige«) Antwort: 120 Kilogramm. Mögliche andere, ebenfalls richtige Antworten: Keine Ahnung, 20 Kilogramm (auf dem Mond), ihre Körper im Takt des Wiener Walzers, Mehl für einen leckeren Kuchen, ein Baby in den Schlaf.

Und noch ein Beispiel:
Aufgabe: Was ist 15:30? Erwartete Antwort: 0,5 (15 geteilt durch 30). Andere Antworten: Die Abfahrtszeit des ICE 1307 von Frankfurt nach Köln. Das Halbzeitergebnis des Basketballspiels zwischen Frankfurt und Köln. Findest du weitere »richtige« Antworten?

Und was hat das mit Ideen zu tun?
Es gibt also anscheinend für manche Probleme mehrere Lösungen. Einverstanden? Vielleicht gibt es sogar für alle Probleme mehrere Lösungen. Ich gehe auf jeden Fall davon aus. Jedenfalls so lange, bis mir jemand ein Problem nennt, für das es ganz sicher nur eine »richtige« Lösung gibt.

Ideen sind wie Lösungen: zahlreich.

Falls dir diese Art zu denken einleuchtet, übertrag die Erkenntnis auf Ideen. Also: Solange du glaubst, dass es nur genau eine gute Idee für eine Aufgabe gibt, ist es ziemlich schwer, sie zu finden. Kaum gibst du diese beschränkte Vorstellung auf, können die Ideen rudelweise auf dich zukommen. Und sie tun es auch. Ich schwör!

Ideen anlocken
Und hier noch weitere Tipps, wie du die Ideen anlocken kannst:

6 Tipps, um auf viele Ideen zu kommen

1. Sei mutig, und probier jeden Tag etwas Neues aus. Das muss nichts Dolles sein. Es reicht, dass du mal einen neuen Weg zur Arbeit oder in die Schule nimmst. Oder dass du beim Gehen statt auf den Boden in den Himmel guckst.
2. Geh spielerisch an die Dinge ran. Ideen entstehen meiner Erfahrung nach eher selten in einem ernsten Umfeld. Und ganz sicher entstehen Ideen nicht aus einem Gefühl der Angst heraus. Aus Angst heraus entsteht nämlich gar nichts außer noch mehr Angst und Blockaden.
3. Falsch ist okay. Trau dich, auch mal ganz irre Sachen zu denken – ist ja nur in deinem Kopf.
4. Erlaube deinem Hirn, Ideen zu vergessen, damit Raum für Neues im Kopf entsteht. Aber schreib jede Idee auf, damit du sie sorglos vergessen kannst, damit Raum für Neues im Kopf entsteht. Siehe auch »Wichtig 9: Kauf dir ein Ideenbuch. Sorg dafür, dass du immer Stift und Papier bei dir hast.« ab Seite 97.

Ideen verstehen

5. Kombiniere zwei Sachen, die »eigentlich« nicht zusammenpassen. Aus Klebstoff und Papier sind irgendwann im Kopf von einem Erfinder die PostIts (kleine Klebezettel) geworden.
6. »Mach dir das Fremde vertraut. Mach dir das Vertraute fremd.«
 – William Gordon, Kreativitätsforscher
Soll heißen: Probier immer wieder mal etwas Neues aus. Lern zum Beispiel ein Instrument, oder besuch eine fremde Stadt. Und mach etwas Bekanntes auf eine neue Weise. Mehr dazu findest du in Übung 6: »Den Standpunkt wechseln«.

Den Standpunkt wechseln
Du kannst deinem Hirn dabei helfen, auf frische Ideen zu kommen. Bring etwas Abwechslung in deinen Alltag. Wie soll etwas Neues in deinem Kopf entstehen, wenn alles immer gleich abläuft. Hier ein paar Tipps, womit du anfangen könntest:
- Wechsel die Hand bei alltäglichen Tätigkeiten. Als Rechtshänder nutz mal die Linke und umgekehrt: zum Beispiel beim Zähneputzen, beim SMS-Tippen, beim Essen und so weiter.
- Wechsel die Klamotten. Zieh durch die Läden, und probier einen neuen Style aus. Bunt statt schwarz, Blaumann statt Anzug, Goth statt Hip-Hop.
- Lies was von jenseits deiner Gewohnheit. Als BILD-Leser hol dir die FAZ und umgekehrt. Als Horror-Fan verschling eine Liebesschnulze. Wenn du es immer nur mit Zahlen zu tun hast, lies einen Gedichtband.
- Übe es, auf dem Kopf zu schreiben. Das heißt, nicht du stehst beim Schreiben auf dem Kopf, sondern das, was du schreibst, steht von dir aus gesehen auf dem Kopf. Neben dem Mal-was-anderes-Machen hat das Überkopfschreiben auch noch einen ganz praktischen Nutzen: Wenn du in kleiner Runde etwas erklärst, kommt es ziemlich cool rüber, auf dem Kopf zu schreiben, sodass die anderen es lesen können.

Ideen wirbeln lassen

Ich stelle dir jetzt eine Technik vor, mit der du Ideen entwickeln kannst und lernst, die guten von den quatschigen Ideen zu unterscheiden: Brainstorming (englisch, übersetzt etwa: »Hirnsturm«). Es gibt zwar noch viele andere Techniken, um Ideen zu entwickeln, aber das Brainstorming ist meiner Erfahrung nach eine ziemlich sichere Sache. Irgendwas kommt immer dabei heraus.

Brainstorm los!
Deinen eigenen Ideenfindehirnsturm lässt du so loswirbeln: Nimm dir zwei leere Papierblätter und eine halbe Stunde Zeit. Auf das eine Blatt schreibst du jede Idee, die dir in den nächsten zehn Minuten durch den Kopf rauscht. Auf das andere Blatt überträgst du danach die guten Ideen.

Sprich in den nächsten zehn Minuten das Thema, zu dem du Ideen finden willst, immer wieder laut vor dich hin. Schreib alles auf, was dir durch den Kopf rauscht – egal, ob es zu deinem Thema passt oder nicht, auch wenn es wie Quatsch aussieht. Wichtig ist, dass du deinen ersten Gedanken aufschreibst und nicht länger nachdenkst. Manchmal wird aus dem auf den ersten Blick größten Mist eine tolle Idee.

Brainstorming: Abendgestaltung

Probier das Brainstorming gleich mal an einem ganz harmlosen Beispiel aus. Das Thema: Was mache ich heute Abend?
Das Brainstorming sieht dann so aus:
Laut sprechen: »Was mache ich heute Abend?«
Nix (sofort aufschreiben)
Laut sprechen: »Was mache ich heute Abend?«
Freunde treffen (sofort aufschreiben)
Laut sprechen: »Was mache ich heute Abend?«
Kohlrüben (sofort aufschreiben)
Laut sprechen: »Was mache ich heute Abend?«
Chatten, Show vorbereiten, Kettenkarussell (sofort aufschreiben)
Und so weiter, zehn Minuten lang. Im Laufe der Zeit kannst du das Thema immer seltener aussprechen. Verzichte aber nicht ganz drauf.

Schau gelegentlich vom Papier hoch, steh vielleicht mal auf, und guck aus dem Fenster. Pfeif eine Melodie, oder lutsch ein Stück Schokolade. Dann sprich wieder das Thema laut aus, fasse den ersten Gedanken, und schreib ihn auf.

Wenn die zehn Minuten um sind, ist deine Sammlung fertig. Du solltest jetzt einige Wörter auf deinem Blatt stehen haben. Mehr Wörter sind nicht besser, aber ein paar sollten es schon sein. Faustregel: Das A4-Blatt muss mindestens halb voll sein.

Nun fischst du aus den vielen Worten auf deinem Brainstorm-Zettel die guten Ideen raus: Geh alles durch, was du aufgeschrieben hast. Wenn dir ein Wort oder ein Satzfetzen wie eine gute Idee vorkommt, übertrag es auf deinen Ideenzettel.

Auf deinem Ideenzettel steht am Ende eine Auswahl an guten Ideen für deine Abendgestaltung. Vielleicht ist es auch nur eine einzige Idee. Falls es gar keine Idee ist, dann häng noch mal 10 Minuten Brainstorming dran. Mach das so lange, bis du eine Idee für den Abend hast. Oder bis der Abend rum ist. Dann war eben Brainstorming-Üben deine Abendgestaltung. Auch eine gute Idee.

3.3 Gestaltung meistern

Etwas zu »gestalten« bedeutet, ihm eine Gestalt, eine Form zu geben. Du bist also schon ein Gestalter, wenn du auf deinem Teller aus den Pommes ein Gesicht legst oder mit deinen Füßen Spuren in den Sand drückst. Alles, was Menschen mit der Welt um sie herum tun, ist in diesem Sinne eine Gestaltung.

Bei der Vorbereitung deiner Show bist du an allen Ecken und Enden gestaltend tätig. Beispiele: Du zeichnest ein Gesicht auf dein Plakat oder entscheidest dich für die Farbe Rot als Hintergrund deiner Folie. Du nimmst ein Foto auf oder machst aus Zahlen ein Kurvendiagramm. Das ist alles Gestaltung. Allerdings sprechen nicht alle Gestaltungen die Menschen auch an, und nicht jede Gestaltung gelingt. Professionelle Gestalter über-

Jeder ist ein Gestalter.

lassen es nicht dem Zufall, ob eine Gestaltung gelingt oder nicht. Sie orientieren sich an Regeln, den Gestaltungsgesetzen.

Gestaltungsgesetze

9 hilfreiche Leitlinien zur Gestaltung

»Gestaltungsgesetze«, das klingt so nach Verbrechen und Polizei. Ich ziehe den Begriff »Leitlinien« vor. An Gesetze muss man sich halten, Leitlinien sind eher wie Trampelpfade in einer Wiese. Wenn du auf einem Gebiet frisch und unsicher bist, folge dem Trampelpfad. Mit mehr Erfahrung kannst du es riskieren, den Pfad zu verlassen und etwas Neues auszuprobieren.

Die folgenden Leitlinien sind für jede Art von Gestaltung nützlich. Du kannst sie nutzen, um Folien für eine Show zu gestalten, eine Webseite zu bauen, ein Bild zu malen oder die Pommes auf dem Teller zu einem noch ausdrucksvolleren Smiley zu legen.

> **ÜBRIGENS**
>
> Die Leitlinien, die ich dir gleich vorstelle, gehen zum großen Teil auf die Gestaltgesetze zurück. Diese Gesetze wurden vor fast hundert Jahren von Psychologen gefunden, die sich mit der menschlichen Wahrnehmung beschäftigt haben. Die Gestaltgesetze bilden die Grundlage der Gestaltpsychologie. Ab Seite 285 findest du Buchtipps zu diesem Thema.

Abb. 3–8
Gestaltungsleitlinie: Einfachheit

Einfachheit

Gestaltungsleitlinie: Weniger ist mehr.

Gute Gestaltungen leuchten uns direkt ein, ohne viel Augenbewegung und Nachdenkarbeit. In ersten Entwürfen ist oft zu viel drin. Lass eine neue Gestaltung deshalb eine Nacht liegen. Guck am nächsten Tag noch mal drauf, und schmeiß alles raus, was zu viel ist.

Abb. 3–9
Gestaltungsleitlinie: Reihenfolge

Reihenfolge

Wir können eine Gestaltung nicht auf einen Blick erfassen. Wir müssen sie stattdessen Schritt für Schritt »lesen«. Die Augen wandern dabei über die Gestaltung. Damit das den Augen leicht fällt, sollte eine Reihenfolge erkennbar sein. Am einfachsten ist es, wenn du dich an die übliche Leserichtung hältst. In unserem Kulturkreis ist das: von links nach rechts und von oben nach unten.

**Gestaltungsleitlinie:
Eins nach dem anderen.**

Abb. 3–10
Gestaltungsleitlinie: Nähe

Nähe

Menschen sind Herdentiere. Sie halten sich am liebsten in der Nähe von anderen Menschen auf, die so sind wie sie. Vielleicht erwarten sie deshalb, dass ähnliche Dinge nah beieinander sind. Auch in Gestaltungen.

**Gestaltungsleitlinie:
Was zusammengehört, muss sich nah sein.**

Abb. 3–11
Gestaltungsleitlinie: Drittelregel

**Gestaltungsleitlinie:
Rücke das Wichtige aus der Mitte heraus.**

Drittelregel und Goldener Schnitt

Anfänger fotografieren Menschen häufig so, dass die Gesichter exakt in der Mitte auf dem Foto zu sehen sind. Problem: Mitte ist laaangweilig. Mehr Spannung entsteht, wenn du das Wichtige etwas aus der Mitte rückst. Verwende die Drittellinie oder den »Goldenen Schnitt«.

Die Drittellinien findest du, indem du auf der Fläche der Gestaltung zwei waagerechte und zwei senkrechte Linien malst (oder dir denkst). Diese beiden Linien teilen die Höhe und die Breite in drei Teile. Voilà, die Drittellinien.

Die Drittelregel ist die Sparversion des Goldenen Schnitts. Der Goldene Schnitt ist ein seit vielen tausend Jahren bewährtes Gestaltungsprinzip. Er wird eingesetzt in der Malerei, bei Bauwerken, der Gestaltung von Alltagsgegenständen, in der Fotografie und so weiter. Der Goldene Schnitt ist so definiert:

a:b = b:c

Abb. 3–12
Gestaltungsleitinie: Goldener Schnitt

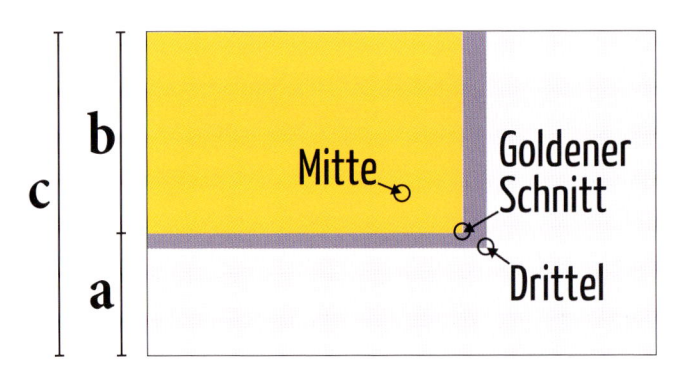

88   Theorie

Es ist nicht so wichtig, dass du bei deiner Gestaltung exakt die Drittellinie oder den Goldenen Schnitt triffst. Rück das Wichtige einfach etwas aus der Mitte heraus nach links, rechts, oben oder unten. Das passt dann schon.

Abb. 3–13
Gestaltungsleitlinie: Geschlossenheit

Geschlossenheit

Wenn wir etwas betrachten, läuft in unserem Hirn immer der gleiche Vorgang ab: Erst einmal zerlegen wir das Bild in Figur und Hintergrund. Figuren sind abgegrenzt, fassbar, »Dinge«. Der Hintergrund ist das Gegenteil davon. Beispiel: Eine Kuh steht auf einer Wiese. Die Kuh ist die Figur, die Wiese und der Himmel formen den Hintergrund.

Nachdem wir in einer Gestaltung Figuren erkannt haben, vergleichen wir als Nächstes jede Figur mit dem, was wir schon gesehen und im Speicher abgelegt haben. Beispiel: Wir haben einen Speicher für Stühle im Kopf. Dort sind alle Stühle »abgelegt«, die wir je gesehen haben. Stühle aus Holz, Metall und Plastik. Große Stühle, kleine Stühle, bequeme und unbequeme. Bunte und einfarbige Stühle.

Jede Form, die wir sehen, läuft durch den Stuhlspeicher, und unser Hirn entscheidet dann: Stuhl oder nicht Stuhl. Wenn Stuhl, dann endet der Vergleich, und wir haben die Form erkannt. Wenn es sich nicht um einen Stuhl handelt, wird die Form an den Tischspeicher weitergereicht. Und dann an den Froschspeicher und so weiter. Die Suche nach der Form läuft umso schneller, je deutlicher die Form ist und je stärker sie sich von anderen Formen unterscheidet.

In einer Gestaltung erleichterst du das Erkennen von Figuren dadurch, dass du die Figuren geschlossen gestaltest und den Hintergrund offen. Schau dir Abbildung 3–12 an. Du kannst dir bestimmt leicht vorstellen, dass in diesem Bild die Sonne über dem Meer auf- oder untergeht. Der geschlossene Kreis ist die Figur, die Sonne. Der Hintergrund wird durch die Wellenlinie angedeutet: Sie stellt die Wasseroberfläche dar.

Gestaltungsleitlinie: Geschlossene Formen bilden Figuren.

Abb. 3–14
Gestaltungsleitlinie: Kontrast

Kontrast

Als Kontrast wird der Unterschied in der Helligkeit zwischen zwei Punkten bezeichnet. Je unterschiedlicher die Helligkeit, umso höher der Kontrast. Der höchstmögliche Kontrast ist der zwischen Schwarz und Weiß. Unser Auge braucht ein gewisses Maß an Kontrast, um zwei Punkte sicher voneinander zu unterscheiden. Je kontrastreicher, umso besser. Ein hoher Kontrast erleichtert das Erkennen einer bestimmten Figur.

**Gestaltungsleitlinie:
Was sich unterscheidet, muss sich deutlich unterscheiden.**

Abb. 3–15
Gestaltungsleitlinie: Ausrichtung

Ausrichtung

Wie schon gesagt »lesen« wir eine Gestaltung. Damit unsere Augen dabei nicht zu sehr hüpfen müssen, ist es sinnvoll, die Elemente der Gestaltung an einer Linie auszurichten. Rechts, links oben oder unten – egal. Hauptsache, du richtest aus, was zusammengehört.

**Gestaltungsleitlinie:
Ordne die Elemente einer Gestaltung an.**

Abb. 3–16
Gestaltungsleitlinie: Unterschiede

Unterschiede

In einer Gestaltung, in der alles rot, fett, groß und schreiend ist, wirkt nichts mehr wirklich wichtig. Ich hatte neulich ein gebrauchtes Buch in der Hand. Der Vorbesitzer hatte sich die wichtigen Stellen gelb angestrichen. Gute Sache eigentlich, nur leider war fast jeder Satz gelb. So war am Ende alles wichtig und damit gar nichts mehr.

Faustregel für Verteilung von Wichtigkeit in einer Gestaltung:

10 % wichtig

20 % mittelwichtig

30 % nicht so wichtig

Die Nachrechner werden jetzt sagen: Hey, da fehlen 40 % in deiner Rechnung. Was ist das denn? Na, das hier:

**Gestaltungsleitlinie:
Lass nicht alles wichtig wirken.**

Abb. 3–17
Gestaltungsleitlinie: Leere

Leere

– Hier kein Text, der die Leere stört. –

**Gestaltungsleitlinie:
Schaffe Raum für eigene
Gedanken.**

Besser sehen mit zugekniffenen Augen

Gestaltungen einschätzen mit dem Squint-Test

Und jetzt noch ein Trick, um Gestaltungen besser beurteilen zu können: Probier mal den Squint-Test aus. Das Verb »to squint« bedeutet auf Englisch »die Augen zusammenkneifen«. Beim Squint-Test schaust du eine Gestaltung (eine Zeichnung, ein Foto, eine Webseite etc.) mit zusammengekniffenen Augen an. Dadurch verschwimmen die Formen, und du siehst alles unscharf. Unscharf sehen heißt in diesem Fall merkwürdigerweise aber klarer zu sehen: Die Kleinigkeiten einer Gestaltung gehen verloren, und du siehst nur noch das große Ganze.

Die Abbildung 3–18 zeigt drei Webseiten, die wie durch zusammengekniffene Augen betrachtet sind. Das wirkt extrem verschwommen. Kannst du trotzdem erkennen, um welche Seiten es sich handelt? Und kannst du auch erkennen, was auf jeder einzelnen Seite besonders wichtig ist?

Abb. 3–18
Squint-Test: Mit zusammengekniffenen Augen besser sehen

3.4 Medienrecht kennenlernen

Recht und Ordnung in den Medien

Autofahren ist eine komplizierte Angelegenheit; es gibt viele Regeln und Gesetze zu beachten. Rechts vor links, 50 km/h in geschlossenen Ortschaften, Stop (Hammertime)! Wer wie fahren darf, das steht in der Straßenverkehrsordnung. Medienmachen ist zum Glück rechtlich gesehen nicht ganz so verwinkelt. Aber ein paar Regeln gibt es doch, die du dringend kennen und an die du dich halten solltest.

Urheberrecht beachten

Wer ein Werk schafft, ist ein Urheber.

Wer einen Text schreibt, ein Foto macht, ein Video dreht, ein Musikstück komponiert oder textet oder ein Bild malt oder zeichnet, der schafft ein Werk. Rechtlich gesprochen, ist er der »Urheber« dieses Werkes. Der Urheber genießt Urheberrechte und kann entscheiden, was andere mit seinem Werk machen dürfen (aufführen, veröffentlichen, vortragen und so weiter) und ob sie ihm dafür Geld zahlen müssen.

Verstöße gegen dieses Urheberrecht können teuer werden. Ein Beispiel für solch einen Verstoß: Du verwendest ohne Erlaubnis ein Foto, das du von einer fremden Internet-Seite kopiert hast, in deiner Show oder auf deiner eigenen Internet-Seite. Das Gleiche gilt auch für fremde Musik oder Videos. Umgekehrt hast du die gleichen Rechte auf deine eigenen Werke. Wenn du also ein Foto machst, ein Bild malst oder ein Video drehst, dann genießt du das Urheberrecht. Du allein kannst dann bestimmen, was mit deinem Foto gemacht wird.

Dein Werk muss sich allerdings von anderen unterscheiden. Es reicht nicht, ein berühmtes Gemälde abzumalen oder ein Foto davon zu machen, um Urheber eines neuen Werkes zu werden. Im Gegenteil: Du verletzt durch das Abmalen das Urheberrecht des Menschen, der das Werk geschaffen hat.

Es ist in Deutschland nicht nötig, ein Copyright-Zeichen neben ein Bild oder einen Text zu stellen. Bei uns sind alle Werke automatisch urheberrechtlich geschützt. Man muss nur im Zweifelsfall beweisen können, der Urheber zu sein. Das Urheberrecht besteht nicht unendlich lange. In Deutschland erlischt es 70 Jahre nach dem Tod des Urhebers. Seine Werke werden »gemeinfrei«, das heißt, jeder Mensch kann mit den Werken machen, was er will.

Schöpfungshöhe ist entscheidend

Es wird vor Gericht immer wieder darüber gestritten, wie groß Unterschiede zwischen Werken (Logos, Musikstücken, Texten und so weiter) genau sein müssen, damit etwas als eigene Schöpfung anerkannt wird. Leider gibt es keine klare Regel außer der hier: »Coram iudice et in alto mari sumus in manu Dei.«. Das ist lateinisch für: »Vor Gericht und auf hoher See sind wir in Gottes Hand.«

Ist die Eigenleistung hoch genug?

Achtung, Abmahner unterwegs

Mittlerweile verdienen manche Menschen sehr viel Geld damit, andere für Verstöße gegen das Urheberrecht bezahlen zu lassen. Sie stellen eigene Fotos mit beliebten Motiven ins Internet, warten etwas ab und schauen dann mithilfe der Suchmaschinen nach, ob ihre Fotos auf fremden Internet-Seiten verwendet werden.

Achtung: Abmahnung

Wenn sie eines ihrer Fotos finden, schicken sie dem Betreiber der entsprechenden Internet-Seite über einen Anwalt eine kostenpflichtige Abmahnung. Zusätzlich muss der Betreiber für die Nutzung des Fotos nachzahlen. So kommen schnell ein paar hundert Euro zusammen, nur weil man ein fremdes Foto verwendet hat.

Persönlichkeitsrechte beachten

Bei Fotos und Videos gilt es, neben dem Urheberrecht, noch ein zweites Recht zu beachten: das »Recht am eigenen Bild«. Dieses Recht schützt Menschen davor, dass Fotos oder Videos veröffentlicht werden, auf denen sie zu sehen sind.

Das Recht am eigenen Bild

Dieses Recht am eigenen Bild gilt für alle Menschen. Du musst also, wenn du Fotos von anderen Menschen machst, ihre Erlaubnis (am besten schriftlich) für die Veröffentlichung einholen. Nur mit so einer Erlaubnis darfst du diese Fotos oder Videos in deiner Show zeigen oder zum Beispiel im Internet veröffentlichen. Allerdings gibt es Ausnahmen von diesem Recht am eigenen Bild. Du darfst ein Foto auch ohne Erlaubnis veröffentlichen, wenn der abgebildete Mensch

- länger als zehn Jahre tot ist.
- eine »absolute Person der Zeitgeschichte« ist. Absolute Personen sind zum Beispiel: die Bundeskanzlerin, der König von Schweden, eine Nobelpreisträgerin und so weiter.
- nicht das Hauptmotiv ist, sondern »Beiwerk« im Bild ist.
- Teil einer Gruppe von Menschen ist. Die Größe der Gruppe ist nicht genau geregelt, aber ab 10 Menschen kann man sehr wahrscheinlich von einer Gruppe ausgehen.

Neben dem Recht am eigenen Bild genießen Menschen auch das Recht am eigenen Wort. Du darfst also nicht heimlich ein Gespräch aufnehmen (auch nicht am Telefon) und das Ergebnis veröffentlichen. Frag bei einem Interview (du stellst Fragen, jemand antwortet) vorher nach, ob du aufzeichnen und veröffentlichen darfst.

Hausrecht beachten

Their home is their castle. Auch für Fotos und Videos von Häusern oder Wohnungen benötigst du das Einverständnis des Besitzers. Du darfst nicht einfach in ein Haus marschieren und drauflosknipsen. Hol dir vorher das schriftliche Einverständnis, dass Du Fotos oder Videos machen und sie veröffentlichen darfst.

Es gibt übrigens eine Ausnahme von diesem Recht, und das nennt sich Panoramafreiheit. Du darfst Fotos von Häusern oder Grundstücken machen, wenn du dich beim Aufnehmen an einem öffentlich frei zugänglichen Ort befindest.

4 Show vorbereiten

Die halbe Miete

> Witze kann man nur dann aus dem Ärmel schütteln,
> wenn man sie vorher hineingesteckt hat.
>
> Rudi Carrell, Chowmaaster

Ein Kinofilm ist eine tolle Sache. Es gibt viel zu sehen und zu hören. Das Publikum lacht, ist bewegt und hat vielleicht sogar etwas Neues erfahren. Eine normale Präsentation dagegen ist wie, tja, wie eine Präsentation eben: Text, Text, Text, Blinker, Flatter, Zappel, Comic-Männchen mit Glühbirne über dem Kopf, und dann quatscht auch noch laufend einer rein. Die Zuschauer müssen viel arbeiten (lesen, zuhören, verstehen gleichzeitig), die Sache ist todernst, das Publikum quält sich durch und ärgert sich hinterher. Hm, eigentlich müsste man alles so machen wie die Leute beim Film. Dann hätte man eine geile Show statt einer öden Präsentation. Ja, gut, okay. Machen wir es so.

Mach eine geile Show aus einer langweiligen Präsentation.

Okay, ran an den Film
Der erste Schritt auf dem Weg zur geilen Show ist wie beim Kinofilm die Vorbereitung. Am Ende deiner Vorbereitung hast du ein Drehbuch, in dem genau steht, wie deine Show heißt, woraus sie besteht und wie sie abläuft. Ich will es nicht schönreden. Die Vorbereitung einer Show kostet viel Zeit und macht Arbeit. Faustregel:

Kein Film ohne Drehbuch. Und keine Show.

Eine Minute in einer Show kostet dich eine Stunde Vorbereitungszeit.

Für einen 15-Minüter musst du also zwei Arbeitstage Vorbereitung einrechnen. Natürlich geht es auch schneller. Wenn du ein paar Shows gemacht hast, gehen dir viele Arbeitsschritte viel leichter von der Hand. Beziehungsweise vom Fuß. Schritte gehen selbstverständlich vom Fuß.

Als Anfänger solltest du allerdings besser etwas mehr Zeit für die Vorbereitung deiner Show einplanen. Rechne mit zwei Stunden Vorbereitung für jede Minute deiner Show. Ich verspreche: Es lohnt sich. Je gründlicher du dich auf jede Show vorbereitest, umso eher wirst du ein toller Showmaster.

Was'ne Qual

Vorbereitung ist anstrengend.

Wolf Schneider (der Autor von »Deutsch fürs Leben«) schreibt:

>»Einer muss sich plagen – der Autor oder der Leser.«

Schneider spricht von Büchern, aber sein Satz gilt ganz wunderbar auch für Shows. Wenn du dir bei der Vorbereitung keine Mühe gibst, muss sich der Zuschauer anstrengen, um etwas aus deiner Show mitzunehmen. Rein wirtschaftlich betrachtet ist es sinnvoller, dass einer (Du!) sich plagt, als wenn viele (Zuschauer) das tun müssen. Nebenbei bemerkt plagen sich Zuschauer nicht gerne. Wenn deine Show also schlecht vorbereitet ist, kommt überhaupt wenig rüber, und selbst deine wenige Mühe ist nichts wert.

Kreatives Chaos oder kreative Ordnung

Chaos oder Ordnung?

Ich kenne zwei Show-Vorbereiter-Typen: Die einen machen erst die Gliederung und arbeiten dann Folie für Folie ab. Die anderen Show-Typen gehen das Ganze eher wilder an, bauen drauflos und gucken, was passiert. Ich gehöre zur zweiten Gruppe. Ich bastele mir eine grobe Gliederung im Kopf zusammen, lege dann direkt mit den ersten Folien los, und dabei kommen mir die besten Ideen. Außerdem habe ich noch eine mittelschwere Aufschieberitis, also die Neigung, Arbeit immer wieder auf morgen zu verschieben. Ich mache das, bis die Zeit so knapp wird, dass ich echt ins Schwitzen komme.

Sofort erledigen kann jeder

»Morgen reicht auch noch.«

Der wissenschaftliche Begriff für Aufschieberitis ist »Prokrastination«, aus den lateinischen Begriffen »pro« (für) und »cras« (morgen). Ich hab mittlerweile gelernt, mit meiner Aufschieberei umzugehen, weil ich ziemlich genau weiß, wie lange ich für etwas brauche. So kann ich es mir erlauben, Arbeit aufzuschieben. Ich lebe dabei in dem Glauben, dass ich unter Zeitdruck einfach am kreativsten arbeite. Bisher hat das noch immer geklappt.

Das heißt aber nicht, dass Unordnung der einzige Weg ist, etwas Tolles zu schaffen. Ich kenne viele Show-Menschen, die sich ganz geordnet, Stück für Stück, jeden Tag gleichmäßig vorbereiten und tolle Shows abliefern. Du wirst im Laufe deines Show-Lebens selbst für dich rausfinden, wie du am besten arbeitest: geordnet oder chaotisch.

Aaaaaaaber: Als Anfänger solltest du dich an den auf den folgenden Seiten beschriebenen Ablauf halten.

4.1 Vorbereitung vorbereiten

Jeder richtige Handwerker achtet darauf, hochwertiges und passendes Werkzeug zu verwenden. Schließlich lebt er von seinen Werken. Eine Show vorzubereiten ist auch ein Handwerk, und deshalb brauchst du gutes Werkzeug.

Das Werkzeug zurechtlegen

Es gibt drei Werkzeuge, mit denen du deine Show vorbereiten kannst: mit Papier, Kopf oder dem Computer. Okay, es gibt noch eine vierte Art, sich auf eine Show vorzubereiten: gar nicht – das Genie schüttelt alles aus dem Ärmel. Wenn du so drauf bist, leg das Buch wieder weg. Dann ist dir nicht zu helfen.

Die drei Werkzeuge für die Vorbereitung (Papier, Kopf und Computer) haben alle ihre Vor- und Nachteile. Ich habe dir mal ein Schaubild vorbereitet, je mehr »hoch«, umso besser:

	Papier	**Kopf**	**Computer**
Immer-dabei-Faktor	mittel	hoch	gering
Ausfallsicherheit	hoch	gering	mittel
Unkompliziertheit	hoch	mittel	gering
Fassungsvermögen	hoch	gering	hoch

Unterm Strich siegt das Papier. Das bedeutet für dich und die Zeit deiner Show-Vorbereitung:

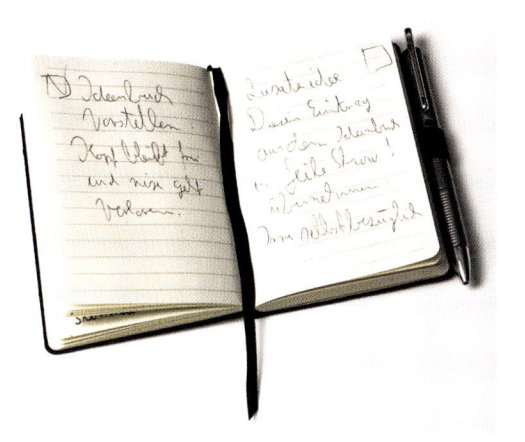

Abb. 4–1

Mein Ideenbuch-Eintrag zum Thema Ideenbuch

Kauf dir ein Ideenbuch. Sorg dafür, dass du immer Stift und Papier bei dir hast.
Ideen können bei jeder Gelegenheit kommen. Falls du nicht über die absolute Erinnerung verfügst, solltest du dafür sorgen, dass du jede Idee sofort aufschreiben oder aufmalen kannst. Kauf dir dafür ein Ideenbuch, pack einen Bleistift dazu, und trag beides immer mit dir rum. Leg dein Ideenbuch nachts neben dein Bett.

Den Computer vorbereiten

Ganz ohne Computer geht's wahrscheinlich nicht.

Selbst wenn du wie empfohlen deine Show mit Stift und Papier vorbereitest: Du wirst ziemlich sicher trotzdem einen Computer benötigen, zum Beispiel um Informationen aus dem Internet zu sammeln oder Bilder zu speichern. Außerdem wirst du vermutlich in deiner Show etwas vorführen, das auf dem Computer läuft: Bilder, Audios, Videos und so weiter.

Show-Ordner auf dem Desktop anlegen

Der Computer wird also gebraucht und muss deshalb vorbereitet werden. Das ist schnell erledigt. Du solltest einen neuen Ordner anlegen, in den du alle Dateien (Fotos, Videos, Audios und so weiter) speicherst. Nenn den Ordner zum Beispiel »GeileShow« (ohne die Gänsefüßchen), und leg ihn am besten auf dem Desktop an. Der Name sollte nicht zu lang sein und keine Sonderzeichen enthalten (Leerzeichen, ä, ö, ü, ß und so weiter). Nimm nur Zeichen aus A bis Z und 0 bis 9.

Leg dir jetzt gleich schon in diesem Ordner (»GeileShow«) ein paar Unterordner für die unterschiedlichen Arten von Dateien an: einen Unterordner namens »Fotos«, einen namens »Videos« und so weiter. Alles, wirklich alles, was du mit dem Computer für deine Show machst, speicherst du in den entsprechenden Unterordner. Dadurch, dass er auf dem Desktop liegt, kannst du ihn immer leicht erreichen.

Daten sichern

Backup – Schutz gegen Computer-Unfälle

Computer können ausfallen. Ich weiß das ganz sicher, weil es mir schon ein paarmal passiert ist. Das hat nichts mit Dummheit oder mangelnder Erfahrung zu tun. Es gibt unter Computer-Profis einen Spruch zum Thema Ausfall, und der geht so:

> Es ist nicht die Frage,
> *ob*
> dein Computer ausfällt, sondern
> *wann*.

Sichere deine Daten möglichst oft: täglich oder vielleicht sogar stündlich.

Daten sind: Texte, Folien, Fotos, Videos und so weiter. Deine Daten sind die Grundlage für deine Show. Datensicherung bedeutet: Eine Kopie der Daten speichern.

Du kannst einen Computer-Ausfall nicht verhindern, aber du kannst verhindern, dass durch den Ausfall deine Arbeit verloren geht. So einen Schutz nennt man »Backup«, englisch für »Datensicherung«.

Datenträger verwenden

So ein Datenträger kann ein USB-Speicherstick sein oder eine USB-Festplatte. Ein USB-Speicherstick ist klein (etwa wie ein Schlüssel) und kostet nur ein paar Euro. Allerdings kann man nicht so viel darauf speichern wie auf einer USB-Festplatte. Die ist dafür größer (etwa so wie ein halbes Taschenbuch) und kostet deutlich mehr: ab 50 Euro aufwärts.

Falls du dir nicht sicher bist, welcher Datenträger für dich richtig ist, kauf dir einen USB-Speicherstick mit 4 GB Speicherplatz. Der kostet etwa 10 Euro und reicht locker, um alle Dateien rund um deine Show zu sichern. Kauf aber nicht gerade den billigsten USB-Speicherstick. Schließlich soll er deine Daten zuverlässig speichern.

Die Datensicherung unter Windows und mit dem eben angelegten Show-Ordner geht so:

USB-Speicherstick (oder USB-Festplatte) NOCH NICHT an den Computer stöpseln. Oder wieder rausziehen, falls schon drin.
Klick mit der rechten Maustaste auf deinen Show-Ordner.
Im Menü, das neben der Maus auftaucht, wählst du »Kopieren« aus.
Klick mit der linken Maustaste doppelt auf das Symbol mit Namen »Arbeitsplatz« auf dem Desktop. Ein Explorer-Fenster öffnet sich.
Stöpsel jetzt den USB-Speicherstick (oder die USB-Festplatte) in den Computer. Du kannst nichts falsch machen, der Speicherstick passt nur da rein, wo er hin soll.
Im Explorer-Fenster sollte (beim ersten Mal dauert es ein paar Sekunden) ein neues Laufwerk auftauchen.
Klick mit der rechten Maustaste dieses Laufwerk an.
Im Menü, das neben der Maus auftaucht, wählst du »Einfügen« aus.
Falls du schon eine Datensicherung gemacht hast, kommt jetzt eine Abfrage, ob du die alten mit den neuen Daten überschreiben willst. Du drückst den Knopf mit der Aufschrift: »Ja, alle«.

Abb. 4–2
Mit so einem USB-Stick sicherst du deine wertvollen Daten.

Show-Ordner auf den USB-Stick kopieren

Sichere deine Daten nicht nur auf dem Computer selbst, sondern zusätzlich auf einem entfernbaren »Datenträger«.
Stell dir nur mal vor, was passiert, wenn dein Computer geklaut wird. Oder wenn du eine Tasse Kaffee reinkippst. Oder der Computer wird von einem Computervirus infiziert, das alle Daten löscht. In solchen Fällen nützt dir die Datensicherung auf dem Computer gar nichts. Deshalb sichere deine Daten auf einem »Datenträger«, den du vom Computer entfernen kannst.

Mach diese Datensicherung mindestens einmal am Tag. Oder auch öfter: Zum Beispiel immer dann, wenn du viel an deiner Show gearbeitet hast.

Der Nachteil bei dieser Art der Datensicherung ist, dass du immer nur den letzten Stand deiner Arbeit auf dem Datenträger hast. Ein Problem, das vor diesem Stand aufgetreten ist, kannst du mit so einem Backup nicht beseitigen. Dafür bräuchtest du eine noch ältere Sicherung. Es gibt Computerprogramme, die ganz automatisch Daten so sichern, dass alte Stände erhalten bleiben. Du kannst mit solchen Datensicherungen also auch ältere Versionen eines Dokumentes wieder herholen. Welche Programme so etwas können, steht im Internet unter `http://gShow.de/50`.

Vorbereitung vorbereiten   **99**

4.2 Drehbuch anlegen

Drehbuch: eine Handvoll Blätter

Vor dem Dreh kommt beim Film das Drehbuch. Ehe sich die Filmemacher (Regisseur, Kameraleute, Schauspieler und so weiter) daran machen, Bilder und Töne aufzunehmen, haben Autoren das Drehbuch geschrieben. Im Drehbuch steht die ganze Geschichte des Films von vorne bis zum Ende. Die Orte der Handlung werden kurz umrissen: außen, abends, eine Kleinstadt in Mittelfranken. Und im Drehbuch steht Wort für Wort, was die Schauspieler sagen und tun: »Piratenkapitän (hebt das Schwert): Ho, ho!«

Ein Drehbuch ist sicher keine Garantie dafür, dass deine Show gelingt. Aber ganz ohne Drehbuch musst du schon ein ziemliches »Käpsele« (Schwäbisch für: begabter Mensch) sein, um eine geile Show hinzubekommen.

Und so geht das mit dem Drehbuch

Rahmen, Fragen, Antworten, Botschaften und Materialliste

Nimm dir fünf leere Blätter A4-Papier. Diese fünf Blätter werden dein Drehbuch, das dich durch die gesamte Show-Vorbereitung begleiten wird. Dein Drehbuch ist dein bester Show-Freund, behandle es entsprechend gut. Jedes Blatt bekommt eine Überschrift. Auf den nächsten Seiten gehen wir das Drehbuch Schritt für Schritt durch. Du erfährst, wozu die Blätter gut sind und wie du sie mit Inhalt füllst. Schreib jetzt einfach mal nur die Überschriften auf die jeweiligen Blätter.

Ein Drehbüchlein immer mit sich rumtragen

Statt auf DIN-A4-Blätter kannst du dein Drehbuch auch in ein Notizbuch schreiben. Fang am besten für deine Show ein neues Notizbuch an. Reservier für Rahmen, Fragen, Antworten, Botschaften und Materialliste ein paar Seiten im Notizbuch: Etwa 20 Seiten im Notizbuch für jedes der 5 Blätter des Drehbuchs (siehe oben) reichen meistens aus. Trag dein »Drehbüchlein« immer mit dir rum.

- Überschrift Blatt 1: Rahmen
- Überschrift Blatt 2: Fragen
- Überschrift Blatt 3: Antworten
- Überschrift Blatt 4: Botschaften
- Überschrift Blatt 5: Materialliste

Digitales Drehbuch

Digitales Drehbuch

Ich arbeite seit fast 30 Jahren mit Computern und schätze sie als die beste Hirnverlängerung, die sich Menschen je ausgedacht haben. Logischerweise halte ich Computer für ein gutes Werkzeug, um Drehbücher für Shows zu verfassen. Papier ist aber ein noch besseres Werkzeug dafür. Wenn du deine Show doch lieber digital vorbereitest, dann so:

Lade dir die Dokumentenvorlage für Drehbücher von `http://gShow.de/42` runter. Mit dieser Vorlage kannst du in jedem Computerprogramm zum Schreiben (Word, Pages, Writer und so weiter) dein Drehbuch bearbeiten.

Verwende das kostenlose Computerprogramm für Drehbücher namens Celtx (siehe `http://gShow.de/302`). Vorwarnung: Celtx bietet sehr viele Funktionen. Du musst dich langwierig einarbeiten, ehe du erste Ergebnisse produzierst. Um eben mal eine Show zu machen, ist Celtx deshalb nicht geeignet. Aber falls du öfter Drehbücher schreiben willst, lohnt sich ein Blick darauf.

> **Drehbuch auf Papier schreiben**
> Ich rate dir dazu, das Drehbuch nicht auf dem Computer, sondern auf Papier anzulegen. Stift und Papier sind einfach »sinnlicher«. Du kannst dein Papier-Drehbuch anfassen, es dir an die Wand über deinen Schreibtisch hängen, wo du es immer vor Augen hast. Außerdem kann jeder Mensch mit Stift und Papier umgehen, und mir ist nicht bekannt, dass Papier jemals abgestürzt ist oder Viren bekommen hat.

Kein Drehbuch ohne Storyboard

Und schließlich gehört zu deinem Show-Drehbuch noch ein »Storyboard«, wörtlich übersetzt: »Geschichtenbrett«. Das Storyboard passt nicht auf ein Blatt, sondern braucht eine ganze Wand. Mehr dazu kommt gleich in Abschnitt 4.7, »Drehbuch: Storyboard entwickeln«, ab Seite 135.

Muss das alles sein?

Die Aufteilung und Reihenfolge des Drehbuchs für eine Show hat sich bewährt. Wenn du noch Anfänger bist, geh die Blätter der Reihe nach durch, und schreib etwas auf jedes Blatt. Später, mit mehr Show-Erfahrung, kannst du auf das eine oder andere Blatt verzichten.

Füll also bei deinen ersten Shows jedes Blatt aus, halt dich aber auch nicht ewig bei einem bestimmten Punkt auf. Falls du zum Beispiel auf Anhieb keinen guten Titel für deine Show (Blatt 1: Rahmen) findest, nimm erst mal irgendeinen Arbeitstitel, zum Beispiel: »Arbeitstitel«. Vielleicht fällt dir der Hammertitel für deine Show ja morgens auf dem Klo, beim heimlichen SMS-Schreiben im Hörsaal oder im todlangweiligen Meeting ein.

Ich bin übrigens ein großer Freund dieses Satzes:

> Das Bessere ist der Feind des Guten.
>
> Voltaire, Schriftsteller und Philosoph

Wegwerfen können

Das bedeutet: Wenn mir etwas Besseres einfällt, schmeiß ich alten Kram weg. Auch wenn ich schon zufrieden damit war. So einen Umgang mit deinen Werken kann ich dir auch sehr empfehlen. Solltest du im Laufe der Show-Vorbereitung auf eine bessere Idee kommen, einen besseren Titel oder ein besseres Was-auch-immer, dann schmeiß die, den oder das Alte(n) weg. Egal, ob du schon viel Arbeit reingesteckt und sie, ihn oder es liebgewonnen hast.

4.3 Drehbuch Blatt 1: Rahmen abstecken

Titel, Thema, Vorgaben, Ziel, Zielgruppe und Show-Form

Um 1870 herum wurde in Alaska am Fluss Yukon Gold gefunden. Hunderttausende Menschen kamen in den folgenden Jahren ins Land, getrieben vom Goldrausch. Die Goldsucher wählten eine erfolgversprechende Stelle aus, steckten einen Rahmen ab und begannen mit der Suche. So einen Rahmen brauchst du auch für deine Show. Er macht die Vorbereitung überschaubar und beherrschbar.

Vielleicht verlierst du bei der Show-Vorbereitung den Überblick. Du suchst nach unwichtigen Einzelheiten, weißt nicht, wie du weitermachen sollst, oder hast vergessen, für wen du dir die Arbeit eigentlich machst. Wann immer du in so eine Situation kommst, wirf einen Blick auf Blatt 1 deines Drehbuchs. Dann weißt du wieder, wo du nach Gold suchen musst.

So steckst du den Rahmen deiner Show ab
Nimm dir Blatt 1 deines Drehbuchs, und schreib unter die Überschrift »Rahmen« diese Begriffe mit etwas Raum dazwischen:

    Titel
    Angelachtes Thema
    Vorgaben
    Ziel
    Zielgruppe
    Show-Form

Das erste Blatt deines Show-Drehbuchs sieht nun etwa so aus:

```
                                          Show-Drehbuch Blatt 1
                                          Rahmen
Titel:

Angelachtes Thema:

Vorgaben:




Ziel:


Zielgruppe:



Show-Form:
```

Abb. 4–3
Show-Drehbuch, Blatt 1: Rahmen

Was die Begriffe bedeuten und wozu sie gut sind, erfährst du auf den nächsten Seiten.

Vorgaben abfragen

Vorgaben: Zeit, Raum und Materie

Jede Show hat ihre Grenzen in Richtung Zeit, Raum und Materie: Wie lang soll die Show mindestens und höchstens dauern, wo findet sie statt, welche Technik steht zur Verfügung? Diese Grenzen gibt meistens jemand anderes für dich vor, der Auftraggeber: Lehrer, Prof, Chefin oder Kunde. Du musst die Vorgaben mit dem Auftraggeber abklären, ehe du anfängst, deine Show vorzubereiten. Sonst machst du dir unnötig viel Arbeit. Du drehst zum Beispiel ein super Video, aber es gibt am Vorführungsort gar keine Lautsprecher. Oder du planst eine Länge von 15 Minuten, musst jedoch 30 Minuten füllen und so weiter.

Arbeite die »Checkliste Vorgaben« auf Seite 280 ab. Stelle die Fragen dabei dem Menschen, von dem der Auftrag zur Show kommt. Falls dieser Mensch dir nicht weiterhilft, frag dich zu jemandem durch, der es kann. Schreibe alles, was es an Vorgaben zu deiner Show gibt, auf Blatt 1 deines Drehbuchs unter »Vorgaben«.

Vorgaben sind nicht nur was für Anfänger

Ich experimentiere gerne in Shows herum. Und ich will dich auch ermuntern, Shows eher als ein Spiel zu sehen, in dem du dich ausprobieren kannst. Halte dich aber an die Vorgaben. Sonst passiert es leicht, dass du zur falschen Zeit im falschen Raum bist und du einen Beamer benötigst, wo nur eine Tafel herumhängt. Das ist ein Mist, kann ich dir sagen. Also nimm die Vorgaben lieber so hin, wie sie sind. Und experimentiere an anderen Stellen in deiner Show. Du wirst hier im Buch genug Möglichkeiten dazu finden.

Thema anlachen

Mach dir jedes Thema zum Freund.

Es ist eine schöne Vorstellung: Wir bekommen nur Show-Themen, die wir lieben, über die wir voller Begeisterung reden und mit denen wir das Publikum erfreuen. Leider ist es in der Welt, die ich kenne, so: Oft ist ausgerechnet dein Thema langweilig bis totaler Bullshit, du hast überhaupt keine Ahnung davon, oder das Publikum interessiert sich kein bisschen dafür.

Aaaber: Was du nicht magst, darüber wirst du nicht gut reden können. Also mach dir dein Thema (das du nun mal hast) zum Freund: Lach dir dein Thema an. Nur wenn du mit etwas Freude rangehst, kannst du eine gute Show draus machen. Das mit dem Anlachen ist nicht leicht, aber vielleicht helfen dir zwei Tipps:

Anlach-Tipp 1: Beiß ein kleines Stück vom großen Thema ab.

Anlach-Tipp 2: »Dreh« dein Thema.

Ein Stück vom Thema abbeißen, es kleiner machen

Es ist sehr wahrscheinlich nicht möglich, ein x-beliebiges Thema (auch deins!) in weniger als 15 Millionen Jahren umfassend darzustellen. Also versuch es gar nicht erst. Grenz das Thema ein, mach es überschaubar und besser verdaulich. So kannst du dich leichter vorbereiten und dein Publikum wird mehr verstehen.

Thema: Kleiner ist besser.

Es klingt vielleicht einfach, etwas etwas weniger groß zu machen. Aber: Kürzen ist Arbeit. Goethe hat mal in einem Brief (sinngemäß) geschrieben: »Sorry für den langen Brief, ich hatte keine Zeit für einen kurzen.«

Und so geht das mit der Thema-Eingrenzung

Zuerst schreibst du das Original-Thema deiner Show unter den Punkt »Thema« auf Blatt 1 in dein Drehbuch. Beispiel:

Thema: »Beschreibe die Stadt, in der du lebst.«

Schlag jetzt ein Lexikon auf oder geh zur Wikipedia im Internet. Such den Eintrag zum Namen deiner Stadt. Falls deine Stadt keinen Eintrag hat, nimm den von der nächstgrößeren Stadt in deiner Gegend.

Schau dir jetzt an, wie der Artikel zu der Stadt im Lexikon oder bei Wikipedia gegliedert ist. Du wirst solche Begriffe hier finden: Geschichte, Lage, Klima, Dialekt, Bauwerke, Politik, Wirtschaft, Verkehr, Kunst und Kultur. Diese Begriffe stellen unterschiedliche Sichtweisen auf das Thema dar, man nennt das einen »Aspekt« des Themas, vom lateinischen »aspectus«: Ansicht.

Such dir aus den Aspekten zwei oder drei raus, die dir wichtig erscheinen, um deine Stadt zu beschreiben. Zum Beispiel: Handel, Bauwerke, berühmte Menschen. Formulier dein Thema jetzt so um, dass es nur einen Aspekt behandelt. Aus dem Beispiel

»Beschreibe die Stadt, in der du lebst.«
wird durch Eingrenzen auf den Aspekt Handel:
»Beschreibe die Unternehmen in deiner Stadt.«

Thema in eine neue Richtung drehen

Das Thema »drehen«

»Einen Dreh finden« nennen es Journalisten, wenn sie ein Thema auf eine neue und ungewöhnliche Art darstellen. Normalerweise dient ein Dreh dazu, den Leser oder Zuschauer neugierig zu machen. Falls du ein blödes Show-Thema hast, dann kannst du versuchen, es in eine Richtung zu drehen, die dir besser liegt.

Und so kommst du auf einen Dreh:

Nimm dir ein Stück Papier, und schreib eine Handvoll Sachen auf, die dich interessieren und bei denen du dich gut auskennst: Musikhören, Fußballspielen, Klamotten, Telefonieren, Fitness, Kochen und so weiter. Es müssen keine speziellen Fähigkeiten sein, du solltest so viele Wörter wie möglich aufschreiben.

Als Nächstes schaust du dir das (eingegrenzte) Thema noch mal genau an und überlegst dir, welche deiner Interessen irgendwie dazu passen. Es kann durchaus auch etwas weiter hergeholt sein. Jetzt gibst du dem Thema einen Dreh in die von dir bevorzugte Richtung.

Aus dem ursprünglichen Beispiel
»Beschreibe die Stadt, in der du lebst.«
wird durch Eingrenzen (siehe oben):
»Beschreibe die Unternehmen in deiner Stadt.«
und durch Drehen wird daraus:
»Beschreibe die total abgefahrene Underground-Modefirma, die in deiner Stadt sitzt.«

So oder so ähnlich kannst du dir jedes beliebige Thema anlachen und zum Freund machen. Aber Achtung:

> **Mündliche Prüfungen sind auch »drehbar«.**
> Ich hab mit dem Dreh auch in mündlichen Prüfungen schon sehr gute Erfahrungen gemacht. So konnte ich in einer Prüfung mein hilfloses Gestammel zum Thema 35-mm-Film in einen flüssigen Vortrag über Wahrnehmung im Allgemeinen und die Verschaltung im Hirn im Besonderen drehen. Mit Erfolg. Das klappt allerdings nicht bei jedem Prüfer. Manche beharren leider darauf, dass man die Fragen beantwortet, die gestellt wurden, und nicht völlig andere. Aber versuchen kann man es allemal.

> **Gedrehtes und eingegrenztes Thema unbedingt mit dem Auftraggeber abklären!**
> Kläre unbedingt mit deinem Auftraggeber (Lehrer, Prof, Chefin) ab, ob er oder sie mit deiner eingegrenzten und gedrehten Fassung des Themas einverstanden ist. Lass dich aber nicht zu leicht abwimmeln, sondern versuche, dem Auftraggeber dein neues Thema schmackhaft zu machen.

Von Eingrenzen und Drehen hat auch dein Publikum was

Gut für dein Publikum

Nicht nur du hast einen Vorteil, wenn du dir dein Thema anlachst. Das Publikum wird dir ebenfalls dankbar sein, dass du dir die Mühe gemacht hast, das Thema leichter fassbar und interessanter zu machen.

Titel ausdenken

Der Titel ist das Erste, was das Publikum von deiner Show mitbekommt. Noch ehe du auf der Bühne stehst, haben die Leute schon den Titel als ersten Eindruck im Kopf. Dieser erste Eindruck ist sehr wichtig für deinen Erfolg. Beispiele für tolle Titel:

Mit einem tollen Titel Eindruck machen

Kinofilm:
- 300
- Krieg der Sterne
- Spiel mir das Lied vom Tod

Buch:
- Der Idiot
- Das fliegende Klassenzimmer
- Per Anhalter durch die Galaxis

Computerspiele:
- Tetris
- Warcraft
- Pacman

Ich selbst hatte im Studium dieses Thema hier für einen Hörfunkbeitrag von 3 Minuten:
»Beschreiben Sie einen Mitstudenten.«
Mein Titel:
»Manchmal nenne ich ihn Sack!«

Was ein guter Titel braucht

Ein guter Titel kann aus einem Wort bestehen. Oder aber aus einem ganzen langen Satz, mit Subjekt, Prädikat und Objekt. Die Länge eines Titels ist nicht, ich wiederhole NICHT entscheidend. Ein guter Titel macht die Menschen neugierig und stimmt sie positiv für dich und deine Show ein. Ein guter Titel verrät aber nicht zu viel von der Show, vor allem verrät er nicht den Schluss. Ein guter Titel wirkt über deine Show hinaus: Er verankert sich im Gedächtnis der Menschen. Sie werden sich dank des tollen Titels noch lange nach deiner Show daran erinnern.

Neugierig machen, aber nicht zu viel verraten

Wie finde ich einen guten Titel?

Die wichtigste Regel bei der Titelfindung lautet:

Lass dir Zeit.

Die zweitwichtigste Regel lautet:

Fang bei Null an.

Manche Leute nehmen das Thema, kürzen es etwas und setzen das Ergebnis dann als Titel über ihre Show. Das kann man so machen, aber nach meiner Erfahrung wird aus einem gekürzten Thema nur ein mittelmäßiger Titel. Warum? Das Thema ist meistens eher sachlich, ausschweifend und langweilig formuliert. Vermutlich wirst du bei der Titelsuche eine ganze Weile am Thema herumschreiben. Du wirst hier kürzen und da ergänzen. Nach einiger Zeit stehst du aber ziemlich sicher ohne einen guten Titel da.

Besser so: »Küchenzuruf«

Mit dem »Küchenzuruf« einen Titel finden

»Küchenzuruf« ist ein Begriff, den Henri Nannen (Gründer und langjähriger Chefredakteur der Zeitschrift »stern«) erfunden hat. Nannen beschrieb den Küchenzuruf so: Küchenzuruf ist das, was Hans nach der Lektüre eines »stern«-Artikels aus dem Wohnzimmer seiner Frau Grete in der Küche zuruft. Also zum Beispiel: »Mensch, Grete, die in Bonn spinnen komplett! Die wollen schon wieder die Steuern erhöhen!«

Wie man an dem Beispiel erkennen kann (Bonn als deutsche Hauptstadt, Frau in der Küche, Hans und Grete), ist der Küchenzuruf schon ein paar Jahre alt. Über 50 Jahre, um genau zu sein. Heute würde man statt Küchenzuruf wahrscheinlich sagen: Couch-Twitter. Jedenfalls fasst der Küchenzuruf alles Wichtige eines Zeitschriftenartikels in einem Stück Umgangssprache zusammen. Und die gute Grete weiß hinterher ordentlich Bescheid. So einen Küchenzuruf brauchst du auch für den Titel in deiner Show.

Ruf in die Küche

Lies dir dein Thema ein paarmal durch, bis du die wesentlichen Teile auswendig draufhast. Jetzt stell dir vor, du willst einem guten Freund in einer halben SMS (80 Zeichen) kurz und knapp erzählen, worum es in deiner Show geht. Das ist dein Titel. So einfach. Na ja, ich gebe zu: Wenn es so einfach wäre, gäbe es nur geile Titel. Ist aber nicht so. Und wenn ich mir die Titel meiner letzten 50 Shows so anschaue, sind nur wenige sehr gut, die meisten ganz gut und ein paar so lala.

Noch kein Titel? Noch kein Problem!

Halt dich nicht zu lange mit dem Titel auf. Falls dir am Anfang noch kein Hammer-Titel einfällt, lass das Feld leer, oder schreib: »Super toller Titel«. Ganz sicher findest du die zündende Titelidee, wenn du dich etwas länger mit deiner Show beschäftigt hast. Und denk dran: Immer ein Ideenbuch zur Hand haben! Du weißt nie, wann die Titel-Idee dich besuchen kommt.

Titel nicht erzwingen

Ziel festlegen

Alles, was wir tun, folgt einem Ziel. Selbst »Chillen«, Dösen und Musikhören haben ein Ziel, und das heißt in diesem Fall: Entspannung. Deine Show hat auch ein Ziel. Du willst etwas damit erreichen. Ein paar Beispielziele:

Warum mach ich das hier eigentlich?

- Ich will eine gute Note bekommen oder meine Chefin beeindrucken.
  Dann solltest du herausfinden, wie sich deine Chefin oder dein Lehrer eine gute Show vorstellen und wie sie das Thema angehen würden. So machst du das dann auch. Durch die ewige Wiederholung des Immergleichen entwickelst du dich zwar nicht weiter, aber okay.

- Ich will das Ding einfach nur rumbringen.
  Dann bist du hier an der falschen Stelle. Lad dir aus dem Internet »Geile Show! Die Kurzfassung: Von 0 auf Show in 180 min«. Du findest die Kurzfassung als kostenloses elektronisches Buch unter: `http://gShow.de/13`.

- Ich sehe die Show als Übung für mich.
  Dann probier ruhig mal etwas Neues in deiner Show aus. Trau dich zum Beispiel ans Live-Kritzeln ran, siehe Seite 182. Oder beschäftige dich in der Vorbereitung vielleicht länger als nötig mit einem Teil – einfach weil es Spaß macht, etwas Neues zu lernen.

- Mein Publikum soll etwas Neues erfahren und eine tolle Show genießen.
  Dann hast du ein Ziel ganz nach meinem Geschmack.

Wo bitte geht's zum Ziel?

So findest du dein Ziel: Denk ein paar Sekunden über deine Show nach, und formulier dann dein Ziel in einem Satz. Schreib diesen Satz auf das erste Blatt deines Drehbuchs unter »Ziel«. Nimm dir eines von den Beispielzielen oben im Text, falls dir kein eigenes einfällt.

Das Ziel ist der Weg.

Mehr Zeit musst du als Anfänger noch nicht in die Zielsuche stecken. Ich kann dir aber jetzt schon sagen: Mit zunehmender Show- und Berufserfahrung wird das Ziel in der Vorbereitung immer wichtiger werden.

Zielgruppe kennenlernen

Und für wen mach ich das?

Falls du als Ziel für deine Show das Wohl deines Publikums ausgewählt hast, musst du jetzt rausfinden, wie diese Menschen ticken. Was denken sie, wie alt sind sie, wie fühlen sie und so weiter – wissenschaftlich gesprochen: Definiere deine Zielgruppe.

Es gilt: Die Zielgruppe entscheidet über den Erfolg deiner Show. Du musst den Menschen also geben, was sie wollen. Was du willst, ist dagegen wurscht. Nur so zur Sicherheit, falls du die beiden Sätze eben »irgendwie« überlesen hast: Was du willst, ist bei deiner Show völlig wurscht. Was dein Publikum will, ist wichtig. Am besten lernst du deine Zielgruppe kennen, wenn du ein paar Fragen stellst und sie auch gleich noch beantwortest:

Frage: Wie viele Menschen sitzen im Publikum? Antwort: 2, 10, 100.
Frage: Wer sitzt im Publikum? Antwort: Alter, weiblich/männlich, Sprache etc.
Frage: Was weiß das Publikum schon vom Thema? Antwort: Für alle neu, ein Teil kennt sich schon gut aus etc.
Frage: Wie steht das Publikum zum Thema? Antwort: Ablehnend, interessiert, egal etc.
Frage: Wie findet mich das Publikum? Antwort: Kennt mich nicht, findet mich nett, doof etc.
Frage: Wie finden die Menschen im Publikum sich untereinander? Antwort: Viele kleine verfeindete Gruppen, ein großer Block etc.

Die Antworten auf diese Fragen schreibst du auf das erste Blatt deines Drehbuchs unter den Punkt »Zielgruppe«. Immer wenn du in der nächsten Zeit an deiner Show arbeitest, frag dich: Passt es für meine Zielgruppe? Gefällt es ihr? Findet sie es lustig? Ist es interessant für sie? Falls du die Fragen mit »Nein!« beantwortest, fliegt der Einfall, das Bild, der Text oder Was-auch-immer aus der Show raus.

Fantasier dir einen Ansprechpartner herbei

Große Hilfe: der »Ansprechpartner«

Es ist nicht immer leicht, an die Bedürfnisse des Publikums zu denken, wenn man allein im Zimmer hockt. Mir ging das am Anfang im Radio so. Irgendwann kam ich in meinen ersten Sendungen an den Punkt, wo ich mir gedacht hab: Erzähl ich das hier eigentlich grad

> **ÜBRIGENS**
> Falls dir dein Publikum egal ist und es dir nur um eine Note, den Schein oder die Bonuszahlung geht, auch okay. Traurig, aber okay. Deine Zielgruppe ist in dem Fall der Lehrer, dein Prof oder deine Chefin. An der weiteren Vorgehensweise (Definition der Zielgruppe) ändert das nichts.

der Wand? Ein erfahrener Radio-Kollege hat mir dann den Tipp gegeben, dass ich mir beim Moderieren immer einen echten Menschen vorstellen soll, einen »Ansprechpartner«. Für den mache ich die Sendung und dem erzähle ich meine Geschichten.

Abb. 4–4
Mein Ansprechpartner – schematische Darstellung

Ein solcher Ansprechpartner soll in etwa so sein wie die Zuhörer (Alter, Beruf und so weiter). Der Ansprechpartner soll außerdem in etwa so viel vom Thema wissen wie die Zuhörer: Im Zweifelsfall ist das nicht sehr viel bis gar nichts. Je deutlicher dieser Ansprechpartner vor dem inneren Auge steht, umso besser. Ich habe diesen Ansprechpartner immer im Kopf, wenn ich schreibe oder Shows vorbereite.

Ich kann diesem Fantasie-Zuhörer mittlerweile sogar am Gesichtsausdruck ansehen, ob meine Texte verständlich sind. Wenn der Ansprechpartner kritisch oder ungläubig guckt, dann fliegt der Text raus oder ich muss ihn umarbeiten. Mein Ansprechpartner hat sogar einen Namen, den verrate ich aber nicht. Er möchte lieber unerkannt bleiben.

Immer zu Diensten

Versuch auch mal, dir einen Ansprechpartner vorzustellen, für den du deine Show machst. Das ist einfacher, als eine Zielgruppe von Menschen im Kopf zu behalten. Nimm jemand ganz bestimmten, vielleicht einen guten Freund oder eine Arbeitskollegin. Wenn es dir hilft, dann stell dir ein Foto von diesem Menschen auf den Schreibtisch und erzähl deine Show dem Foto.

Wirklich oder erfunden?

Du kannst dir aber auch einen ganz fantastischen Ansprechpartner ausdenken: Warum nicht zum Beispiel ein Kaninchen? Oder zeichne ein Gesicht auf einen Ball, und trag dem deine Show vor. Das hat schon Tom Hanks im Film »Castaway« geholfen.

Show-Form auswählen

Es muss nicht immer Folie sein.

In diesem Buch geht es um Shows. Das heißt aber nicht, dass immer alles bunt, laut, zappelig und mit möglichst vielen Knalleffekten ablaufen muss. Zunächst mal lebt eine geile Show vom Auftritt des Menschen. Die einfachste Art der Show nennt sich: eine Rede halten.

Warum nicht: Nur reden
Die stärksten »Shows« in der Geschichte waren Reden ganz ohne Bilder oder Diagramme. Die Worte eines kraftvollen Redners können die Menschen rühren, zum Nachdenken bringen oder aufhetzen. Beispiele für solche wirkungsvollen Reden:

> Martin Luther King: »I have a dream.«
> Jesus von Nazareth: Die Bergpredigt
> Willy Brandt: »Wir wollen mehr Demokratie wagen.«

Vom Nord-Show-Pol zum Süd-Show-Pol
Die reine Rede markiert das eine Ende der Möglichkeiten. Am anderen Pol steht der multimediale Auftritt mit Text, Bildern und Animationen, Audio, Video und Gegenständen. Zwischen diesen beiden Extremen gibt es viele mögliche Show-Formen, die du einsetzen kannst.

Viele Wege führen zur Show.

Hier eine Übersicht über die Show-Formen:
- Multimedia total: Folien und Videos mit Beamer, Audios aus Boxen und Gegenstände vom Computer aus vorführen
- vorbereitete Folien auf einen Overhead-Projektor legen
- Grafiken und Texte live auf den Overhead-Projektor oder die Tafel malen
- Plakat an die Tafel oder die Wand kleben und präsentieren
- Flipcharts bemalen
- unter vier Augen: etwas auf ein Blatt Papier zeichnen oder am Laptop zeigen
- Rede halten, ohne Hilfsmittel

Am Anfang eher klein

Welche Show-Form für dein Thema die beste ist, dafür gibt es leider keine Regel. Es hängt von deinen Fähigkeiten ab, vom Thema und den Möglichkeiten des Auftrittsorts. Am Anfang deiner Bühnenkarriere solltest du dich allerdings auf deinen Auftritt konzentrieren. Folien, Flipcharts, Videos und so weiter setzt du dabei möglichst sparsam ein. Das lenkt dein Publikum nur von dir ab. Und es lenkt dich von dir ab.

Lass dich bei deinen ersten Shows am besten von ein paar einfachen Fotos und Grafiken oder einem Plakat unterstützen. Das gibt dir Halt und Sicherheit. Und dein Publikum kann sich mal was anderes anschauen als dich. Ein Plakat ist leicht herzustellen und funktioniert zuverlässig in der Show. Mit zunehmender Show-Erfahrung kannst du immer etwas weiter gehen. Setz ein Video ein oder ein Audio. Spiel mit Gegenständen herum, und bezieh das Publikum mit ein.

Lass dich bei deiner Entscheidung, welche Show-Form und welche Medien du einsetzt, von dieser Regel leiten:

Fang klein an.

Form follows function.
Übersetzt: Die Form folgt der Funktion.

Stell dir vor, du musst ein Messer gestalten. Ein Messer dient dazu, etwas zu schneiden – das ist seine Funktion. Um diese Funktion bestmöglich erfüllen zu können, muss ein Messer eine bestimmte Form haben: eine scharfe Schneide. Auch wenn du Kugeln viel hübscher findest – sie wären als Messer völlig untauglich. Deshalb steht bei der Messergestaltung (und bei jeder anderen Gestaltung auch) am Anfang die Überlegung: Welche Funktion soll erfüllt werden? Und dann erst: Welche Form kann ich verwenden? Die Form folgt also der Funktion.

Rahmen abgesteckt

Mit deinen Gedanken zur Show-Form ist das erste Blatt deines Show-Drehbuchs fertig. Der Rahmen für deine Show ist gesteckt. Kleb das Blatt an die Wand, sodass du es gut sehen kannst. Schau in der nächsten Zeit immer wieder mal auf dieses Blatt. Achte darauf, dass alles, was du tust, gut zum Thema, zum Titel, zum Ziel und zur Zielgruppe passt. Und denk dran: Wenn du was Besseres fin-

Mal was anderes:
Ungewöhnliche Show-Formen ausprobieren

Es muss nicht immer Schnitzel mit Pommes sein. Probier auch mal ganz abgefahrene Show-Formen aus. Hier ein paar Anregungen, was das sein könnte:

– Schauspiel: Schreib ein Theaterstück zu deinem Thema, und stelle es (vielleicht mit einem Partner zusammen) auf der Bühne dar.
– Pecha Kucha (japanisch für: wirres Geplapper): Genau ein Mensch, genau 20 Folien, genau 20 Sekunden pro Folie. Spannend. Sehr spannend.
– PowerPoint-Karaoke: Karaoke ist es, wenn Amateure zur Instrumentalversion von bekannten Liedern singen. Power-Point-Karaoke ist sehr ähnlich: Ein Mensch muss einen Vortrag halten, aber zu einer ihm unbekannten fremden Präsentation, die irgendwo aus dem Internet geladen wurde.
– 99 Sekunden: Eine Show in 99 Sekunden, Form beliebig.
– 99 Wörter: Eine Show mit höchstens 99 Wörtern, Länge beliebig, Form beliebig.

dest, schmeiß den alten Kram weg. Konkret: Falls du eine Idee für einen Hammer-Titel hast, streich den alten Titel durch, und wein ihm nicht nach.

4.4 Drehbuch Blatt 2: Fragen stellen

Hilfe, wie fang ich am besten an?

Manchmal bricht ein Thema wie eine Riesenwelle über dir zusammen. Du denkst: Davon hab ich keine Ahnung, das ist total schwierig, das Thema ist totaler Müll, das schaff ich nie. Und selbst wenn du dich mit deinem Thema schon etwas auskennst, will es manchmal einfach nicht losgehen. Eigentlich ist alles da: Papier, Stift, Hand und Hirn. Du könntest jetzt abgehen wie nur was. Vielleicht ist die Show sogar »im Kopf schon fertig«. Trotzdem bleibt das Papier leer.

Du bist in guter Gesellschaft. Viele Menschen gruseln sich vor dem leeren Blatt, egal ob sie malen, Bücher schreiben, Musik komponieren oder was auch immer machen. Mir geht das auch immer wieder so: Der erste Satz auf einem frischen Blatt ist am schwierigsten. Mein Trick: Statt Antworten zu suchen stelle ich Fragen. Mehr dazu im Kasten nebenan.

> **Such am Anfang nicht nach Antworten, sondern stell Fragen.**
> Fragen zu stellen ist ganz leicht. Schon kleine Kinder können das. Manchmal hören sie gar nicht mehr auf damit. Eine Frage führt zur nächsten, manchmal ist es nur: Warum? Warum? Warum? Ein tolles Spiel ist diese Fragerei. Und nützlich ist es auch noch.

Abb. 4–5
Frosch-Fragen

> **Frag was, los, frag was!**
> Probier das Fragespiel gleich mal aus. Nimm dir ein Blatt Schmierpapier und einen Stift. Ich werf dir jetzt ein Thema an den Kopf, und du legst einfach los und schreibst die erste Frage auf, die dir dazu einfällt.
>
> Das Übungsthema lautet:
> Frosch, Frosch, Frosch!
>
> Denk nicht lange nach, sondern schreib die erste Frage auf, die dir zu »Frosch« durch den Kopf hüpft. Sie muss nicht mal besonders sinnvoll sein, auch quatschige oder quakige Fragen sind erlaubt. Schreib nach der ersten gleich die zweite Frage auf und die dritte Frage und so weiter.
>
> Schau an: Das Blatt ist gar nicht mehr leer, und schnell ging es auch.

Funktioniert das Fragen auch bei meinem Thema?

Ja! Fragen funktioniert bei jedem Thema. Nimm dir das zweite Blatt deines Drehbuchs mit der Überschrift »Fragen«. Dann lies dir dein Show-Thema durch, und schreib die ersten Fragen auf, die dir dazu einfallen. Denk nicht groß nach, Quatsch ist okay.

Zähl deine Fragen hoch: Schreib vor jede neue Frage eine fortlaufende Nummer. Diese Nummer dient später dazu, die Antworten, die du findest, einer Frage zuzuordnen. Du musst im ersten Anlauf auch nicht gleich das ganze Blatt vollschreiben. Ein paar Fragen reichen für den Anfang aus. Es geht im Augenblick erst mal nur darum, die Leere zu verscheuchen.

Das heißt aber nicht, dass das Fragenblatt unwichtig ist. Im Gegenteil. Fragen machen dein Thema überschaubar und greifbar. Es ist viel leichter, die Antwort auf eine Frage zu suchen, als »irgendetwas« über ein Thema herauszufinden. Je mehr Fragen du stellst, umso klarer wird dir das Thema werden.

Das zweite Blatt deines Show-Drehbuchs sieht nun etwa so aus:

Fragen zu deinem Thema finden

Das Fragenblatt immer wieder ergänzen und anpassen
Hör während deiner gesamten Show-Vorbereitung nicht damit auf, dir Fragen zu deinem Thema einfallen zu lassen. Das Fragenblatt wird dich durch die gesamte Show-Vorbereitung begleiten, vielleicht sogar verfolgen. Wann immer dir eine Frage zu deiner Show einfällt, und sei es unter der Dusche, schreib sie auf dein Fragenblatt. Vorher kurz trockenrubbeln ist erlaubt. Aber schieb das Aufschreiben nicht zu lange raus. Sehr leicht wird aus »Das schreib ich später auf!« ein »Mist, vergessen!«.

```
                                    Show-Drehbuch Blatt 2
                            Fragen
1: Wie weit können Frösche hüpfen?
2: Sind Frösche und Kröten verwandt?
3: Was fressen Frösche?
4: Kann man Frösche essen?
5: Sind Frösche selten oder sogar vom Aussterben bedroht?
6: Haben Frösche Sex?
7: Wie lange können Frösche tauchen?
8: Sind Frösche giftig?
9: Haben Frösche Feinde?
```

Abb. 4–6
Show-Drehbuch, Blatt 2:
Fragen zum Thema »Der Frosch«

Und wenn nicht mal eine einzige Frage kommt?

Manchmal ist es ganz verhext: Nicht eine einzige Frage will kommen. Auch dafür gibt es einen guten Trick: das Brainstorming, der »Hirnsturm«. Mit dieser Technik kannst du Ideen und Fragen auf Knopfdruck herbeirufen. Mehr dazu findest du im Abschnitt »Ideen wirbeln lassen« ab Seite 84. Die Übung dort kannst du gut nutzen, um **Fragen** zu deinem Thema zu finden.

Wenn die Fragen nicht von alleine kommen: Brainstorm

4.5 Drehbuch Blatt 3: Antworten finden

Recherchieren: Antworten finden

Damit du deine Show zum Fliegen bekommst, musst du dich erst mal in deinem Thema auskennen. Natürlich kann nicht jeder alles wissen, aber jeder kann sich zu jedem Thema schlau machen, kann »recherchieren«. Das ist ein Begriff, den Journalisten und Wissenschaftler verwenden. Recherchieren bedeutet: sammeln und sortieren von Informationen zu einem Thema. Für unser Drehbuch bedeutet recherchieren: Antworten auf Fragen zu finden.

Hilfe, ich finde bestimmt keine Antworten!

Keine Sorge, du wirst bei deiner Recherche ganz sicher auf viele Antworten stoßen. Es gibt wahrscheinlich zu jeder denkbaren Frage mehr Antworten auf der Welt, als ein Mensch fassen kann. Auf jeden Fall reicht es aber, um 15 Minuten über ein Thema zu sprechen. Die drei wichtigsten Arten der Recherche sind: Bücher oder Zeitschriften lesen, mit Fachleuten reden, im Internet nach Antworten suchen. Ein guter Ausgangspunkt für deine Recherche ist das zweite Blatt deines Drehbuchs mit den Fragen zum Thema. Bestimmt sind dir ein paar Fragen eingefallen, für die du jetzt Antworten finden kannst.

Klar doch, Anworten sind überall!

Sag mir, wo die Antworten sind.

Antworten können überall stecken: In einem Text, einem Haufen Zahlen, in Bildern, Videos, Audios, Gegenständen und so weiter. Wo du die Antwort findest, sagt noch nichts darüber aus, ob und als was sie später in deiner Show auftauchen wird. So kannst du zum Beispiel aus einem Audio, das du bei deiner Recherche findest, eine Zahl herausziehen, die du in einem Bild darstellst. Häng dich nicht schon an den Träger der Antwort (das Foto, den Text, das Video). Sammle alle Antworten, und bewerte sie noch nicht.

Immer alles aufschreiben! Immer! Alles!

Aufschreiben ist besser als merken.

Während der Zeit der Recherche gilt: Schreib alles auf, was du irgendwie über das Thema erfährst. Sorg dafür, dass du immer ein Blatt Papier und einen Stift dabei hast. Trag dieses Blatt wirklich immer mit dir herum, auch wenn du dich gerade nicht mit deiner Show beschäftigst. Manchmal kommen Antworten nämlich, ohne dass du danach gesucht hast. Falls du dir ein Ideenbuch zugelegt hast (siehe Seite 97), schreib alle Antworten dort hinein. Der Vorteil: Du musst nur ein kleines Buch dabeihaben.

Vor die Antwort schreibst du die Nummer der Frage, die sie beantwortet. Zur Erinnerung: Alle Fragen auf deinem Fragenblatt musst du fortlaufend durchnummerieren. Deine Blätter sehen mit der Zeit so aus:

```
                                        Show-Drehbuch Blatt 3
                              Antworten
    1:
    2:
    3:
    4:
    5: Nein. Es gibt fast 6000 verschiedene Froscharten.
    6: Nein. Bei den meisten Froscharten legt das Weibchen die Eier
    (genannt Laich) am Boden eines Teichs ab. Das Männchen
    befruchtet die Eier danach im „Vorbeischwimmen".
    7:
    8: Der Pfeilgiftfrosch aus dem südamerikanischen Regenwald ist
    eines der giftigsten Tiere der Welt.
    9:
```

Abb. 4–7
Show-Drehbuch, Blatt 3:
typisches Antwortenblatt

Schreib immer gleich alles auf, was dir zu deinem Thema begegnet: Im Internet etwas gefunden, sofort auf dein Antwortenblatt schreiben. In einem Buch etwas gelesen, sofort auf dein Antwortenblatt schreiben. Von jemandem eine Geschichte zum Thema gehört, sofort auf dein Antwortenblatt schreiben.

Antworten kommen nicht auf Befehl.
Manche planen so: Donnerstag, 13 bis 17 Uhr, Antworten finden. Das funktioniert nicht, die Antworten warten nicht auf dich und laufen dir sicher nicht ausgerechnet am Donnerstag zu. Recherchier stattdessen in vielen kleinen Happen. Nimm dir in der nächsten Zeit der Show-Vorbereitung immer wieder mal ein paar Minuten Zeit, um Antworten zu sammeln. Und sei jederzeit wach und aufmerksam, um unerwartete Antworten aufzuspüren.

Dazuschreiben, woher die Antwort kommt

Außerdem notierst du dir zu jeder Antwort, wo du sie gefunden hast. Eine »Quelle« nennt man das: Internet-Adresse, Buch Soundso, Seite 23, oder Gespräch mit Franz Tümpel. Die Angabe der Quelle hilft dir später dabei, die Antwort zu prüfen, falls du dir nicht mehr sicher bist. Bei wissenschaftlichen Shows ist es außerdem üblich oder sogar gefordert, die Quellen zu nennen.

Quellen dazuschreiben

Antworten ohne Frage

Ziemlich sicher wird bei deiner Suche das hier passieren: Du findest Antworten auf Fragen, die du noch gar nicht gestellt hast. Gut so. Schreib auch diese Antworten auf das Blatt 3 deines Drehbuchs. Denk dir dann sofort die passende Frage zu dieser Antwort aus, und schreib die Frage auf das Blatt 2 deines Drehbuchs. Vergiss nicht, vor die neue Frage eine laufende Nummer zu schreiben. Und natürlich muss diese Nummer dann vor die Antwort.

Ungefragt gefunden

Fragen ohne Antworten

Unbeantwortet geblieben

Du musst an diesem Punkt deiner Show-Vorbereitung noch nicht zu jeder Frage eine Antwort finden. Im Augenblick geht es darum, dass du einen Überblick über dein Thema bekommst. Einiges von dem, was du jetzt sammelst, schafft es gar nicht in die Show. Deshalb wäre eine krampfige Suche nach Antworten auf eine bestimmte Frage im Augenblick Zeitverschwendung. Das heißt aber nicht, dass du gar keine Antworten finden musst. Die Antworten zeigen dir den Weg zu deinem Thema. Je mehr du findest, umso besser kannst du dich später entscheiden, was wichtig ist.

Die Kraftorte des Wissens besuchen

Menschen treffen, Kaffee trinken, Spaß haben

Das wird einige sicher überraschen: Es gibt Orte, an denen stehen ganz viele Wissensspeicher in Papierform. Dort findest du Informationen zu fast allen Themen, die schon mal einen Menschen beschäftigt haben. Diese Orte heißen Bibliothek. Das Beste an Bibliotheken: Jeder kann hingehen. Wissensspeicher ausleihen kostet nur wenig oder gar nichts. Und es sind oft Menschen an diesen Orten, denen es Spaß macht, dich bei deiner Recherchezu unterstützen. Du musst nur fragen.

Zusatzanreiz: An diesen Kraftorten des Wissens kann man super Menschen des anderen (oder je nach Vorliebe gleichen) Geschlechts kennenlernen. Praktischerweise haben Bibliotheken nämlich meist gleich ein Café eingebaut oder in der Nähe angesiedelt. Und noch ein Zusatzanreiz: In Bibliotheken gibt es nicht nur Bücher, sondern auch Comics, Musik und DVDs. Die kannst du ganz legal ausleihen und angucken.

Menschen befragen

Interviews führen

Die beste Methode, um Antworten zu finden, ist es, andere Menschen zu fragen, sie zu »interviewen«. Anderen Fragen stellen – das klingt erst mal leicht. Aber es gilt: Auf schlechte Fragen kommen meistens nur nutzlose Antworten. Du must also lernen, gute Fragen zu stellen, wenn du gute Antworten von Menschen bekommen willst. Was ist aber eine schlechte Frage, und wie frage ich gut? Um das zu beantworten, lohnt es sich, Fragen genauer kennenzulernen. Es gibt zwei große Gruppen von Fragen: Echte Fragen und Scheinfragen. Zu den Scheinfragen gleich mehr.

Echte Fragen

Echte Fragen erwarten eine Antwort.

Echte Fragen erwarten eine Antwort. Es geht dem Frager darum, etwas zu erfahren. Es gibt zwei Arten von echten Fragen: offene und geschlossene Fragen.

Offene Fragen

Eine offene Frage kann auf viele Arten beantwortet werden. Bei offenen Fragen geht es häufig um etwas, das Menschen erleben, um ihre Gefühle oder Gedanken. Auf eine offene Frage kommt eher eine lange, persönliche Antwort, und vielleicht erfährt der Frager nicht das, was er wissen wollte. Beispiele für offene Fragen:

Offene Frage, lange Antwort

- Was hast du am Wochenende gemacht?
- Wie kam es zu dieser Firmenpleite?
- Warum können Vögel fliegen?

Geschlossene Fragen

Eine geschlossene Frage lässt nur eine kleine Zahl Antworten zu. Geschlossene Fragen zielen auf klare Tatsachen: Ja oder Nein, Gelb oder Grün, 1 oder 2 oder 3 und so weiter. Auf eine geschlossene Frage kommt wahrscheinlich eine kurze, sachliche Antwort, und du musst die nächste Frage stellen, um das Interview am Laufen zu halten. Beispiele für geschlossene Fragen:

Geschlossene Frage, kurze Antwort

- Wie heißt du?
- Wann treffen wir uns zum Mittagessen?
- Hast du schon mal einen Autounfall gebaut?
- Was ist dein Lieblingsessen?

Geschlossene Fragen sind nicht besser oder schlechter als offene Fragen. Es kommt darauf an, mit welcher Absicht du die Fragen stellst. Willst du ganz konkrete Fakten erfahren (geschlossene Frage), oder willst du eher eine Geschichte hören (offene Frage)? Ein Beispiel dazu:

Jemand hat einen Autounfall verursacht. Er wird von zwei Menschen dazu befragt, einer Polizistin und einem Freund. Die Polizistin stellt viele geschlossene Fragen, etwa so:

- Um wie viel Uhr sind Sie losgefahren?
- Wie schnell sind Sie zum Zeitpunkt des Unfalls gefahren?
- Haben Sie zum Zeitpunkt des Unfalls mit Ihrem Handy telefoniert?

Drehbuch Blatt 3: Antworten finden

Der gute Freund wird dem Unfallverursacher sicher ganz andere, eher offene Fragen stellen:

- Wie hast du dich gefühlt und was hast du gedacht, als der Unfall passiert ist?
- Warum hast du an dem Abend das Auto genommen?
- Was hat die Polizei denn gesagt?

Scheinfragen

Scheinfragen sind ein Trick. Im Gegensatz zu den echten Fragen geht es bei den Scheinfragen nicht darum, eine echte Antwort zu bekommen. Es gibt viele Arten von Scheinfragen. Sie werden beim Überreden und Überzeugen (zum Beispiel im Verkaufsgespräch) eingesetzt. Die Scheinfragen dienen dazu, den anderen zu manipulieren, seine Meinung oder sein Verhalten zu verändern. Die drei wichtigsten Fragen, die gar keine sind:

Rhetorische Fragen

Antwort unnötig Das sind Fragen, auf die keine Antwort erwartet wird. Sie haben zwar hinten ein Fragezeichen, aber in Wahrheit wird eine Aussage getroffen, die durch die Frageform verstärkt werden soll. Beispiel:

Finden Sie es etwa gut, dass jedes Jahr tausende Menschen auf den Autobahnen sterben?

Fangfragen

Ganz andere Frage Eine Fangfrage kommt auf den ersten Blick als echte Frage daher. Aber hinter dieser Frage steckt noch eine zweite, die nicht offen gestellt werden soll. Mit der Antwort auf die vordergründige Frage wird auch gleich die verdeckte Frage dahinter beantwortet. Beispiel:

Triffst du dich am Freitag mit deinen Freunden?
Eigentliche Frage: Hast du an meinen Geburtstag am Freitag gedacht?

Suggestivfragen

Eher ein Befehl Eine Suggestivfrage legt dem Befragten die Antwort in den Mund oder fordert ihn zu etwas auf. Beispiel:

Du lässt doch den Kuchen bestimmt in Ruhe, oder?

Allgemeine Tipps zum Interview

Es erfordert sehr viel Übung und Erfahrung, ein gutes Interview mit unterschiedlichen Menschen hinzubekommen. Ich hab dir die wichtigsten Tipps für den Anfang zusammengestellt.

7 Tipps für ein erfolgreiches Interview

Stelle Fragen!
Das sollte zwar eh klar sein, ist es aber meiner Erfahrung nach nicht. Es ist eine Riesenversuchung, im Interview als Frager nicht nur zu fragen, sondern ganz viele Antworten selbst zu geben. Manche Frager (die sich eher selbst darstellen wollen) erörtern erst mal mit vielen Worten ihre Meinung. Dann kommt eine winzig kleine Frage. Mach das nicht so, sondern stelle einfach nur Fragen. Und lass den anderen antworten. Umgekehrt gilt das natürlich auch: Der Befragte hat seinerseits im Interview keine Fragen an dich zu stellen. Tut er es trotzdem, überleg dir, ob du die Frage kurz beantwortest oder nicht. Komm dann sofort wieder auf deine Fragen zurück.

Fragen stellen

Schreib dir vor einem Interview die Fragen auf!
Besonders als Interview-Anfänger solltest du dir die Fragen, die du stellen willst, genau aufschreiben. Bringe die Fragen in eine logische Reihenfolge (Zeitablauf zum Beispiel oder vom Allgemeinen zum Besonderen), und halte dich beim Interview an diese Reihenfolge. Als fortgeschrittener Frager kannst du von deiner Frageliste abweichen, wenn dich an einer Antwort etwas besonders interessiert. Frag dann nach, und lass es zu, dass sich das Interview in eine ganz andere Richtung entwickelt.

Fragen vorher aufschreiben

Zeichne das Interview auf!
Wenn es irgendwie geht, dann zeichne das Interview auf. Zum Beispiel auf deinem Handy oder einem speziellen Aufnahmegerät. Nach dem Interview hörst du dir die Aufzeichnung an und schreibst das Wesentliche raus. Falls du das Interview nicht aufzeichnen kannst, mach dir zumindest stichwortartig Notizen. Das hilft dir später, wenn du die Antworten zusammenfasst.

Interview aufnehmen

Führe Interviews auch mal schriftlich!
Manchmal ist es notwendig, ein Interview schriftlich zu führen. Weil der andere zum Beispiel weit weg wohnt und telefonisch nicht zu erreichen ist. Oder weil es ihm lieber ist, auf Fragen schriftlich zu antworten. Der Nachteil der schriftlichen Interviews ist, dass du nicht auf etwas Interessantes reagieren kannst, das der Befragte von sich gibt. Außerdem hat der Befragte mehr Zeit, sich die Antworten zu überlegen. Dadurch geht den Antworten oft die Lebendigkeit verloren. Sie sind nicht so spontan und gefühlsge-

Vielleicht schriftlich führen

Drehbuch Blatt 3: Antworten finden

laden. Für ungeübte Frager ist das schriftliche Interview auf jeden Fall eine tolle Sache. Man muss niemandem in die Augen gucken und verliert auch nicht den Faden.

Abwechslungsreich fragen

Wechsle zwischen offenen und geschlossenen Fragen!
Es gibt Menschen, denen stellt man eine einzige offene Frage, und sie erzählen eine ganze Geschichte. Die meisten Menschen jedoch fühlen sich mit offenen Fragen auf die Dauer unwohl. Verschaff deinem Interviewpartner eine Pause, und stell zwischendurch immer wieder mal eine geschlossene Frage, auf die es eine einfache Antwort gibt. Auf diese Art bleibt das Interview im Fluss.

Nachfragen

Frag nach, wenn du etwas nicht verstanden hast!
Wenn dir an der Antwort etwas unklar ist, frag nach. Stell aber nicht noch mal die genau gleiche Frage, sondern grenze die Frage ein. Beispiel: »Was haben Sie dann gemacht?« – »Ich bin in das Haus rein.« – »War die Tür offen?« – »Nein.« – »Wie sind Sie dann in das Haus gekommen?« – »Ich habe die Tür aufgebrochen.«

Auf Antworten bestehen

Bestehe auf genauen Antworten, besonders bei geschlossenen Fragen!
Manche Menschen mit viel Interview-Erfahrung beantworten unangenehme geschlossene Sachfragen gerne mit einer offenen Antwort. Beispielfrage: »Haben Sie Spendengelder entgegengenommen?« Antwort: »Mit Ihrem Blatt rede ich gar nicht, Sie wollen mich nur in die Pfanne hauen.« Falls du auch an so jemanden gerätst, bleib bei deiner Frage. Dränge auf eine genaue Antwort. Lass dich nicht von der Nicht-Antwort ablenken. Etwa so: »Sie haben mir nicht auf meine Frage geantwortet. Haben Sie nun …?«

Internet befragen

»Das Internet weiß alles.«

Wenn du bei deiner Show-Vorbereitung grad keinen Menschen und kein schlaues Buch zur Hand hast, frag doch das Internet. Das weiß doch alles, sagt man so. Na gut, eigentlich weiß das Internet gar nichts. Das Internet ist nämlich nur ein Speicher und Übertragungsweg für Informationen. Es sind Menschen, die etwas wissen und es über das Internet verbreiten. Der Einfachheit halber verwende ich trotzdem auf den nächsten Seiten den Begriff »das Internet«. Du weißt jetzt ja, wie es gemeint ist.

Internet anschmeißen und los

Für die Recherche im Internet brauchst du einen Computer mit Internetanschluss und einen »Browser«. Das ist das Computerprogramm, das dir die Informationen im Internet anzeigt. Es gibt ein paar verschiedene Browser. Die am häufigsten verwendeten heißen »Internet Explorer«, »Firefox« und »Safari«. Es ist egal, welchen Browser du für deine Recherche nutzt.

Die Informationen im Internet stehen auf Webseiten. Eine Webseite kann Text enthalten, Bilder, Audios und Videos. Von manchen Seiten kann man auch Computerprogramme herunterladen. Außerdem bieten manche Webseiten die Möglichkeit, Text einzugeben oder Dateien hochzuladen.

> **Achtung Betrug im Internet**
> Jeder kann ins Internet und so auch jeder Betrüger. Betrug übers Internet ist eine praktische Sache, man muss nicht mal vor die Tür gehen oder in die Nähe des Opfers kommen. Internet-Betrug lässt sich von überall auf der Welt aus machen. Eine beliebte Art von Internet-Betrug ist die Abofalle. Die Betrüger locken dich mit Gewinnen oder besonderen Informationen. Erst im Nachhinein stellt sich dann raus, dass du ein Abo abgeschlossen hast, das viel Geld kosten kann. Eine einfache Regel für deinen Schutz lautet: Gib NIE, NIE, NIE persönliche Daten (Name, Adresse, Telefonnummer und so weiter) im Internet ein. Außer du weißt ganz sicher, dass du der Webseite vertrauen kannst.

Lesezeichen verwenden

Kein Mensch weiß, wie viele Webseiten es im Internet gibt. Es sind aber sicher mehrere Milliarden. Die kannst du zwar nicht alle lesen, aber du wirst bei deiner Suche sicherlich auf sehr viele Webseiten stoßen. Gewöhn dir an, jede interessante Seite in deine »Bookmarks« (englisch für: Lesezeichen) aufzunehmen. Jeder Browser bietet die Möglichkeit, beliebig viele Bookmarks in einer Liste zu speichern. So geht das mit den Bookmarks:

Wertvolle Funde als Lesezeichen ablegen

Internet Explorer

Abb. 4–8
Ein Bookmark anlegen im Internet Explorer – auch wenn sie hier »Favoriten« heißen

Drehbuch Blatt 3: Antworten finden   **123**

Firefox

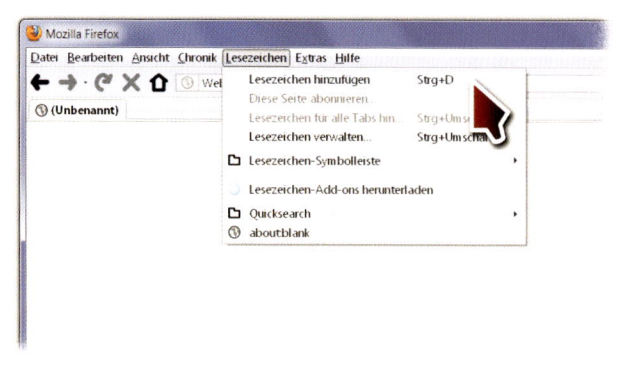

Abb. 4–9
In Firefox ein Bookmark (Lesezeichen) anlegen

Wenn du später die Webseite wieder aufrufen willst, wählst du das passende Bookmark aus der Lesezeichenliste aus. Der Browser springt dann automatisch zu dieser Adresse und lädt die Webseite. Achtung: In den Lesezeichen wird nur der Titel und die Adresse der Webseite gespeichert, nicht ihr Inhalt. Der Inhalt wird jedes Mal wieder neu aus dem Internet geladen, wenn du das Lesezeichen wählst. Sollte die Webseite mittlerweile geändert oder sogar gelöscht worden sein, hast du Pech gehabt. Nutze deshalb bei ganz wichtigen Webseiten diesen Powertipp, um ihren Inhalt sicher auf deinem Computer zu speichern:

Webseiten abspeichern

Neben den Lesezeichen bieten die Browser eine Möglichkeit, eine Webseite mit Text und Bildern abzuspeichern. So kannst du ganz wichtige Webseiten bei dir auf dem Computer aufbewahren und sie jederzeit auch ohne Internetverbindung anschauen.
- Internet Explorer: Klick in der Menüleiste oben auf *Seite / Speichern unter...* (ältere Versionen: *Datei / Seite speichern unter...*). Dann erscheint ein Dialogfenster, in dem du den Speicherort der Datei auf deinem Computer wählen kannst. Such dir einen Speicherort, gib einen Dateinamen ein, und wähle im Feld »Dateityp« das hier aus: »Webarchiv, einzelne Datei (*.mht)«
- Firefox: Klick in der Menüleiste oben auf *Datei / Seite speichern unter...*. Wähle im folgenden Dialogfenster den Speicherort aus, gib einen Dateinamen ein, und wähle im Feld »Dateityp« die Einstellung »Webseite, komplett«
- Safari: Wähle in der Menüleiste oben *Ablage / Sichern unter ...*, wähle im folgenden Dialogfenster den Speicherort aus, und gib einen Dateinamen ein. Das Format muss »Webarchiv« sein.

Wikipedia, warum nicht?

Abb. 4–10
Gut geeignet zum Einstieg in ein Thema: Wikipedia

Klar kannst du die Wikipedia zur Recherche verwenden. Hauptsache, du verwendest sie nicht ausschließlich. Falls du dich in deinem Show-Thema noch überhaupt nicht auskennst, ist die Wikipedia ein sehr guter erster Anlaufpunkt. Bleib aber nicht bei dem Artikel dort stehen. Wenn du so ungefähr kapiert hast, worum es bei deinem Thema geht, geh weiter. Mach dich von der Wikipedia aus auf die Suche nach dem Ursprung der Informationen, den »Quellen«. Unter fast jedem Artikel stehen Internet-Links zu solchen Quellen, bei denen du aus erster Hand etwas zu deinem Thema erfährst.

Wikipedia als erste Anlaufstelle

Fremde Text unbedingt umschreiben

Du darfst die Wikipedia zwar für deine Show oder andere Zwecke kopieren, denn die Texte dort stehen allen Menschen zur freien Verfügung. Mach es aber trotzdem nicht. Ein einigermaßen dressierter Affe könnte mit *Strg+C* Text aus der Wikipedia kopieren und mit *Strg+V* in eine PowerPoint-Präsentation einfügen. Eine eigene Leistung steckt in der Kopiererei nicht. Deshalb formulier den Wikipedia-Artikel (und auch andere Texte) immer um.

Besser in eigenen Worten

Neben der Eigenleistung gibt es noch einen Grund fürs Umformulieren. Es ist sehr viel schwerer, fremde Texte vorzutragen als eigene. Zu fremden Texten hast du keine Beziehung. Nachrichtensprecher und Schauspieler müssen lange üben, bis sie fremde Texte so vortragen können, als wären es ihre eigenen. Als Anfänger tust du dich sicher leichter, wenn du Wikipedia-Artikel in deine eigenen Worte bringst und die dann in deiner Show vorträgst.

Schlau suchen mit der Suchmaschine

Suchmaschinen ausreizen

Das Internet ist die größte Sammlung von wichtigem Wissen und totalem Quatsch, die es je gegeben hat. Die Menge an Webseiten ist mittlerweile so groß, dass sie von einem Menschen nicht mehr erfasst und katalogisiert werden kann. Um dich einigermaßen im Internet zurechtzufinden, benötigst du die Hilfe einer Suchmaschine.

Die bekanntesten Suchmaschinen sind: Google (www.google.de), Bing (www.bing.de) und Yahoo (www.yahoo.de). Die Suchmaschinen grasen ständig das Internet ab und speichern alles, was sie finden. Wenn du bei einer Suchmaschine einen bestimmten Begriff eintippst, schaut die Suchmaschine in ihrem Speicher nach. Die Adressen von Webseiten, die deinen Suchbegriff enthalten, werden dann ausgegeben.

Keine guten Ergebnisse?

9 Tipps fürs Suchen im Internet

Die Suchmaschinen sind schon ziemlich schlau, aber leider gilt immer noch die Regel: Müll rein, Müll raus. Soll heißen: Wenn deine Suchbegriffe nicht gut gewählt sind, bekommst du auch keine guten Ergebnisse. Die Suche nach »Auto« liefert bei Google im Augenblick mehr als fünf Milliarden Treffer. So ein Ergebnis bringt dich nicht weiter. Nutz deshalb die folgenden Tipps, um schlauer zu suchen und bessere Ergebnisse zu bekommen.

Anmerkung: Ich habe die Suchbegriffe zwischen spitze Klammern gesetzt, um sie deutlich abzuheben, zum Beispiel so: ‹toller suchbegriff›. Die spitzen Klammern darfst du nicht in die Suchmaschine eingeben, nur den Text dazwischen. Und noch was: Groß- und Kleinschreibung ist den Suchmaschinen wurscht.

Such nach anderen Wörtern für die gleiche Sache

Andere Begriffe ausprobieren

Kein Mensch sieht die Welt so wie du. Behalte diese Weisheit im Kopf, wenn du im Internet suchst. Überleg dir immer, ob jemand anderes vielleicht einen anderen Begriff für eine Sache verwenden würde. ‹kläffer› statt ‹hund› zum Beispiel.

Spezieller ist besser
Es bringt nichts, nach ‹obst› zu suchen, wenn du etwas über Äpfel rausfinden willst. Versuch immer, nach einem möglichst genauen Begriff zu suchen. Also:
‹sportwagen› statt ‹auto›
‹dackel› statt ‹hund›

Je besonderer, umso besser

Fragen stellen
Falls du auf der Suche nach der Antwort auf eine Frage bist, gib die Frage genau so in die Suchmaschine ein. Also statt ‹beginn erster weltkrieg› gib ein: ‹wann hat der erste weltkrieg angefangen›

Wörtlich formulieren

Begriffe ausschließen
Du kannst nicht nur nach Begriffen in Webseiten suchen, sondern auch Begriffe ausschließen. Schreib einfach ein Minuszeichen vor den Begriff, der nicht in der gesuchten Webseite auftauchen darf:
‹–hänsel gretel›
Dieser Suchbefehl findet Webseiten, in denen die Gretel auftaucht, aber der Hänsel nicht. Mit dem Minuszeichen kannst du sehr gut deine Suche verfeinern und eine große Zahl an Suchergebnissen reduzieren. So erhöhst du die Wahrscheinlichkeit, eine wertvolle Information zu finden.

Begriffe ausschließen

Suche nach einer genauen Wortfolge
Wenn du nach mehreren Wörtern suchst, bekommst du als Ergebnis die Webseiten, die alle Begriffe enthalten. Allerdings müssen sie nicht in der genauen Abfolge auftauchen, die du eingegeben hast. Die Suche nach ‹haus vom nikolaus› findet »das Haus vom Nikolaus«. Aber auch »vom Haus aus, wo Klaus haust, fuhr ich zum Nikolaus«. Außerdem liefert dir diese Suchanfrage jeden anderen Text, in dem irgendwo »haus«, »vom« und »nikolaus« vorkommt. Manchmal ist das gewollt so. Zum Beispiel zu Beginn einer Suche, um mal zu sehen, wie viele Seiten es zu den Begriffen gibt.

Du kannst der Suchmaschine allerdings auch sagen, dass sie nach der genauen Wortfolge suchen soll. Setze die Wortfolge einfach in "-Zeichen. Zum Beispiel (‹› weglassen, wie immer): ‹"auto mit den meisten ps"› Diese Suche führt zu knapp 1000 Ergebnissen, mit der exakten Wortfolge. Die gleiche Suche ohne die "-Zeichen ergibt dagegen knapp 700.000 Treffer.

Eine genaue Wortfolge suchen

Schränke die Suche zeitlich ein

Möglichst aktuelle Ergebnisse erhalten

Manchmal ist es wichtig, dass die Ergebnisse einer Suche möglichst neu sind, also vor möglichst kurzer Zeit verfasst oder aktualisiert worden sind. Google bietet die Möglichkeit, die Ergebnisse zeitlich einzugrenzen. Gib deine Suchbegriffe ein, und lass dir wie gewohnt die Ergebnisse anzeigen. Dann klickst du links auf »Mehr Optionen«. Dort kannst du einstellen, wie frisch die Ergebnisse sein müssen: Zum Beispiel aus den letzten 24 Stunden oder dem vergangenen Jahr.

Beschränke die Suche auf Webseiten mit einer bestimmten Adresse

Auf eine Adresse beschränken

Wenn du schon weißt, dass eine Information auf einem bestimmten Webserver (zum Beispiel `http://www.gShow.de`) zu finden ist, kannst du die Suche mit dem Befehl »site:« entsprechend beschränken. Beispiel: ‹begriff site:www.gshow.de› Dieser Suchbefehl findet »begriff« nur auf den Webseiten, deren Adresse mit »www.gshow.de« anfängt.

Kombiniere die Tipps oben

Und jetzt alle zusammen

Du kannst die Tipps oben auch miteinander verbinden. Also zum Beispiel:
‹auto "ohne motor" –schrott site:www.gshow.de›
Es werden alle Webseiten gefunden, in denen irgendwo das Wort »auto« vorkommt sowie der genaue Begriff »ohne motor«. Die Webseite darf aber nicht das Wort »schrott« enthalten und muss auf einem Webserver unter *www.gshow.de* liegen. So viel kann ich jetzt schon verraten: Es gibt nicht sehr viele Webseiten, die so beschaffen sind.

Nutze Spezialsuchmaschinen

Nicht immer nur Google

Die großen Suchmaschinen kennen viele Seiten im Internet, aber keine kennt alle. Außerdem wird man manchmal erschlagen von all den Ergebnissen. Zum Glück gibt es feine, kleine Suchmaschinen, die nicht das ganze Internet durchsuchen, sondern nur besondere Teile davon. Beispiele für Spezialsuchmaschinen:

- für Kinder geeignete Suchmaschine (`http://gShow.de/303`)
- Suchmaschine für juristische Themen (`http://gShow.de/304`)
- Philosophie-Suchmaschine (`http://gShow.de/305`)
- Katalog für Spezialsuchmaschinen (`http://gShow.de/306`)

Die meisten Texte, die du im Internet findest, fallen unter das Urheberrecht. Du kannst dich also nicht einfach so nach Lust und Laune bedienen. Ehe du Texte aus dem Internet für deine Show kopierst, lies bitte die rechtlichen Hinweise in Abschnitt 3.4, »Medienrecht kennenlernen«, ab Seite 92.

4.6 Drehbuch Blatt 4: Botschaften benennen

Miteinander reden ist wie das Tauschen von Fußballsammelbildchen. Einer bietet etwas, einer nimmt es, aber nur, wenn er am Tauschobjekt interessiert ist. In einer Show wird auch miteinander geredet, auch wenn nur einer plappert. Die Tauschobjekte dabei heißen »Botschaften«. Damit deine Show ein Erfolg wird, musst du deinem Publikum wertvolle Botschaften anbieten.

Welche Botschaft willst du verbreiten?

Meine gute Botschaft lautet: Die wertvollen Botschaften für deine Show stecken in dem Riesenhaufen an Fragen und Antworten, den du (hoffentlich) zusammengesammelt hast. Du musst die Botschaften nur finden. Auf den nächsten Seiten steht, wie das geht. Die Kurzfassung vorab:

Aus ????????? mach ???

Aus ??? mach !!!

Aus !!! mach !...!..!.

Klartext: Du wählst aus deinen Fragen die wichtigsten aus, machst Botschaften draus und suchst Informationen dazu.

Wichtige Fragen suchen

Nimm dir aus deinem Drehbuch Blatt 2 mit den Fragen und Blatt 3 mit den Antworten. Irgendwo auf diesem Blatt stehen deine Botschaften, du musst sie »nur noch« raussuchen und ausformulieren. Hatte ich nicht versprochen, dass das Fragenblatt noch sehr wichtig wird? Eben. Geh zunächst die Antworten auf Blatt 3 der Reihe nach durch, und schau auf Blatt 2, ob es zu jeder Antwort eine Frage gibt. Falls nicht, formulier eine Frage zur Antwort, und schreib sie auf das Blatt 2.

Die Botschaft steckt in den Fragen.

WICHTIG 18

Keine Botschaft ohne viele Fragen
Aus nichts kannst du nichts machen. Deshalb sollte dein Fragenblatt gut gefüllt sein. Falls du weniger als 20 Fragen gefunden hast, mach ein Brainstorming zu deinem Thema (siehe Abschnitt »Ideen wirbeln lassen« ab Seite 84).

Die Frage der Fragen finden

Jetzt leg Blatt 3 weg, und konzentrier dich auf deine Fragen, die auf Blatt 2 stehen. Ist dein Fragenblatt einigermaßen vollgeschrieben? Du hast nun das Vergnügen, aus deinen Fragen, die »wichtigsten« rauszusuchen. Aber was ist »wichtig«?

Was ist »wichtig«?

Was ist »wichtig«?

Tja, was ist »wichtig«? Die beste Formel für Wichtigkeit, die ich kenne, lautet:

GUNN

Das ist ein Akronym (ein Begriff aus den Anfangsbuchstaben mehrerer Wörter) aus: Gesprächswert, Unterhaltungswert, Nutzwert, Neuigkeitswert

Mithilfe dieser vier Merkmale (Gesprächswert, Unterhaltungswert, Nutzwert, Neuigkeitswert) kannst du dir ganz leicht aus deinen Fragen diejenigen raussuchen, die zur Botschaft werden können.

Eine geile Show braucht GUNN: Gesprächswert, Unterhaltungswert, Nutzwert, Neuigkeitswert.

GUNN ist die SWR3-Formel für einen guten Radiobeitrag. Jeder gute Beitrag muss Gesprächswert haben, die Leute sollen also mit Freunden und Kollegen drüber reden. Er muss Unterhaltungswert haben, was nicht bedeutet, dass er zum Lachen sein muss. Jeder Beitrag muss einen Nutzwert haben, also den Zuhörern für ihr tägliches Leben etwas bringen. Und ein guter Radiobeitrag muss Neuigkeitswert haben. Ähm, ja, das erklärt sich von selbst.

So geht's:

Wichtigkeit abschätzen mit GUNN

Nimm dir ein frisches Blatt Papier als Schmierzettel. Geh alle deine Fragen von Blatt 2 deines Drehbuchs von der ersten bis zur letzten durch. Schau, ob eine Frage G, U, N, N hat. Je mehr davon, umso besser. Eine perfekte Frage hat alles davon.

Gesprächswert

- Erster Durchgang: Gesprächswert
  Beim ersten Durchgang überleg dir für jede Frage, ob sie Gesprächswert hat. Anders gesagt: Werden sich deine Zuhörer nach deiner Show darüber unterhalten? Bingo? Dann schreib die Nummer dieser Frage auf den Schmierzettel.

Unterhaltungswert

- Zweiter Durchgang: Unterhaltungswert
  Im nächsten Durchgang geht es darum, herauszufinden, ob die Frage bei den Zuschauern Gefühle hervorrufen wird. Freuen sie sich, lachen sie vielleicht sogar, oder werden

sie traurig oder ängstlich? Bingo? Dann schreib die Nummer dieser Frage auf den Schmierzettel.

Dritter Durchgang: Nutzwert
Jetzt schau, ob die Frage den Zuschauern etwas für ihr Leben bringt. Zum Beispiel: Sie schreiben bessere Noten, verkaufen mehr oder können den Computer besser bedienen. Bingo? Dann schreib die Nummer dieser Frage auf den Schmierzettel.

Nutzwert

Vierter Durchgang: Neuigkeitswert
Im letzten Durchgang überleg dir für jede Frage, ob deine Zuschauer überrascht sein könnten, das zu hören. Bingo? Dann schreib die Nummer dieser Frage auf den Schmierzettel.

Neuigkeitswert

Du hast nach den vier Durchgängen jetzt ein paar Nummern auf deinem Schmierzettel stehen. Hinter jeder Nummer steckt eine Frage, die gut als Botschaft für deine Show taugen kann. Dein nächstes Ziel ist es, auf ein bis drei Nummern zu kommen. Falls du im Augenblick noch mehr Nummern auf deiner Liste hast, musst du weiter aussortieren.

Aussortieren

Geh deinen Schmierzettel durch, und schau für jede Nummer, die du dort aufgeschrieben hast, ob sie mehrmals auf deinem Blatt vorkommt. Wenn eine Nummer ein zweites Mal auftaucht, dann mach einen Kringel drum, und streich die doppelte Nummer aus. Falls die Nummer noch mal vorkommt, dann mach einen zweiten Kringel, und streich den doppelten Eintrag wieder aus. Und so weiter.

Die Wichtigsten der Wichtigen rausfiltern

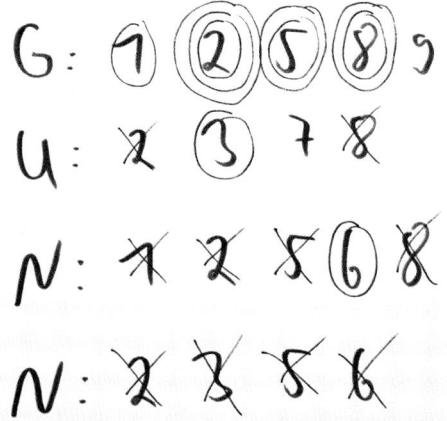

Es gilt: Je mehr Kringel um eine Nummer herum sind, umso besser ist die Frage dahinter als Botschaft für deine Show geeignet. Ideal sind drei Kringel, dann hat deine Botschaft nämlich GUNN. Nach dieser Aktion sieht dein Schmierzettel etwa so aus:

Abb. 4–11
Schmierzettel mit möglichen Botschaften

Aus Fragen Botschaften machen

Auf zwei Wegen von den Fragen zu den Botschaften

Bisher hast du immer noch »nur« wichtige Fragen. Du brauchst aber Botschaften, und das sind keine Fragen. Eine Botschaft beantwortet die Frage in einem Satz. Botschaften sind kurz, knackig und gut zu merken. Für eine gute Botschaft gilt also in etwa das Gleiche wie für den Titel deiner Show.

Es führen zwei Wege von deinen Fragen zu deinen Botschaften:

Lass die Frage Antwort sein

Aus einem ? ein ! machen

Manche Fragen taugen von sich aus schon gut als Botschaft, indem du sie zu einer Aussage umformulierst. Ein Beispiel:

Aus der Frage:
»Haben Frösche Sex?«
wird die Botschaft:
»Frösche haben keinen Sex.«

Das passt. Es ist kurz, knackig und bleibt im Zuschauerhirn kleben. Falls du ebenso leicht von deinen Fragen zu deinen Botschaften kommst: Herzlichen Glückwunsch. Denn oft klingt die umformulierte Frage langweilig. Ein Beispiel:

Aus der Frage:
»Wie weit können Frösche springen?«
würde die Botschaft:
»Frösche können 2 Meter weit springen.«

Das klingt zwar irgendwie ganz nett, ist aber ehrlich gesagt: Mist. »2 Meter weit« ist keine Botschaft, die im Hirn kleben bleibt. In so einem Fall kannst du versuchen, die Zahl durch einen Vergleich zu ersetzen. Ein Beispiel:

Aus der Frage:
»Wie weit können Frösche springen?«
wird die Botschaft:
»Wenn Frösche Menschen wären, könnten sie aus dem Stand quer über ein Fußballfeld springen.«

Abb. 4–12
Echt? Zwei Meter weit?

Such einen Küchenzuruf

Küchenzuruf wie bei der Titelsuche einsetzen

Falls das Umformulieren keine guten Ergebnisse bringt, geh den zweiten Weg zur wertvollen Botschaft. Mach es wie bei der Suche nach dem Titel (mehr dazu im Abschnitt »Titel ausdenken« ab Seite 107), und such nach dem Küchenzuruf. Lies dir die Frage so oft durch, bis du sie auswendig kennst. Warte ein paar Stunden, oder schlaf eine

Nacht drüber. Und dann schreib deiner besten Freundin oder deinem besten Freund eine »halbe« SMS mit deiner Botschaft. Schreib einfach los, ohne groß nachzudenken. Leite die SMS vielleicht mit »Hast du schon gehört?« ein. Falls SMS nicht so dein Ding ist, kannst du deine Botschaft ja tatsächlich jemandem in der Küche zurufen. Oder im Werkzeugkeller. Oder du twitterst die Botschaft. Oder was auch immer. Hauptsache, kurz und knackig. Und ohne viel Nachdenken.

Botschaften ins Drehbuch

Wie auch immer du an deine Botschaften gekommen bist, schreibe sie jetzt auf Blatt 4 deines Drehbuchs. Vor die Botschaft kommt die Nummer der Frage, die hinter der Botschaft steckt. Du brauchst die Nummer gleich, wenn du deine Botschaften mit Informationen (deinen Antworten) fütterst. Im Augenblick sieht dein Botschaftenblatt etwa so aus:

Show-Drehbuch Blatt 4

Botschaften

Botschaft 1:
6. Frösche haben keinen Sex.
Informationen/Antworten dazu:

Botschaft 2:
8. Ein kleiner Frosch ist eines der giftigsten Tiere der Welt.
Informationen/Antworten dazu:

Botschaft 3:
1. Wenn Frösche Menschen wären, könnten sie aus dem Stand quer über ein Fußballfeld springen.
Informationen/Antworten dazu:

Abb. 4–13
Drehbuch Blatt 4: Deine Botschaften

Antworten den Botschaften zuordnen

Botschaften mit Inhalt füllen

Die Botschaften hast du jetzt. Sie sind der wichtigste Bestandteil deiner Show. Es reicht aber nicht, die Botschaften runterzurattern. Botschaften müssen gefüllt sein mit Inhalt, mit Informationen. »Information« kommt vom lateinischen Verb »informare«: bilden, formen. Es gibt viele Bedeutungen und Definitionen des Wortes Information. Mir leuchtet am hellsten dieser Satz hier ein:

Information ist die kleinste Einheit von Wissen.

Poetisch formuliert klingt das so: So wie viele Wassertropfen einen Ozean bilden, so werden viele Informationen zu Wissen.

Freu dich: Du hast die Informationen wahrscheinlich schon so gut wie in der Hand. Nimm dir Blatt 3 mit deinen Antworten, und schreib unter jede Botschaft ins Feld »Informationen:« die Antworten mit der gleichen Nummer.

Alle Fragen beantwortet

Ausreichend Antworten: fertig

Dein Blatt 4 mit den Botschaften ist jetzt hoffentlich gut gefüllt. Unter jeder Botschaft sollte mindestens eine Information stehen, besser mehr. Falls ein Info-Feld leer ist, musst du noch mal ran und Informationen sammeln. Mach das diesmal ganz gezielt für die Botschaft, die noch Futter benötigt. Falls du dir nicht mehr sicher bist, wie Informationensammeln geht, spring zum Abschnitt »Drehbuch Blatt 3: Antworten finden« ab Seite 116.

Keine Informationen zur Botschaft zu finden

Zu wenige Informationen: noch mal ran

Falls du trotz mehrfacher, gründlicher und nervenaufreibender Suche zu einer Botschaft keine Informationen findest, schmeiß die Botschaft aus deiner Show raus. Vielleicht reicht ja das schon aus, was du zu den anderen Botschaften gefunden hast. Wenn nicht, geh zurück zum Abschnitt »Wichtige Fragen suchen« ab Seite 129, und such dir eine zusätzliche Botschaft aus.

Puh, das war echt mal hart

Der Teil mit den Botschaften ist echt anstrengend. Falls es dich tröstet: Das geht den Show-Kaulquappen wie den Show-Fröschen. Es ist immer wieder schwer, wertvolle Botschaften zu finden. Deshalb: Wenn du magst, zeichne mit Bleistift eine Sonne, Wolken und ein paar Vögel an den Rand von Blatt 4. Japanische Schriftzeichen sind auch gut geeignet. Entspanntes Malen signalisiert deinem Hirn: Gut gemacht, genug gedacht.

4.7 Drehbuch: Storyboard entwickeln

Dein Drehbuch steht mittlerweile ganz stabil auf seinen vier Blättern. Aber wie genau deine Show ablaufen wird, das steht noch nirgends. Dafür brauchst du ein »Storyboard«, wörtlich übersetzt: ein »Geschichtenbrett«. Das stelle ich dir jetzt vor: Darf ich vorstellen, Storyboard – Leserin oder Leser.

*Storyboard –
der Comic zur Show*

Das mit dem Vorstellen im richtigen Leben ist gar nicht so kompliziert. Ich hab eine Eselsbrücke für dich:

»Darf ich vorstellen:
Herr Jungbauer, Frau Altkönig.«

Ganz allgemein gesprochen wird immer der Niedergestellte dem Höhergestellten »vorgestellt«, sein Name wird zuerst genannt. Also: Der Bauer wird dem König vorgestellt, der junge Mensch dem älteren und der Mann der Frau. Aber das nur am Rande.

Wie du dir wahrscheinlich schon gedacht hast, kommt der Begriff Storyboard aus dem Filmgeschäft. Man kann sagen: Ohne Storyboard kein Film.

Wow, Storyboard klingt wichtig, was ist das?

Ein Storyboard sieht aus wie ein Comic: Es ist eine lange Reihe von gezeichneten Bildchen. Jedes einzelne Bild steht für einen kleinen Teil des Films, für eine »Szene«. Auf Grundlage des Storyboards wird der Film gedreht. Damit man im Storyboard gut herumfuhrwerken kann, zeichnet man es nicht einfach auf ein großes Papier, so wie einen Comic. Man nimmt einzelne Storyboard-Kärtchen, auf die man je ein Bild zeichnet. Die Kärtchen hängt man dann nebeneinander an die Wand.

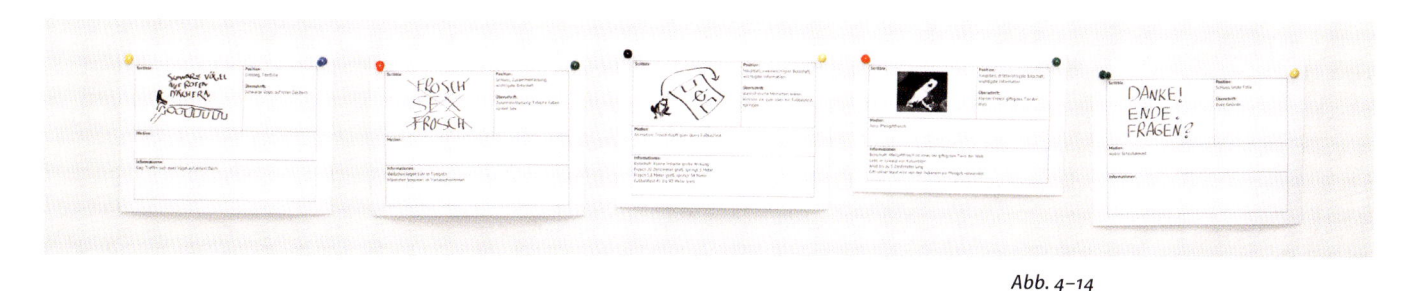

Abb. 4–14

Ein Storyboard mit Storyboard-Kärtchen

Deine Show funktioniert wie ein Film. Die kleinste Einheit der Show sind allerdings nicht die Szenen, sondern einzelne »Folien«. Eine Folie ist das, was du mit einem Beamer an die

Wand projizierst. Falls du keine Folien verwendest, ist das Folgende trotzdem nützlich für dich. Denk dir statt »Folie« das Wort, das der kleinsten Einheit deiner Show entspricht. Bei einer Plakatpräsentation wäre das: »Bereich«. Also ein Teil des Plakats, den du an diesem Punkt deiner Show erklärst. Falls du Flipcharts verwendest, denk dir statt »Folie« einfach das Wort »Blatt«. Es gilt:

1 Folie = 1 Storyboard-Kärtchen

Jede Folie ist ein Storyboard-Kärtchen.

An das Storyboard an sich kommst du ganz leicht. Du brauchst nur eine freie Fläche, auf die du später die Storyboard-Kärtchen kleben kannst. Gut geeignet ist eine leere Wand oder eine Tür. Du kannst auch den Fußboden zum Storyboard erklären. Hauptsache, du findest einen Platz, an dem du dich in den nächsten Tagen ausbreiten kannst, ohne ständig aufzuräumen.

Gleich geht es los
Eh du dich aber an deine Storyboard-Kärtchen machen kannst, musst du noch etwas Wichtiges über Shows erfahren.

Drei Teile sollt ihr sein

Drei Teile hat die Show: Einstieg, Hauptteil und Schluss

Erinner dich an deinen letzten Kinofilm (oder Spielfilm im Fernsehen): Am Anfang bist du in die Geschichte reingezogen worden: Die Hauptpersonen werden vorgestellt, du siehst den Ort der Handlung und die Zeit, in der der Film spielt. Im Mittelteil erleben die Personen die eigentliche Geschichte des Films, sie reden miteinander und tun dies, tun das. Der Film läuft auf das Ende zu – es passiert ein Knaller oder etwas ganz Unerwartetes. Filme sind also oft in drei Teile aufgeteilt: Einstieg, Hauptteil und Schluss. Es hat sich bewährt, auch eine Show dreizuteilen.

1. Einstieg
   Mit deinem Einstieg ziehst du dein Publikum in das Thema rein. Die Menschen lernen dich kennen und bilden sich eine Meinung über dich. Das geht ganz schnell und ist knüppelhart: Schon nach ein paar Sekunden entscheiden Menschen, ob sie jemanden mögen oder nicht. Der Einstieg ist also zwar zeitlich unbedeutend, aber für das Gelingen deiner Show am wichtigsten.

2. Hauptteil
   Im Hauptteil erfüllst du die Erwartung des Publikums, mehr über das Thema zu erfahren. Du bringst den Menschen deine Botschaften näher und veranschaulichst das Thema mithilfe von Fotos, Grafiken, Audios oder Videos.

3. Schluss
   Im Schlussteil bringst du eine kurze Zusammenfassung deiner Botschaften (vielleicht auch nur der wichtigsten) in einem Satz. So kann sich das Publikum besser an dein Thema erinnern. Oder du greifst am Schluss den Einstieg noch mal auf, gibst ihm eine neue Richtung und rundest deine Show damit. Der Schluss ist außerdem immer gut für eine kleine Überraschung.

Länge der Teile

Die drei Teile einer Show sind normalerweise nicht gleich lang. Die Faustformel:

Die Teile sind nicht gleich lang.

Ideale Show = 2 Minuten Einstieg + 10 Minuten Hauptteil + 3 Minuten Schluss

Damit ist eine ideale Show 15 Minuten lang. Das ist natürlich nur ein Anhaltspunkt. Deine Show kann auch mal nur 10 oder gar 60 Minuten lang sein. Wie du mit der Mehrzeit am besten umgehst, das erzähle ich dir gleich.

Folienzahl anhand der Show-Dauer abschätzen

Du hast eben erfahren, dass eine ideale Show etwa 15 Minuten dauert. Aber was bedeutet Zeit in Folien? Nutz diese Faustformeln:

Eine Folie entspricht 1,5 Minuten Show-Zeit

1 Folie entspricht 1,5 bis 2 Minuten.
also:
15 Minuten Show entsprechen 10 Folien.

Das ist nur ein Durchschnittswert. Manche Folien stehen 5 Minuten, andere nur 5 Sekunden. Und ganz ohne Folien geht es manchmal auch.

Drehbuch: Storyboard entwickeln

Aber es bleibt dabei: Du benötigst für jede Folie, die du in deiner Show zeigst, ein Show-Kärtchen. Falls du eine Idealo-Show von 15 Minuten Länge baust, zeigst du ungefähr so viele Folien:

Einstieg: 1 Folie
Hauptteil: 7 Folien
 – wichtigste Botschaft: 4 Folien
 – zweitwichtigste Botschaft: 2 Folien
 – drittwichtigste Botschaft: 1 Folie
Schluss: 2 Folien

Dazu kommen üblicherweise noch eine Folie für den Titel und eine für den Abspann.

Mehr als 15 Minuten Zeit für deine Show?

2 Arten, mit langen Shows umzugehen

Meistens kannst du dir die Länge deiner Show nicht aussuchen. Du bekommst einfach eine Anzahl Minuten zugewiesen und musst schauen, wie du zurechtkommst. Versuch bei einer längeren Show-Zeit trotzdem mal, den Auftraggeber (Lehrer, Prof, Chefin, Kunde) davon zu überzeugen, dass du es auch in 15 Minuten hinbekommst. Und dass eine kürzere Zeit überhaupt viel besser sei, weil Menschen sich nicht so lange konzentrieren können. Falls das nicht hinhaut, sehe ich zwei Möglichkeiten für dich, mit der vielen Zeit umzugehen:

Mehr Show-Zeit, Möglichkeit 1: Den Hauptteil strecken

Hauptteil strecken

Falls du deine Show auf eine längere Zeit dehnen willst, bleibt dir nicht viel Wahl: Du könntest den Einstieg, den Hauptteil oder den Schluss verlängern. Aaaaaber: Der Einstieg sollte kurz bleiben, mehr Zeit macht ihn ziemlich sicher nicht besser. Und auch der Schluss ist nur sehr begrenzt dehnbar, da eine lange Zusammenfassung irgendwie keinen Sinn ergibt. Also muss der Hauptteil auf das Streckbett, um die Mehrzeit unterzubringen. Dieses Strecken des Hauptteils kann auf zwei Arten passieren:

- mehr Botschaften pro Zeit
  Es mag verlockend sein, in der zusätzlichen Zeit einfach mehr Botschaften unterzubringen. Ich rate dir aber davon ab. Je mehr Botschaften du verbreitest, umso weniger nehmen die Menschen aus deiner Show mit. Das ist wie bei einem Auto: Wenn du zu viel Gas gibst, säuft der Motor ab.

mehr Zeit pro Botschaft

Ich empfehle dir, dass du es bei der Anzahl deiner Botschaften belässt. Gönne jeder Botschaft aber jetzt mehr Folien, und/oder lass die Folie zur Botschaft in deiner Show länger stehen. Die folgende Tabelle zeigt, was du ungefähr an Folien (und entsprechend Storyboard-Kärtchen) einplanen musst, wenn du mehr Zeit hast:

Länge der Show	Einstieg	Hauptteil	Schluss
15 Minuten	1 Folie	7 Folien	2 Folien
30 Minuten	1 Folie	13 Folien	3 Folien
45 Minuten	1 Folie	18 Folien	4 Folien
60 Minuten	1 Folie	22 Folien	4 Folien

Mehr Show-Zeit, Möglichkeit 2: Mehrere Teil-Shows machen

Wie wäre es denn damit: Du machst nicht nur eine große Show, sondern gleich mehrere Shows. Jede Teil-Show hat einen eigenen Einstieg, einen Hauptteil und einen eigenen Schluss. Der Hauptteil jeder Teil-Show besteht allerdings nur aus einer einzigen Botschaft, die entsprechend mehr Zeit bekommt. Zwischen den Teil-Shows machst du eine ganz kleine Pause. Diese Pause kannst du gut füllen mit Aktionen, bei denen dein Publikum etwas machen muss. Beispiele für Mitmachaktionen als Pausenfüller:

Du stellst ein paar Fragen. Die Menschen im Publikum sollen mit Handheben antworten. Beispiel: Wie viele von euch haben einen Computer zu Hause?
Die Leute sollen etwas aufschreiben: Fragen, Gedanken, Ideen.
Die Menschen dürfen miteinander quatschen, während du dich hinsetzt und einen Schluck trinkst. Mach das nicht zu lange, sonst bekommst du keine Ruhe mehr ins Publikum.
Studier einen Kanon mit dem Publikum ein. Kein Witz: Ich habe das schon probiert, und es hat gut funktioniert.

Auf die Anzahl Folien für deine Teil-Shows kommst du bei dieser Variante mit Erstklässler-Mathe: Du musst zuerst ausrechnen, wie viele Teil-Shows à 15 Minuten du in deiner Zeit unterbringst. Dann nimmst du diese Zahl mit 10 mal und hast die Anzahl Folien, die du zeigst. Entsprechend viele Show-Kärtchen wirst du brauchen:

45 Minuten (3 Teil-Shows) entsprechen 30 Folien.
60 Minuten (4 Teil-Shows) entsprechen 40 Folien.

Mehrere Teil-Shows vorbereiten

Mach eine Pause zwischendurch, wenn der Hauptteil länger als 10 Minuten ist.
Und wenn du der beste Show-Macher aller Zeiten wärst – die Menschen könnten dir trotzdem nicht 50 Minuten am Stück zuhören. Gönn ihnen etwas Zeit, um mal das Hirn baumeln zu lassen. Faustregel: Alle 10 bis 15 Minuten solltest du deinem Publikum eine kleine Verschnaufpause (30 bis 60 Sekunden) geben. So eine Pause kann ein lustiges Video sein, ein Rätselbild oder eine Mitmachaktion.

Storyboard-Kärtchen basteln

Her mit den Storyboard-Kärtchen!

Ein Storyboard ohne Storyboard-Kärtchen ist eine leere Wand. Ein Zen-Meister könnte in der Meditation darüber wahrscheinlich sein ganzes Leben verbringen. Wir aber brauchen Storyboard-Kärtchen, damit das Storyboard Sinn ergibt. Ein Storyboard-Kärtchen ist so groß wie ein halbes Blatt DIN-A4. Beim Film ist auf dem Storyboard-Kärtchen nur eine Zeichnung zu sehen: ein »Scribble« (englisch für: »Gekritzel«) einer Szene aus dem Film.

Her mit den Storyboard-Kärtchen!

Für deine Show brauchst du mehr Informationen auf einem Storyboard-Kärtchen. So sieht das aus:

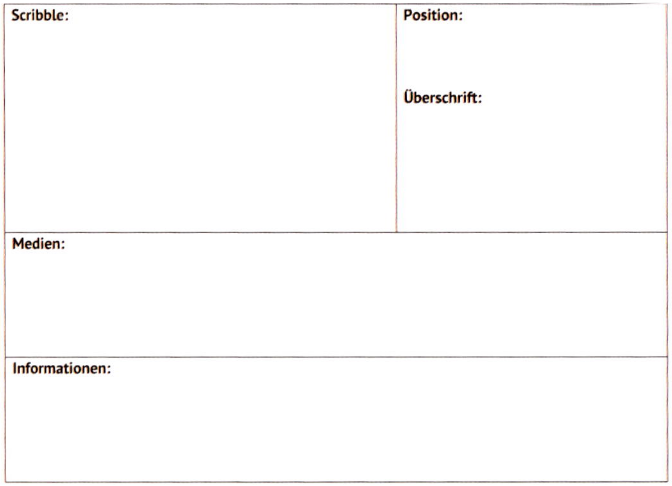

Abb. 4–15
Die Vorlage für ein Storyboard-Kärtchen

Das bedeuten die Felder auf dem Storyboard-Kärtchen

Überschrift

Überschrift, Position, Scribble, Medien und Informationen

Ins Feld »Überschrift:« kommt so etwas wie: »Botschaft: Frösche haben keinen Sex!« Die Überschrift ist nur für dich, damit du auf jedem Storyboard-Kärtchen gleich siehst, worum es geht.

Position

Ins Feld »Position:« schreibst du rein:
- In welchem Teil wird die Folie gezeigt (Einstieg, Hauptteil oder Schluss)?
- Was für eine Art Folie (Gag, Zusammenfassung, Botschaft) ist es?
- Wie wichtig ist das, was du auf dieser Folie zeigst (wichtigste Botschaft, wichtigste Information)?

Drei Beispiele für das Feld »Position:«:
- Position: »Einstieg / Gag«
- Position: »Hauptteil / wichtigste Botschaft / wichtigste Information«
- Position: »Schluss / Zusammenfassung / wichtigste Botschaft«

Eine fortlaufende Nummer hat in diesem Feld übrigens nichts verloren. Am Anfang wirst du die Storyboard-Kärtchen vielleicht wild hin- und herschieben. Es wäre Quatsch, bei jeder Änderung des Ablaufs alle Seitennummern anzupassen.

Scribble

Hier kritzelst du hin, wie die Folie in etwa aussehen soll. Verkünstel dich nicht. Es geht nur darum, dass du einen ungefähren Eindruck von der Folie hast. Falls dir die kleine Zeichenfläche auf der Vorderseite nicht reicht, dreh das Storyboard-Kärtchen um und nutze die komplette Rückseite fürs Scribble.

Medien

In dieses Feld schreibst du rein, was für Medien in dieser Folie zum Einsatz kommen sollen. Beispiel: »Foto von Sonnenuntergang«, »Video vom ersten Mondspaziergang« und so weiter. Es gibt allerdings keine gesetzliche Verpflichtung, Medien in eine Show zu packen. Das entsprechende Feld auf einer Storyboard-Karte kann also durchaus leer bleiben.

Informationen

Hier kommen die Informationen rein, die für diese Folie wichtig sind. Beispiel: »Schiller tot Mai 1805.«

Kaum gedacht, schon selbst gemacht

Du wirst ein paar von diesen Storyboard-Kärtchen brauchen. Bau sie dir entweder selbst in einem Computerprogramm zum Schreiben, und druck die Kärtchen so oft wie nötig aus. Oder hol dir aus dem Internet eine Vorlage für Storyboard-Kärtchen: `http://gShow.de/42`.

Zur Erinnerung: 10 Storyboard-Kärtchen benötigst du für eine Show von 15 Minuten. Mehr Show, mehr Kärtchen. Jedes Storyboard-Kärtchen entspricht einer Folie der fertigen Show. Du kannst dir natürlich später weitere Kärtchen anlegen, wenn du mehr Folien zeigen willst. Die 10 Kärtchen sind nur ein Anhaltspunkt.

Digitales Storyboard

Nix für Anfänger: Storyboard am Computer

Wie schon beim Drehbuch gesagt: Ich halte es für besser, die Show auf Papier anzulegen. Das gilt auch fürs Storyboard. Stift und Papier sind einfach »sinnlicher«. Du kannst dein Papier-Storyboard anfassen, dich davorstellen und es angucken, die einzelnen Kärtchen hin- und herschieben, drauf herumkritzeln und so weiter. Wenn du das Storyboard trotzdem digital ausarbeiten willst, dann such dir hier ein Verfahren aus:

Mit einem Computerprogramm zum Schreiben
Lade dir die Dokumentenvorlage für Storyboard-Kärtchen von `http://gShow.de/42` runter. Mit dieser Vorlage kannst du in jedem Schreibprogramm (Word, Writer, Pages und so weiter) dein Storyboard bearbeiten.

Mit einem Computerprogramm für Mindmaps
Gestalte das Storyboard mithilfe eines Computerprogramms (FreeMind, mehr Infos unter `http://gShow.de/307`) als Mindmap.

Mit einem Computerprogramm für Präsentationen
Das Storyboard ist die Grundlage für die Folien, die deine Show begleiten. Diese Folien werden mit einem speziellen Computerprogramm (PowerPoint, Impress, Keynote etc.) gebaut. Im Prinzip kannst du das Storyboard gleich in diesem Computerprogramm anlegen. Mehr zu PowerPoint und Co findest du im Abschnitt »Computerprogramme für Präsentationen kennenlernen« ab Seite 205.

Anmoderation ausarbeiten

Wenn irgendwie möglich, lass dich von jemand anderem anmoderieren. Dabei werden du und deine Show kurz vorgestellt. Mehr Infos zur Anmoderation findest du ab Seite 48. Erfahrene Moderatoren sprechen die Anmoderation vor deiner Show mit dir ab. Wenn das nicht passiert, dann geh du auf den Moderator zu, und gib ihm die nötigen Informationen. Du solltest einen kleinen Text für diesen Zweck vorbereitet haben.

Anmoderation schreiben: klein oder groß

Kleine oder große Anmoderation?

Die Anmoderation gibt es in zwei Größen: klein und – Überraschung – groß. Die kleine Anmoderation besteht aus zwei Teilen: aus deinem Namen und dem Titel der Show. Die kleine Anmoderation reicht aus, wenn du vor einem Publikum redest, das dich kennt. Beispiel kleine Anmoderation:

»Ich begrüße jetzt Hertha Usus. Sie ist Leiterin der Abteilung ›Dinge von zweifelhaftem Nutzen‹ und wird uns gleich das Wichtigste zum Thema ›Zweifel an nützlichen Dingen‹ erzählen. Herzlich willkommen, liebe Frau Kollegin Usus.«

Falls dich keiner im Publikum kennt, empfehle ich eine etwas größere Anmoderation: Dein Name, ein paar persönliche Informationen über dich, der Titel der Show und ein Satz zum Inhalt sollen das Publikum auf dich einstimmen. Aber egal ob groß oder klein, die Anmoderation soll nicht länger als eine Minute sein und nicht zu viel vom Inhalt deiner Show verraten.

Handzettel und Umgang mit Fragen

Zwei Hinweise fürs Publikum gehören in jede Anmoderation unbedingt rein: Wie läuft das mit den Fragen aus dem Publikum und wie mit den Handzetteln?

Gehört in die Anmoderation: Handzettel und Umgang mit Fragen

Umgang mit Fragen

Es gibt zwei Stellen, an denen das Publikum Fragen stellen kann: entweder mittendrin oder nach der Show. Mehr zu diesen beiden Möglichkeiten findest du in Abschnitt 1.5, »Fragen aus dem Publikum«, ab Seite 58. Beide Varianten haben Vor- und Nachteile, keine ist richtig oder falsch.

Handzettel

Der zweite Hinweis in der Anmoderation hat mit den Handzetteln zu tun, die du den Zuschauern mitgibst. Mehr dazu in Abschnitt 6.3, »Handzettel fürs Publikum anfertigen«, ab Seite 269. Du kannst die Handzettel entweder vor der Show auslegen oder nach der Show herumreichen. Nachteil beim Auslegen vorher: Die Leute blättern vielleicht darin herum, statt dir zuzuhören. Vorteil: Die Leute können Infos nachlesen, wenn sie etwas nicht verstanden haben.

Ankündigung

Wie auch immer du dich bei den Fragen und den Handzetteln entscheidest: Es muss in der Anmoderation vor der Show angekündigt werden. Also zum Beispiel: »Fragen jederzeit erlaubt, Handzettel gibt es nach der Show.«

Warum sich von jemand anderem anmoderieren lassen?

Anmoderation ist gut gegen Aufregung

Du kannst dich zwar auch selbst anmoderieren, aber es ist besser, das einen anderen Menschen tun zu lassen. Eine gute und nette Anmoderation kann dir ein wenig vom Lampenfieber nehmen und verschafft dir etwas Zeit, dich an die Situation zu gewöhnen. Die Show ist mit der Anmoderation irgendwie schon losgegangen, du musst aber noch nichts tun.

Auf jeden Fall musst du die Anmoderation vorher mit diesem Menschen absprechen und sie in dein Drehbuch schreiben. Der Moderator bekommt die Anmoderation ausgedruckt und muss sich genau daran halten. Denn:

> **Die Anmoderation muss zum Einstieg passen.**
> Es gibt nix Blöderes als eine Anmoderation, die deinen Einstieg oder vielleicht sogar einen Knalleffekt am Ende deiner Show vorwegnimmt. Nach so einer Einleitung kann deine Show eigentlich nur noch schlecht laufen. Das ist in etwa so, als würdest du einen Gag erzählen, und jemand versaut dir die Pointe.

An die Abmoderation am Ende denken

Bei der Vorbesprechung kannst du mit dem Moderator auch gleich die Abmoderation (was er nach deiner Show sagt) verabreden (siehe Seite 58). Der Moderator darf auf keinen Fall eine zweite Show hinten dranhängen. Er soll Aussagen aus deiner Show nicht wiederholen, ergänzen oder berichten. Das schwächt deine Position als Ober-Auskenner. Am besten soll der Moderator am Ende den Standardsatz sagen: »Danke für die Show, Frau Usus. Gibt es noch Fragen dazu?«

Hauptteil ausführen

Wenn die Vorbereitung so ablaufen würde wie die Show, dann wäre jetzt der Einstieg dran. Dem ist aber nicht so. Es ist sinnvoller, den Hauptteil zuerst auszuarbeiten. Warum? Weil Einstieg und Schluss zu deinem Hauptteil passen müssen. Damit das gelingt, musst du zuerst den Hauptteil einigermaßen klarziehen.

Hauptteil auf die Storyboard-Kärtchen bringen

Der Hauptteil einer Show macht den Hauptteil der Arbeit in der Vorbereitung. Bei einer »idealen« Show von 15 Minuten Länge (entspricht 10 Folien) entfallen auf den Hauptteil 10 Minuten (oder 7 Folien). Nimm dir deine Botschaften vor, die du beim Durchackern des Abschnitts 4.6, »Drehbuch Blatt 4: Botschaften benennen«, ab Seite 129 gefunden hast. Sagen wir mal, es sind drei Botschaften, die du unbedingt verbreiten willst.

Deine Botschaften in eine Reihenfolge gliedern

Als Nächstes musst du deine Botschaften in eine Reihenfolge bringen. Deine Botschaften sind zwar sicher alle wichtig, aber nicht alle sind gleich wichtig. Eine ist die wichtigste. Aber wann bringst du sie? Am Anfang, in der Mitte oder am Schluss des Hauptteils? Beim Kinofilm oder Theater nennt man dieses Nachdenken über die Anordnung und Gewichtung der einzelnen Teile »Dramaturgie«. Das Ziel der Dramaturgie ist es, einen guten »Spannungsbogen« über den Film oder das Theaterstück zu legen.

Gliederung ausdenken

Gespannt wie ein Bogen

So ein Spannungsbogen hat eine ganz besondere Eigenschaft: Er ist gebogen, wie der Name sagt. Es gibt Teile mit mehr Spannung und Teile mit weniger. Ein Film ist nicht von vorne bis hinten gleich spannend. Die Zuschauer können nicht 2 Stunden lang mit voller Konzentration bei der Sache sein. Deswegen bauen die Filmemacher von Zeit zu Zeit »Erholungspausen« ein, gefolgt von kleinen Höhepunkten. Ein Spannungsbogen sieht etwa so aus:

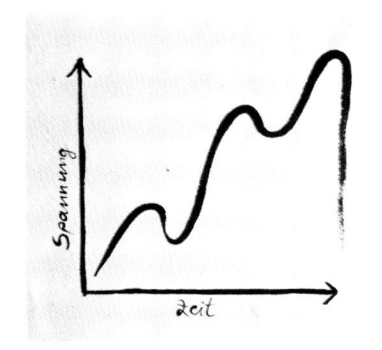

Spannung erzeugen

Abb. 4–16

Spannungsbogen in einem Film, den ich mal gesehen habe. An den Titel kann ich mich nicht erinnern. Es könnte praktisch jeder gewesen sein.

Achte das nächste Mal, wenn du einen Kinofilm anschaust, darauf, ob du den Spannungsbogen erkennst. Such die Erholungspausen und die kleinen Höhepunkte.

Spannungsbogen in der Show nutzen

Wann kommt der Höhepunkt?

Okay, kapiert, Spannungsbogen, tolle Sache. Aber kommt die wichtigste Botschaft im Hauptteil meiner Show jetzt besser als Starter, in der Mitte oder am Schluss? Ich sag mal so: Die »richtige« oder »beste« Reihenfolge gibt es nicht. Jede Sortierung hat Vor- und Nachteile. Meine Erfahrung ist: Die wichtigste Botschaft, der »Knaller« sollte entweder am Anfang oder am Ende des Hauptteils kommen. In der Mitte ist kein guter Platz für den Knaller. Es bleiben also zwei starke Plätze für deine wichtigste Botschaft.

Wichtigste Botschaft am Anfang des Hauptteils

Höhepunkt am Anfang

Vorteil: Die Aufmerksamkeit des Publikums ist zu Beginn einer Show am höchsten. Zu diesem Zeitpunkt läuft die wichtigste Botschaft gut in die Hirne rein.
Nachteil: Deine Show fällt nach dem Knaller deutlich ab. Das Interesse des Publikums lässt nach.

Wichtigste Botschaft am Ende des Hauptteils

Höhepunkt am Ende

Vorteil: Deine Show steigert sich mit der Zeit und läuft auf einen Höhepunkt zu. Das Interesse steigt vielleicht sogar noch im Laufe der Show, weil immer wieder etwas noch Spannenderes passiert.
Nachteil: Wenn du einen starken Einstieg hast, kommt erst mal eine eher schwache Botschaft im Hauptteil. Das Publikum könnte enttäuscht sein, und der Knaller am Ende des Hauptteils knallt nicht, sondern röchelt nur.

Wann nun die wichtigste Botschaft?

Ich persönlich halte mich meistens an diese Regel hier:
Deshalb bringe ich die wichtigste Botschaft am Anfang des Hauptteils. Aber das ist Geschmackssache.

First things first.
Übersetzt: Am Anfang kommt das Wichtigste.

Für jede Botschaft ein, zwei, drei oder mehr Storyboard-Kärtchen ausfüllen

Storyboard-Kärtchen bereitlegen

Wenn du deine Reihenfolge gefunden hast, machst du dich daran, für jede Botschaft eine oder mehr Storyboard-Kärtchen auszufüllen. Aber vorher noch eine Empfehlung:

Schreib nur das Nötigste auf die Storyboard-Kärtchen

Falls bisher alles gut gelaufen ist und du fleißig gesammelt hast, sitzt du auf einem Haufen Botschaften und Informationen. Gut so. Du kannst allerdings nicht alles in deine Show packen. Jetzt ist es an der Zeit, die Informationen zu sortieren. Prüfe bei jeder Information, ob sie wichtig genug ist, um in deiner Show aufzutauchen. Wenn etwas nicht wichtig ist, darf es nicht auf ein Storyboard-Kärtchen.

Weg, was nicht dazugehört!

Der Maler und Bildhauer Michelangelo (um 1500) hat in zwei Jahren Arbeit aus einem Marmorblock den David gehauen. Der David ist eine der berühmtesten Skulpturen aller Zeiten. Michelangelo ist angeblich bei der Enthüllung des Davids gefragt worden, wie er dieses Kunstwerk denn hinbekommen hätte. Er soll geantwortet haben:

»Der David war schon immer im Marmor. Ich musste nur die überflüssigen Teile entfernen.«

Und wenn dies Geschichtlein nicht wahr ist, dann ist es sehr schön erfunden.

Och, Menno, das Sammeln hat so viel Zeit gekostet!

Auch wenn es wehtut: Es kann nicht alles in deiner Show landen, was du bei deiner Sammlung gefunden hast. Dein Publikum wäre völlig überfordert, wenn du alles zeigen würdest, was du draufhast. Also: Was zu viel ist fürs Publikum, das muss raus. Der Schriftsteller Kurt Tucholsky hat einen weiteren guten Grund fürs Wegwerfen von Teilen einer Arbeit genannt:

Wir müssen draußen bleiben.

Wat jestrichen is, kann nicht durchfalln.

Es gibt eine gute Regel, um herauszufinden, ob du etwas aufhebst oder wegwirfst:

In doubt, let out.
Übersetzt: Im Zweifelsfall weg damit.

Es gibt einen Menschen, auf den du dich beim Aussortieren von Informationen und Medien hundertprozentig verlassen kannst, und das bist du selbst. Wenn du dir nicht ganz sicher bist, ob etwas in deine Show gehört, wirf es weg. Du wirst schon deine Gründe haben, auch wenn sie dir grade nicht bewusst sind. Übrigens gilt die Regel nicht nur bei Zweifeln. Auch wenn du gar keine Meinung (gut oder schlecht) zu etwas hast, wirf es weg.

Botschaften zu Storyboard-Kärtchen

Eine Folie – eine Botschaft.
Pack auf deine Folien auf gar keinen Fall zu viele Informationen. Auf einer Folie sollte nur eine Botschaft stehen. Umgekehrt geht das jedoch sehr gut: Eine Botschaft kann sich über mehrere Folien erstrecken.

Botschaften zu Storyboard-Kärtchen

Welche Reihenfolge auch immer du für deine Botschaften wählst, jetzt überträgst du sie auf die Storyboard-Kärtchen. Die Botschaften bekommen nicht alle gleich viel Folien und Zeit in deiner Show. Faustregel:

- 60 % der Folien für die wichtigste Botschaft
- 30 % der Folien für die zweitwichtigste Botschaft
- 10 % der Folien für die drittwichtigste Botschaft

Bei der »idealen« Show von 15 Minuten Länge dauert der Hauptteil etwa 10 Minuten. Das entspricht 7 Folien, die sich folgendermaßen verteilen: 4 Folien für die wichtigste, 2 Folien für die zweitwichtigste und 1 Folie für die drittwichtigste Botschaft. Es gilt die Regel: eine Botschaft pro Folie.

Mit der wichtigsten Botschaft anfangen

Das Wichtigste zuerst vorbereiten

In welcher Reihenfolge auch immer du die Botschaften in deiner Show bringst, fang bei der Vorbereitung mit der wichtigsten Botschaft an. Am Anfang hast du noch ausreichend Kraft, die du dringend für die wichtigste Botschaft benötigst.

Nimm dir die erste Botschaft auf Blatt 4 deines Drehbuchs vor. Schau dir an, welche Informationen du dazu gesammelt hast. Bring deine Informationen zu dieser Botschaft in eine Reihenfolge nach ihrer Wichtigkeit. Falls dir nicht klar ist, was wichtig ist, nutz das GUNN-Prinzip. Mehr dazu findest du im Abschnitt »Wichtige Fragen suchen« ab Seite 129.

Wie viele Informationen dürfen auf eine Folie?

Informationen auf Folien verteilen

ÜBRIGENS

Wie fast alles in diesem Buch ist diese Verteilung der Botschaften auf die Folien nur eine Empfehlung. Halte dich am Anfang deiner Show-Karriere dran. Mit zunehmender Erfahrung nimm dir aber unbedingt die Freiheit, alles ganz anders und viel besser zu machen.

Und wieder musst du Entscheidungen treffen: Wie viele Informationen zu einer Botschaft bringst du in deiner Show? Wie verteilst du die Informationen auf die Folien? Schlechte Nachrichten: Ich hab echt intensiv nach einer Regel gesucht, konnte aber keine finden. Zumindest keine, die für alle Fälle passt.

Es geht so ziemlich alles bei der Verteilung von Informationen auf Folien. Du kannst eine Information über vier Folien ziehen oder zehn Informationen auf jede Folie packen. Richtig oder falsch gibt es nicht. Es hängt davon ab, wie schwierig die Informationen zu verstehen sind, was du mit ihnen sagen willst und was deine Zuschauer während der Show verarbeiten können.

Meine Empfehlung für Anfänger: Mach es dir leicht, und pack eine Information zu einer Botschaft auf eine Folie. Such dir aus deiner Liste mit Informationen so viele raus, wie du Folien für die Botschaft zur Verfügung hast. Dann ergibt sich folgendes Bild:

- wichtigste Botschaft: 4 Folien mit je einer Information
- zweitwichtigste Botschaft: 2 Folien mit je einer Information
- am wenigsten wichtige Botschaft: 1 Folie mit einer Information

Storyboard-Kärtchen ausfüllen

Nimm dir ein paar leere Storyboard-Kärtchen, und füll den Leerraum in den Feldern »Position:«, »Überschrift:« und »Informationen:«. Mach das für jede Botschaft und jede Information. Die anderen Felder können noch leer bleiben. Falls du allerdings schon ein Bild davon im Kopf hast, wie die Folie wohl später aussehen könnte: Scribble die Idee ins passende Feld. In das Feld »Medien:« kannst du auch jetzt schon etwas reinschreiben. Du musst aber nicht, dafür ist später noch Zeit.

Kärtchen vollmachen

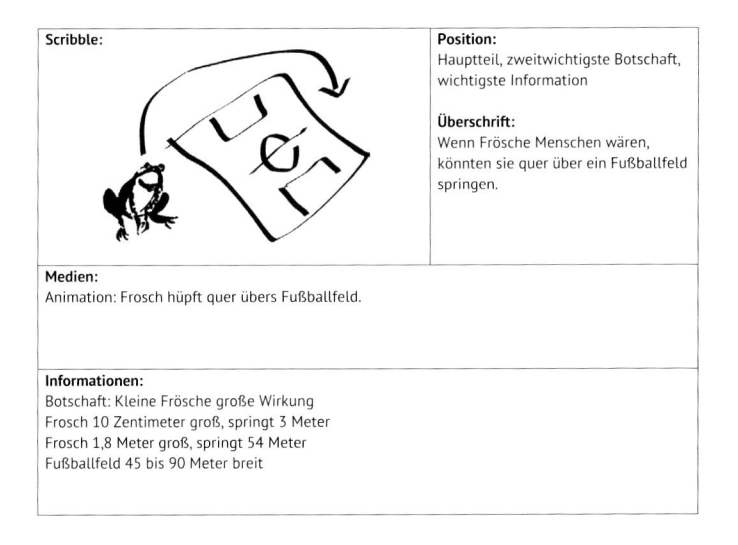

Scribble:	Position:
	Hauptteil, zweitwichtigste Botschaft, wichtigste Information
	Überschrift:
	Wenn Frösche Menschen wären, könnten sie quer über ein Fußballfeld springen.

Medien:
Animation: Frosch hüpft quer übers Fußballfeld.

Informationen:
Botschaft: Kleine Frösche große Wirkung
Frosch 10 Zentimeter groß, springt 3 Meter
Frosch 1,8 Meter groß, springt 54 Meter
Fußballfeld 45 bis 90 Meter breit

Abb. 4–17

Ein typisches Storyboard-Kärtchen aus dem Hauptteil

Einstieg finden

Die drei wichtigsten Fragen der Menschheit sind: »Wo kommen wir her? Wo gehen wir hin? Wie steigen wir in eine Show ein?« Wo wir herkommen und hingehen, das weiß ich leider auch nicht genau. Und wenn ich es mal wissen sollte, vergesse ich es bestimmt gleich wieder. Aber wie du am besten in eine Show einsteigst, das kann ich dir sagen. Ich hab Hunderte von Shows hinter mir, und über den passenden Einstieg habe ich mir jedes Mal viele Gedanken gemacht.

Überleg dir deinen ersten Satz gut!

Denn der Einstieg in eine Show entscheidet alles. Ein guter Einstieg sichert dir die Aufmerksamkeit und die Gunst des Publikums. Außerdem verschafft dir ein gelungener Start ein gutes Gefühl für die kommende Show. Du entspannst dich und wirst selbstsicher. Meine Erfahrung ist:

Laufen die ersten 20 Sekunden der Show gut, klappt auch der Rest.
Falls du den Einstieg allerdings verbockst oder du nur einen langweiligen Einstieg lieferst, musst du dir die Gunst des Publikums im Hauptteil zurückholen. Das ist schwierig. Du wirst wahrscheinlich noch nervöser werden und möglicherweise auch den Rest verhauen. Also:

Der Einstieg in die Show muss perfekt vorbereitet sein.

Die Grundregel für den Einstieg lautet: Verschwende nicht die Zeit deines Publikums, und lass den Menschen trotzdem genug Zeit, sich an dich zu gewöhnen.

Einstiege für Anfänger

Frage stellen

Gute Frage!

Du stellst eine Frage, die sich die meisten Menschen im Publikum auch schon gestellt haben und die du in deiner Show beantwortest.
- Beispiel: »Bestimmt habt ihr euch auch schon mal gefragt, wo eigentlich die kleinen Frösche herkommen.«
- Bemerkung: Stelle nur eine Frage, die sich auch wirklich schon die meisten Menschen gestellt haben. Andernfalls schalten deine Zuschauer gleich zu Beginn ab.

Thema vorlesen

Es geht um …

Du liest das Thema wortwörtlich vor.
- Beispiel: »Ich erzähle euch heute etwas über die Stadt, in der ich lebe.«
- Bemerkung: Das ist zwar ein langweiliger Einstieg, aber besser als Gestammel gleich zu Beginn. Diesen Einstieg solltest du nur wählen, wenn nicht schon jemand anderes dein Thema genannt hat, zum Beispiel in der Anmoderation.

Zitat vorlesen
Du liest einen kurzen Satz vor, den ein bekannter Mensch gesagt hat. *»Ein berühmter Mensch hat mal gesagt …«*
- Beispiel: »Ich weiß nicht immer, wovon ich rede, aber ich weiß, dass ich recht habe.« (Muhammad Ali)
- Bemerkung: Manche Zitate sind ziemlich abgegriffen, lass die Finger davon. Such lieber ein Zitat aus, das nicht so bekannt ist.

Anekdote erzählen
Du erzählst eine Geschichte (Anekdote), die jemand anderem, vielleicht einem Prominenten passiert ist. *»Diesem Promi X ist neulich was passiert …«*
- Beispiel: »Als Einstein 18 Jahre alt war, …«
- Bemerkung: Die Geschichte sollte nicht zu lang sein und am Ende einen Höhepunkt (»Pointe«) haben, der zu deinem Thema passt.

Fachwissen zeigen
Du erklärst, warum du etwas über ein Thema erzählst. *Ich kenn mich in dem Thema aus.*
- Beispiel: »Ich arbeite seit 15 Jahren an der Entwicklung einer Nudelaufrollmaschine. Ich bin dadurch zum größten Nudelaufrollmaschinenexperten in Europa geworden.«
- Bemerkung: Lass dein Fachwissen nicht zu sehr raushängen.

Gliederung zeigen
Du erklärst zum Einstieg Punkt für Punkt den Aufbau deiner Show. *Erstens, zweitens, drittens*
- Beispiel: »Ich erzähle euch heute etwas über a: Witze mit Bart, b: Bärte mit Pfiff und c: Pfiffe mit Witz.«
- Bemerkung: Ich halte Gliederungen auf der ersten Folie für Unsinn. Verwende sie nur als Einstieg, wenn Lehrer, Prof oder Chefin darauf stehen und dir deren Meinung wichtig ist. Mehr zum Thema Gliederungen findest du ab Seite 204.

Einstiege für Fortgeschrittene

Selbst erlebte Geschichte erzählen
Du erzählst eine Geschichte (Anekdote), die dir passiert ist und die zum Thema passt. *»Mir ist neulich was passiert …«*
- Beispiel: »Letztes Jahr war ich zum Schüleraustausch in Frankreich. Am dritten Tag hat meine Gastfamilie die gesamte Verwandtschaft zum Abendessen eingeladen. Als die Vorspeise reingetragen worden ist, musste ich ein paar Mal schwer schlucken: Froschschenkel. Ablehnen wäre unhöflich.«

- Bemerkung: Erzähl die Geschichte nicht zu ausführlich. Außerdem sollte das Ende der Geschichte gut zum Thema passen. Ausschmücken ist übrigens erlaubt. Mehr zum Thema Geschichten findest du im Abschnitt »Geschichten erzählen« ab Seite 75.

Aktuelles Ereignis erzählen

»Ich hab heute morgen im Radio gehört …«

Du erzählst etwas, das heute oder in den letzten Tagen in der Zeitung stand oder in den Nachrichten lief.
- Beispiel: »Vor einer Stunde ist der Trainer der Fußball-Nationalmannschaft zurückgetreten. Ich brauch mich nicht zu bewerben. Ich habe nämlich keine Ahnung davon, wie das Runde in das Eckige kommt. Ich weiß dafür ganz gut, wie die Löcher in den Käse kommen.«
- Bemerkung: Das aktuelle Ereignis muss zum Thema deiner Show passen. Und: Der Zusammenhang darf nicht so stark an den Haaren herbeigezogen sein. Also nicht so wie im Beispiel oben.

Grund geben

Es gibt einen guten Grund.

Du erklärst, warum das Thema für jeden Menschen im Publikum wichtig ist.
- Beispiel: »Am 1.4.2010 ist die veränderte Verordnung zur Vermeidung von Verseuchung in Kraft getreten. Das hat wahrscheinlich mal wieder keine Sau mitbekommen, aber wir sind alle viel stärker davon betroffen, als Sie denken. Ich zeige Ihnen in der nächsten Viertelstunde, warum das so ist.«
- Bemerkung: Dein Grund sollte ein guter sein. Und vor allem einer, der auch wirklich die meisten Menschen im Publikum betrifft.

Witz erzählen

»Kennen Sie den?«

Du erzählst einen Witz oder machst eine heitere Bemerkung, gerne auf deine Kosten.
- Beispiel: »Ihr fragt euch bestimmt: Was macht der Reuther eigentlich den ganzen Tag so, außer sich die Koteletten wuschelig wachsen zu lassen.«
- Bemerkung: Humor ist eine kitzlige (haha) Angelegenheit. Wenn du den Geschmack des Publikums nicht triffst und keiner lacht, hast du einen schlechten Einstieg. Andererseits kann dir ein gelungener Gag die Hirne und Herzen der Menschen aufschließen.

Ein Problem oder einen Fehler umwerten

Kein Problem, weil …

Du machst aus einer offensichtlichen Panne oder einem Fehler einen Vorteil für das Publikum.

- Beispiel: »Ich hätte Ihnen heute gerne live im Internet ausgewählte Firmenseiten gezeigt. Leider ist hier heute keine Internetverbindung möglich, der Techniker hat gesagt: ›Netz ist tot, wir arbeiten dran.‹ Das soll Ihr Schaden aber nicht sein. Ich habe die Beispielseiten zur Sicherheit alle gestern noch auf meinen Laptop geholt. So kann ich Ihnen alles zeigen, was wichtig ist, auch ohne Internetverbindung. Und schneller sind die Seiten auch noch geladen.«
- Bemerkung: Damit du einen Fehler umwerten kannst, musst du gut vorbereitet sein und eine Alternative auf Lager haben. Sonst kannst du nichts umwerten.

Gar nichts sagen, etwas zeigen
Sage nichts, sondern zeige ein paar Fotos in einer Slideshow oder ein Video zum Einstieg.

Schaut mal!

- Beispiel: Klick dich durch fünf Bilder, die unterschiedliche Aspekte deines Themas zeigen. Lass jedes Bild etwa 3 Sekunden lang stehen.
- Bemerkung: Du solltest sehr selbstsicher sein, wenn du einen derart überraschenden Einstieg wählst. Falls er schiefgeht oder nicht richtig ankommt, kann dich das ziemlich aus dem Konzept bringen.

Das Publikum mitmachen lassen
Du beziehst das Publikum in deinen Einstieg ein. Du stellst eine Frage und bittest um Handzeichen.

»*Sie sind dran.*«

- Beispiel: »Hände hoch, wer von euch war schon mal in Frankreich? Und noch mal Hände hoch, wer hat dort schon mal Weinbergschnecken gegessen?«
- Bemerkung: Du kannst auch zwei Fragen stellen. Falls du nur eine Frage stellst, achte darauf, dass sie nicht von allen mit Handzeichen beantwortet wird.

Mit einer Aktion anfangen
Sage nichts, sondern tue etwas zum Einstieg.

Ich mach mal …

- Beispiel: Du nimmst eine Weinbergschnecke aus der Packung, zeigst und benennst sie und verspeist sie dann mit großer Geste vor dem Publikum.
- Bemerkung: Deine Handlung sollte »groß« sein, damit auch die Menschen in der letzten Reihe sehen können, was du machst. Erkläre zusätzlich mit Worten das, was du grade mit den Händen machst.

Die Menschen nach den Sternen greifen lassen.
Deine Show steht am Ende einer ganzen Serie? Vielleicht sogar noch am späten Nachmittag? Das ist sehr undankbar. Du warst die ganze Zeit aufgeregt, und es gab vielleicht schon ein paar tolle Shows, an denen dich das Publikum messen wird. Oder die Leute sind abgefüllt mit miesen Auftritten und haben auf dich gar keine Lust mehr. Wie auch immer, alle sitzen schon eine Weile rum, und ihre Wirbelsäulen fühlen sich hart an und schmerzen. Tu den Menschen im Publikum und dir einen Gefallen. Steig mit einer ganz besonderen Mitmachaktion ein. Ich nenne sie: Wir greifen nach den Sternen.
So geht's:
Stelle eine Frage, die mit deiner Show zu tun hat, und bitte um Handzeichen. Beispiel: »Ich bitte um Handzeichen. Wer von Ihnen hat schon mal was vom ›The Long Tail‹ gehört?«

Ein paar Menschen heben die Hände. Oder auch nicht. Jetzt kommt der eigentliche Trick: »Okay, ›The Long Tail‹ ist mit zwei Begriffen erklärt. Ich bin mir sicher, die kennen Sie beide. Bitte heben Sie die linke Hand, wenn Sie schon mal den Begriff ›Internet‹ gehört haben.«

Vermutlich sind so gut wie alle linken Hände oben. Deine auch.

»Lassen Sie die linke Hand bitte oben, und heben Sie die rechte Hand, wenn Sie den Begriff ›Verkaufen‹ schon mal gehört haben.«

Mittlerweile sind von fast allen alle Hände in der Luft. Auf jeden Fall deine beiden.

»Sie sitzen seit über eine Stunde hier, Ihr armer Rücken! Tun Sie ihm einen Gefallen, und holen Sie ein paar Sterne für ihn vom Himmel. Strecken Sie sich links und rechts nach oben. Kleine Seufzer sind auch okay. Machen Sie ruhig mit, es sieht grad nicht so blöd aus, sich zu strecken, weil alle die Hände oben haben.«

Alle strecken und freuen sich, seufzen und lachen.

»Und jetzt zeige ich Ihnen den ›Long Tail‹.«

Die Show geht los mit der ersten Folie.

Womit du einsteigen solltest, wenn du durchgeknallt bist und mächtig Eindruck hinterlassen willst

Kontrollierter Wahnsinn — Steig mit einem völlig irren Knalleffekt ein, den das Publikum noch nie gesehen hat. Lass einen Schrei zum Start los. Mach 20 Sekunden Pause. Tanz herum oder mach eine Pantomime. Zerreiß deine Sprecherkarten. Verteil als Einstieg Eiskonfekt im Publikum. Oder denk dir etwas nie Dagewesenes aus.

Womit du nicht anfangen solltest

Nicht: Entschuldigung

Nicht: »Tut mir leid.« — Auch wenn etwas schiefgelaufen ist oder du sehr nervös bist, bitte auf keinen Fall um Entschuldigung. Du machst dich damit unnötig klein und bekommst nicht grade den Respekt des Publikums. Falls der Fehler offensichtlich ist und deine Show gefährden könnte, versuch ihn »umzuwerten« (siehe oben). Zum Beispiel: »Das Nashorn, das ich Ihnen heute zeigen wollte, hat leider einen Schnupfen bekommen. Ihr Vorteil: Sie kommen 10 Minuten früher heim.«

Nicht: Lange Begrüßung oder Dank
Ein einfaches »Hallo« oder ein »Guten Tag« reicht als Begrüßung völlig aus. Auch ausführliche Danksagungen sind fehl am Platz. Verschwende nicht die Zeit deines Publikums, und komm gleich zur Sache.

Nicht: »Servus, Gruezi und Hallo.«

Nicht: Schlechter Witz
Fang (besonders als Anfänger) lieber nicht mit einem Witz an und auf gar keinen Fall mit einem schlechten Witz.

Nicht: »Den hier kennen Sie bestimmt.«

Nicht: Etwas über das Publikum oder den Auftrittsort sagen
Das Publikum kennt sich schon, und es weiß auch, wo es sich gerade aufhält. Spar dir Bemerkungen zur schönen Umgebung. Sag auch nicht, wie nett, schlau oder gut gekleidet die Menschen im Publikum heute wieder sind. Dieser Einstieg ist total abgenutzt und langweilig. Jeder kennt ihn aus dem Kasperletheater (»Seid ihr alle da?«) und von Bands, die vielleicht gut Musik machen, aber keine guten Moderatoren sind (»Seid ihr gut drauf?«).

Nicht: »Toll, dass so viele da sind und es hier so schön ist.«

Nicht: Freude mit Worten ausdrücken
Sag nicht: »Ich freue mich, heute hier zu sein.«, sondern zeig den Menschen deine Freude. Lächle sie an, nimm Augenkontakt mit ihnen auf. Erinner dich an »Show, don't tell.«, oder lies nach auf Seite 73.

Nicht: »Ich freu mich.«

Nicht: Äääh, Mmmh
Äääh und Mmmhs sind während deiner Show zwar nicht schön, aber erlaubt. Am Anfang dürfen sie aber auf keinen Fall stehen. Deinen Anfang solltest du ausformuliert haben und genau so und sehr sicher vortragen.

Nicht: »Äääh, tja, also, wie fang ich an?«

Die erste Folie

Meistens ist die erste Folie einer Show die Titelfolie. Auf der steht nur groß der Titel, dein Name und der deiner Funktion: Schüler der 8b, Student der Philosophie oder Abteilungsleiter Marketing der TiTriTra AG. Ich empfehle dir, die Titelfolie bei der Anmoderation (siehe Seite 143) und während des Einstiegs zu zeigen. Der Vorteil dabei: Die Zuschauer haben den Titel schon bei der Anmoderation gelesen und können sich dann ganz auf dich konzentrieren.

Storyboard-Kärtchen für den Einstieg

Du kannst deinen Einstieg auch von einer speziellen Folie begleiten lassen. Die Titelfolie ist in diesem Fall nur während der Anmoderation zu sehen. Du schaltest als erste Aktion auf deine Einstiegsfolie um. Das kann ein Foto oder eine Grafik sein. Vielleicht spielst du ja auch ein Audio oder ein Video ab. Falls du eine Einstiegsfolie verwendest, nimm dir jetzt das erste Storyboard-Kärtchen, und schreib deinen Einstieg drauf.

Abb. 4–18
Das Storyboard-Kärtchen für deinen Einstieg

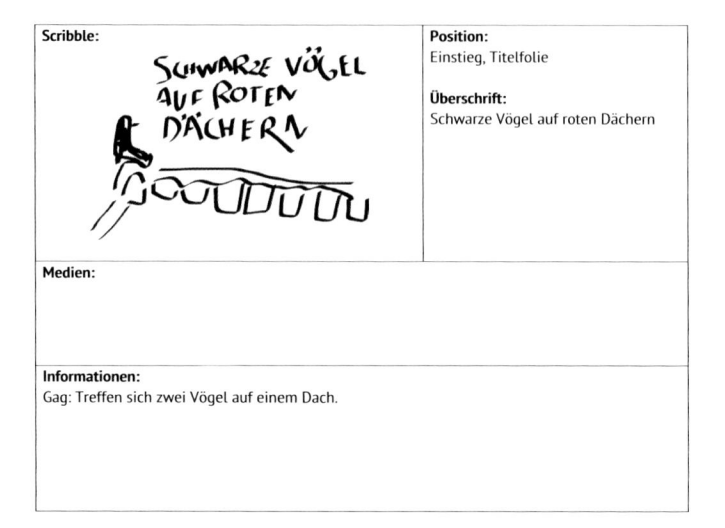

Scribble:	Position:
SCHWARZE VÖGEL AUF ROTEN DÄCHERN	Einstieg, Titelfolie
	Überschrift:
	Schwarze Vögel auf roten Dächern

Medien:

Informationen:
Gag: Treffen sich zwei Vögel auf einem Dach.

Schluss machen

Schwer unterschätzt: der Schluss

»Du-u, wir müssen mal reden!« Bei dem Satz ist sofort klar: Schluss ist mit der Liebe. Das Gerede ist allerdings erfahrungsgemäß nutzlos, und Applaus gibt es dafür auch nicht. Bei einer Show ist es genau umgekehrt: Erst kommt das große Gerede, dann ist Schluss, und es wird geklatscht.

Meine Erfahrung ist: Über den Schluss machen sich die meisten Showmaster zu wenig Gedanken. Sie gehen offenbar davon aus, dass ein besonderer Schluss bei einer Show nicht nötig wäre. Die Zuschauer erkennen doch wohl das Ende von alleine. Tja, das tun sie nicht. Ohne ausdrücklichen Schluss ist eben nicht klar, ob noch etwas kommt. Vielleicht holt der Mensch da vorne ja nur kurz Luft, und es geht gleich weiter. Oder er hat den Faden verloren. Oder es kommt ein Knaller mit Anlauf.

Peinliche Stille

Diese Unsicherheit des Publikums bei einem unklaren Schluss führt dazu, dass die Show zwar rum ist, aber nichts passiert. Die Sekunden vergehen, und es passiert immer noch nichts. Irgendwann klatscht der erste Mutige, und dann setzen alle ein. Die Stille vorher ist allerdings eher unangenehm. Sie versaut eine gute Show zwar nicht total, aber schade ist es schon. Der Schluss ist die letzte Gelegenheit, dein Publikum zu beeindrucken. Es gilt:

Toller Schluss = toller Eindruck

Leider gilt das auch im negativen Sinne. Also nimm dir in der Vorbereitung etwas Zeit, um gekonnt Schluss machen.

Drei Möglichkeiten, Schluss zu machen

Es gibt bei einer Show drei erprobte Arten, Schluss zu machen.

Schluss machen: Zusammenfassung, Weiterdreh und Schlusspunkt

> Schluss 1: Du kannst deine wesentlichen Botschaften aus dem Hauptteil kurz zusammenfassen. Kurz. Nicht lang. Kurz. Die Zusammenfassung hilft den Zuhörern, die Show besser abzuspeichern. Sie empfiehlt sich vor allem bei längeren Shows.

> Schluss 2: Du nimmst deinen Einstieg noch mal auf und »drehst« ihn weiter. Mit diesem Dreh ist gemeint, dass der Einstieg jetzt nach der Show für das Publikum einen anderen Sinn ergibt. Mehr Informationen zum Dreh findest du ab Seite 106.

> Schluss 3: Und schließlich kannst du nach dem Hauptteil auch einfach aufhören. In diesem Fall solltest du allerdings einen Schlusspunkt setzen, der deutlich signalisiert: Das war's. Im Kino und in Romanen ist dieser Schlusspunkt oft ganz einfach das Wort »Ende«. Bei einem Konzert oder in der Oper wird am Ende der Aufführung ein Schlussakkord gespielt.

Schluss 1: Wesentliche Botschaften aus dem Hauptteil zusammenfassen

Das ist eine grundsolide Art, die Show zu beenden. Durch die Zusammenfassung können die Zuschauer das Wichtigste aus deiner Show besser behalten. Orientier dich bei der Zusammenfassung an dieser Faustregel: Die wichtigste Botschaft aus dem Hauptteil bekommt eine eigene Folie am Schluss. Die übrigen Botschaften werden entweder auf einer Folie gesammelt dargestellt oder bekommen je nach Wichtigkeit ebenfalls jeweils eine eigene Folie.

Zusammenfassung als Schluss

Bei einer Show von 15 Minuten Länge und drei Botschaften im Hauptteil würde ich so vorgehen: Deine wichtigste Botschaft bekommt eine eigene Folie. Auf dieser Folie steht ein

Wirklich nur kurz zusammenfassen

kurzer, knackiger Satz und vielleicht noch ein Bild, das die Botschaft anschaulich macht. Die beiden anderen Botschaften packst du als zwei Sätze Text ohne Bild auf eine weitere Folie. Mach dir für diese beiden Folien je ein Storyboard-Kärtchen. Ins Feld »Überschrift:« schreibst du so was wie: »Wichtigste Botschaft « oder »Übrige Botschaften«. Unter »Position:« kommt schlicht »Schluss, Zusammenfassung«. Ins Feld »Informationen:« schreibst du die wichtigste Botschaft oder die übrigen Botschaften.

Wenn du jetzt schon eine Vorstellung davon hast, wie die Folie etwa aussehen wird, dann kritzle diese Vorstellung mit Bleistift ins Scribble-Feld. Das Feld »Medien:« kann erst mal leer bleiben.

Abb. 4–19
Ein Storyboard-Kärtchen aus dem Schlussteil mit der wichtigsten Botschaft

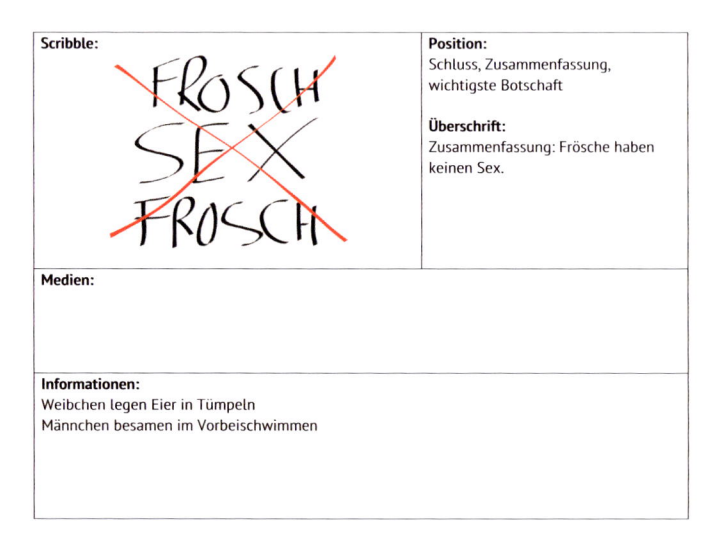

Scribble:	Position:
FROSCH SEX FROSCH (durchgestrichen)	Schluss, Zusammenfassung, wichtigste Botschaft
	Überschrift: Zusammenfassung: Frösche haben keinen Sex.

Medien:

Informationen:
Weibchen legen Eier in Tümpeln
Männchen besamen im Vorbeischwimmen

Schluss 2: Einstieg wiederholen und weiterdrehen

Weiterdreh als Schluss

Der Weiterdreh des Einstiegs ist der König der Show-Schlüsse. Leider ist es meistens ziemlich schwierig, einen guten Weiterdreh hinzubekommen. Du musst zum Beispiel für den Gag vom Einstieg eine neue Pointe finden. Oder ein gutes neues Zitat, das zum Thema passt. Außerdem liegt im weitergedrehten Schluss eine Gefahr: Falls dein Einstieg in die Show beim Publikum nicht richtig gezündet hat, wird ein Weiterdreh am Ende ziemlich sicher ebenfalls absaufen. Hier ein paar allgemeine Tipps für den Weiterdreh bei verschiedenen Einstiegen:

Zitat

Bring am Schluss ein Zitat einer anderen Person zum Thema – oder, falls es passt, ein anderes Zitat der gleichen Person. Oder trag das Zitat vom Einstieg noch einmal vor. Vielleicht ergibt es jetzt dank deiner Show einen ganz neuen Sinn. Beispiel:

Ein unbekannter Mensch hat mal gesagt ...

> Der Frosch im Brunnen weiß nichts vom großen Meer.
>
> Japanisches Sprichwort

Frage

Stell noch einmal die Frage vom Einstieg, und überlass es dem Publikum, sich die Antwort zu geben. Das klappt natürlich nur, wenn du im Hauptteil die Antwort auf diese Frage deutlich gemacht hast. Du kannst das Publikum selbstverständlich ganz sachte auf die »richtige« Antwort bringen. Beispiel: »Am Anfang hab ich die Frage gestellt: ›Hilft es wirklich, sich Papiertüten über den Kopf zu ziehen, wenn Atombomben neben uns hochgehen?‹ Ich hoffe, Sie kennen die Antwort jetzt.«

Ich hatte am Anfang gefragt.

Gag

Es ist schon schwer genug, einen Gag für den Einstieg zu finden. Aber ihm auch noch eine zusätzliche Pointe zu verpassen, das ist die ganz große Kunst. Der Einfachheit halber kannst du natürlich am Ende auch einen anderen Gag bringen, der ebenfalls zum Thema passt. Für Gags gilt aber generell: Lass lieber die Finger davon.

Kennen Sie neben dem auch den?

Anekdote

Erzähl die Geschichte vom Anfang weiter. Gib ihr eine unerwartete Wendung, die gut zum Inhalt deiner Show passt. Beispiel: »Sie haben am Anfang von dem Menschen gehört, dem im Zug sein Computer gestohlen wurde. Das hat ihm keine Ruhe gelassen, und er hat ein spezielles Schloss entwickelt, mit dem man Computer anschließen kann. Mit dieser Erfindung ist er so reich geworden, dass er sich einen ganzen Zug kaufen könnte.«

Dem Promi X ist noch was passiert ...

Mitmachaktion

Mitmachaktionen (»Hände hoch, wer schon mal den Film Titanic gesehen hat!«) eignen sich sehr gut für eine Wiederholung am Ende der Show. Besonders dann, wenn deine Show dazu führt, dass sich das Ergebnis der Befragung nach deiner Show verändert hat. So eine zweite Mitmachaktion ist auch für dich eine gute Erfolgskontrolle. Hat sich das Ergebnis im Vergleich zum Beginn verändert, hast du einen guten Job gemacht.

Und jetzt sind Sie noch mal dran.

Schluss 3: Schlusspunkt setzen

Schlusspunkt Besonders bei kurzen Shows musst du deine Botschaften nicht unbedingt zusammenfassen. Erst recht nicht, wenn du die wichtigste Botschaft ein paar Sekunden zuvor am Ende des Hauptteils verkündet hast. In so einem Fall ist es schlauer, auf die Zusammenfassung zu verzichten und einfach einen deutlichen Schlusspunkt zu setzen.

Der »Reuther-3er-Schluss«

»Ende«
Du zeigst eine Folie mit einem Text in dieser Art:
Hier Ende.
Danke sehr.
Fragen gerne.

Das Storyboard-Kärtchen dazu sieht dann so aus:

Abb. 4–20
Ein Storyboard-Kärtchen mit einem schlichten Schlusspunkt

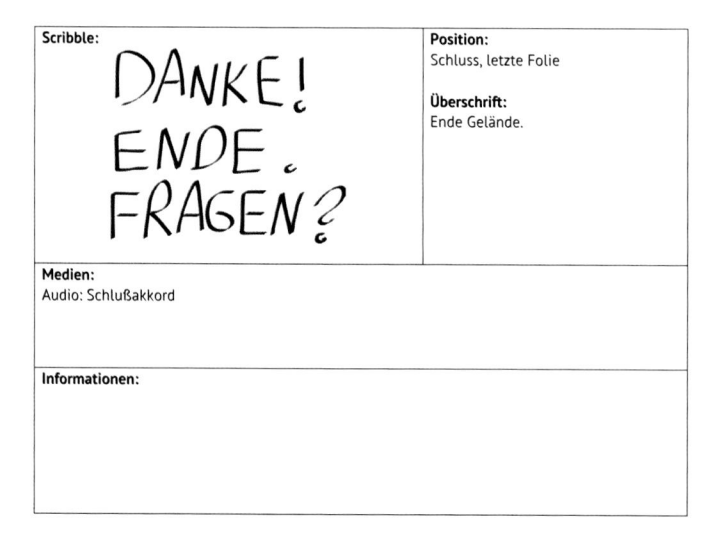

Scribble:	Position:
DANKE! ENDE. FRAGEN?	Schluss, letzte Folie
	Überschrift: Ende Gelände.

Medien:
Audio: Schlußakkord

Informationen:

Verbeugung

Verbeugung
Das kommt zwar etwas altmodisch rüber, aber ich hab damit gute Erfahrungen gemacht. Die Verbeugung zeigt deinen Respekt gegenüber dem Publikum, das die ganze Zeit brav gelauscht und geguckt hat. Eine Verbeugung ist außerdem ein großer Reiz für Menschen, ihre Hände aufeinanderklatschen zu lassen.

Abmoderation

Die Abmoderation durch einen Moderator ist eine gute Art, Schluss zu machen, wenn nach dir noch eine weitere Show kommt. Du hörst einfach nach dem Hauptteil auf zu reden. Der Abmoderator dankt dir für die Show, das Publikum klatscht, und dann können eventuell noch Fragen gestellt werden. Diesen Schluss musst du vorher mit dem Moderator absprechen. Er muss wissen, wie genau dein letzter Satz lautet, damit er dich »nahtlos« abmoderieren kann, das heißt ohne peinliche Pause. Ihr könnt auch ein Handzeichen ausmachen, mit dem du signalisierst, dass Schluss ist.

Der Moderator macht Schluss.

Obacht: Aus der Abmoderation darf keine zweite Show werden. Der Moderator ist nicht der Showmaster. Mehr Informationen zur Abmoderation findest du ab Seite 58.

Und alle

Die drei Varianten (Zusammenfassung, Wiederaufnahme des Einstiegs und Schlusspunkt) sind übrigens beliebig kombinierbar. Es spricht nichts dagegen, die Botschaften zusammenzufassen, den Einstieg wiederaufzunehmen und sich schließlich zu verbeugen. Es muss halt zeitlich zum Rest der Show passen. Der Kombinationsschluss ist also eher was für längere Shows.

Kombinierter Schluss

Wie du nicht aufhören solltest

Nicht: »So, jetzt ist eigentlich Schluss …« sagen
»Eigentlich« ist fast immer ein nutzloses Wort. Am Ende einer Show hat es niemals etwas verloren. Es bedeutet eigentlich: gar nichts. Entweder ist Schluss oder nicht. Falls ja, mach Schluss mit Schluss 1, 2 oder 3. Und falls nicht Schluss ist, dann mach halt weiter mit deiner Show. So lange, bis Schluss ist.

Nicht: »So, eigentlich ist hier Schluss.«

Nicht: Um Entschuldigung bitten
Ich könnt mich immer ohrfeigen, wenn mir Fehler in der Show passieren. Aber noch heftiger will ich mich hauen, wenn ich für Fehler auch noch um Entschuldigung bitte (was mir leider manchmal rausrutscht). Tu du das nicht. Es ist ganz einfach: Wichtige Fehler, die dir am Ende auffallen (falsche Jahreszahlen zum Beispiel), korrigierst du kurz und ohne Trara. Nicht so wichtige Fehler hat vermutlich ohnehin keiner bemerkt. Sie passieren jedem und sind es nicht wert, darüber zu reden.

Nicht: »Tut mir leid.«

Nicht: »Ich hab glatt vergessen zu sagen ...«

Nicht: Sagen, dass du etwas vergessen hast.

Auch das ist eine große Versuchung am Ende der Show: »Mist, ich hab doch glatt vergessen zu erzählen, dass ...«. Natürlich kann es passieren, dass du etwas vergessen hast in der Show. Aber entscheide dich: Lass es entweder stecken (du hast sicherlich genug erzählt), oder häng die Info ans Ende. Verkauf es nicht als »vergessen«, sondern sag stattdessen zum Beispiel: »Aber das Allerbeste hab ich mir für den Schluss aufgehoben, nämlich ...«

Mein liebster Show-Schluss

Ich hab schon oft mit Shows Schluss gemacht, aber das allerbeste Ende hab ich mir nicht vorher ausgedacht. Es ist einfach so passiert: Ich zeig grad die letzte Folie mit einer Zusammenfassung der Show. Mitten in meinem letzten Satz fliegt plötzlich ein Schmetterling vor die Linse des Beamers. Auf der Leinwand war vor lauter Schmetterlingsgeflatterschatten gar nichts mehr zu erkennen. Der Effekt war gigantisch und das Ende perfekt. Deshalb hab ich mich nur kurz verbeugt, und das war es dann.

Leider ist so etwas nicht planbar. Oder kannst du Schmetterlinge so abrichten, dass sie auf eine Geste hin vor den Beamer fliegen? Dann schreib mir eine Mail an: schmetterlingsabrichter@gshow.de

5 Material sammeln

Nur so zur Unterstützung

> Über Musik zu schreiben ist wie zu Architektur zu tanzen.
>
> Quelle unbekannt

Falls du nur einen Gedanken aus diesem Buch mitnimmst, lass es diesen hier sein:

Du bist die Show.

Einige der besten Shows kommen nur mit einem Menschen aus, der sich hinstellt und etwas erzählt. Es hat in der Geschichte viele packende Redner gegeben, die nur mit ihren Worten die Menschen begeistern, berühren und bewegen konnten.

Material: Deine Stütze in der Show

Und noch ein Gedanke:
Hol dir Unterstützung.

Leider kann nicht jeder ganz allein und ohne Hilfsmittel eine tolle Show hinlegen. Die meisten Menschen benötigen Unterstützung. Hier kommt das »Material« ins Spiel. Beim Kochen nennt man das Material Zutat, bei Shows heißt es »Medium«, Mehrzahl »Medien«.

Medien sind:
- Texte
- Bilder (Fotos und Grafiken)
- Videos
- Audios (Töne, Geräusche und Sprache)
- Gegenstände

Material oder auch Medien

Die Medien unterstützen den Menschen bei seinem Vortrag. Medien können schwierige Sachverhalte veranschaulichen, Medien verschaffen eine Atempause, und Medien schaffen

Übergänge. Zusammengefasst: Medien dienen dem Menschen. Und gleich noch mal, weil es so wichtig ist:

Medien dienen dem Menschen.
In manchen Shows stehen die Medien im Vordergrund: Haufenweise Text auf den Folien, komplizierte Diagramme oder minutenlange Videos. Ich halte das für falsch, falsch, falsch. In einer Show muss der Mensch auf der Bühne das Wichtigste sein. Die Medien unterstützen ihn nur dabei, möglichst gut rüberzukommen.

Sich hinter den Meiden zu verstecken hat auch nichts mit Bescheidenheit zu tun. Man kann eine Show überragen und trotzdem bescheiden rüberkommen. Nicht dass mir das besonders gut gelingen würde, aber ich kenne Menschen, die es können.

Das Wichtigste bei der Mediensammlung vorneweg:

WICHTIG 23

Medien erst mal nur sammeln, nichts wegwerfen.
Sammle erst mal alles, was irgendwie zur Show passt. Fummel aber nicht schon jetzt an den Medien herum, und sortier vor allem nichts aus. Das kommt beides später, wenn du deine Show zusammenbaust. Im Augenblick werden die Medien nur gesammelt.

5.1 Medieneinsatz planen

Verwende in deiner Show so wenige Medien wie möglich und so viele wie nötig.

Im Kopf ist deine Show dank des Storyboards so gut wie fertig: Das Gerüst steht, und du hast deine Botschaften zusammen. Jetzt musst du dir nur noch Gedanken darüber machen, ob, wann und welche Medien du einsetzt.

Geh deine Storyboard-Kärtchen Stück für Stück durch, und überleg dir, welche Medien passen könnten, um die Botschaft des jeweiligen Kärtchens zu untermauern. Schreib das Ergebnis deiner Überlegungen ins Feld »Medien:« auf das Storyboard-Kärtchen. Du kannst das Feld natürlich auch leer lassen oder mehr als ein Medium (Bild, Video, Diagramm etc.) eintragen.

Denk zuerst an die Bilder.

Hangle dich bei deiner Medienwahl der Reihe nach durch die folgende Auswahl. Denk bei jedem Storyboard-Kärtchen zuerst daran, ein Bild einzusetzen, und dann erst an die anderen Medien. Hier die Rangfolge:

1. Bild?
   - Frag dich: Welches Bild könnte meine Botschaft anschaulicher machen?
   - Beispieleintrag auf dem Storyboard-Kärtchen: Foto von einem Bürostuhl, an dem gesägt wird

2. Diagramm oder Tabelle?
   - Frag dich: Ergibt sich die Botschaft aus einem Haufen Zahlen oder Fakten, die als Diagramm oder Tabelle dargestellt werden müssen?
   - Beispieleintrag auf dem Storyboard-Kärtchen: Kuchendiagramm mit Anteilen von verschiedenen Automarken am Gesamtmarkt

3. Animation (bewegte Bilder)?
   - Frag dich: Steckt hinter der Botschaft ein Ablauf, der dargestellt werden muss?
   - Beispieleintrag auf dem Storyboard-Kärtchen: Animation eines Temperatur-Regelkreises

4. Video?
   - Frag dich: Kann meine Botschaft mit einem Video besser wirken oder anschaulicher werden?
   - Beispieleintrag auf dem Storyboard-Kärtchen: Video vom Inneren eines Kühlhauses

5. Audio?
   - Frag dich: Kommt in meiner Show etwas vor, das die Menschen gehört haben müssen?
   - Beispieleintrag auf dem Storyboard-Kärtchen: Audio vom Brunftschrei eines Hirschs

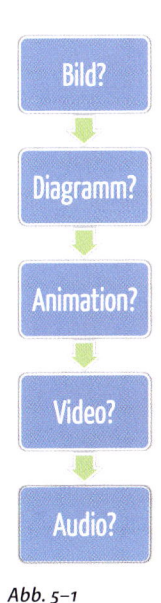

Abb. 5–1
In dieser Reihenfolge solltest du über den Einsatz von Medien nachdenken.

Nicht zu lange grübeln

Geh deine Storyboard-Kärtchen sorgfältig durch, und überleg, ob ein Medieneinsatz sinnvoll ist. Verbring aber auch nicht zu viel Zeit mit einem Kärtchen auf der Suche nach dem tollen Medium. Zum einen braucht eine geile Show kein Medienfeuerwerk, zum anderen kommt dir die gute Idee für einen Medieneinsatz vielleicht später noch.

Medien sind Nebensache.

5.2 Drehbuch Blatt 5: Materialliste anlegen

Leg dir eine Materialliste an.   Damit du auf der Jagd nach den Medien nicht ständig die Storyboard-Kärtchen durchsuchen musst, brauchst du eine Materialliste. Dort hast du alle Medien im Blick und kannst das Zeug abhaken, das du schon hast. So behältst du den Überblick über das, was du noch tun musst, um alles für deine Show zusammenzubekommen. Die Materialliste ist schnell angelegt: Nimm dir Blatt 5 deines Drehbuchs her. Als Nächstes schreibst du diese Begriffe mit etwas Platz dazwischen auf das Blatt:

    Fotos
    Grafiken
    Videos
    Audios
    Gegenstände

Vielleicht weißt du jetzt schon, dass du bestimmte Medienarten (Audios oder Gegenstände zum Beispiel) für deine Show nicht brauchen wirst. In dem Fall lass den entsprechenden Punkt auf deiner Liste weg.

Vollmachen bitte!

Materialliste füllen   Nimm dir deine Storyboard-Kärtchen, und geh sie alle der Reihe nach durch. Übertrage alles, was mit Medien zu tun hat, von den Storyboard-Kärtchen auf die Materialliste unter den jeweiligen Begriff: Fotos, Grafiken und so weiter.

Neue Medien erst aufs Storyboard

Medien nur, wenn sie in die Show passen   Deine Materialliste darf kein Eigenleben entwickeln. Soll heißen, dass nichts auf die Materialliste gehört, was nicht schon irgendwo auf einem Storyboard-Kärtchen steht. Wenn du während der Vorbereitung auf ein Medium stößt, das gut passen könnte, musst du zunächst einen Platz in deiner Show dafür suchen. Hast du den Platz gefunden, dann suchst du das entsprechende Storyboard-Kärtchen raus und trägst das Medium dort ein. Erst jetzt überträgst du es zusätzlich auf deine Materialliste.

Abb. 5–2
Drehbuch, Blatt 5: Materialliste

> Show-Drehbuch Blatt 5
> # Materialliste
> **Fotos:**
> Pfeilgiftfrosch
> Schwarzer Vogel auf rotem Dach
> Frosch im Sprung
> Waschbär hinter Maschendraht
> Reiher auf einem Bein stehend
> Schwein im Schlamm suhlend
>
> **Grafiken:**
> Balkendiagramm Temperaturverlauf Zugspitze
> Animation: So entsteht Regen
> Schuldenuhr
>
> **Videos:**
> Wanderheuschrecken im Terrarium fressen Gras
>
> **Audios:**
> Trompeten-Fanfare
>
> **Gegenstände:**
> Origami-Frosch (live aus Papier falten, Webcam!)

Wie viel Medium darf's denn sein?

Die Materialliste ist ein gutes Mittel, um deine Show vor einem ausfernden Medieneinsatz zu bewahren. Medien wirken nur dann, wenn du sie sparsam einsetzt. Die folgende Aufstellung gibt dir einen Anhaltspunkt, was »sparsam« bedeutet. Die Zahlen beziehen sich auf eine Show von 15 Minuten Länge mit 10 Folien und 3 Botschaften.

Geh sparsam mit den Medien um.

Bilder und Grafiken: 15
Texte: 10 Sätze
Diagramme oder Tabellen: 3
Animationen: 2
Videos: keins oder eins
Audios: keins oder eins

Ausnahmen von diesen Regeln kann es natürlich immer geben. Wenn du eine Show über »Gezwitscher der einheimischen Vögel« hältst, musst du natürlich mehr als kein oder ein

Audio bringen. Das muss richtig trillern, fiepen und pfeifen. Aber dafür kommt in so einer Show sehr wenig Text vor und gar kein Diagramm. Auf den nächsten Seiten erfährst du, wie du die unterschiedlichen Medien »herstellst« oder dir aus unterschiedlichen Quellen (Internet, dem echten Leben) zusammensuchst.

5.3 Fotos sammeln

»Der Mensch ist ein Augentier.«

Du bist das Wichtigste bei deiner Show, sagte ich das schon? Und auf Platz zwei kommen die Bilder. Der Schriftsteller Ludwig Reiners hat mal geschrieben: »Der Mensch ist ein Augentier.« Das bedeutet: Menschen sehen sich gerne die Welt an und lassen sich von den Bildern berühren.

Es gibt zwei Arten von Bildern: Fotos, die mit einer Kamera gemacht werden, und Grafiken, die mit einem Stift, einem Pinsel oder am Computer gemalt werden. Hier geht es um die Fotos. Mehr zu den Grafiken erfährst du in Abschnitt 5.4, »Grafiken sammeln«, ab Seite 180.

Vertrau mir. Ich weiß, was ich tue.

Bild gut! Immer.

Fast alles in diesem Buch soll dir als Anregung dienen. Ob du es auch so machst wie beschrieben oder nicht, ist mir wurscht. Du wirst schon deine Gründe haben, wenn du dich nicht ans Buch hältst. Ich vertrau dir da völlig. Aber bei der Sache mit dem Text und den Fotos verstehe ich keinen Spaß. Ich ordne daher Folgendes verbindlich an:

Schmeiß den Text raus aus deinen Shows, und lass die Bilder rein.

Ich halte Folien mit viel Text für den schlimmsten Show-Killer. Schlimmer ist es eigentlich nur noch, wenn der Vortragende die Folien auch noch langsam vorliest. Ich war schon oft versucht, bei solchen Vorleseorgien reinzuplärren: »Hallo, Tempo, nächste Folie, ich hab diese hier schon lange durch!« Nur meine Höflichkeit hat mich immer davon abgehalten. Ich habe stattdessen etwas Tetris auf dem Handy gespielt oder aus dem Fenster geguckt.

Ganz anders geht es mir bei interessanten und gut ausgewählten Fotos und Grafiken. Am besten ist es, wenn sie sogar noch selbstgemacht sind. Hm, lecker, da freut sich das Auge …

Fotos selbst aufnehmen

Fotografieren mit einer digitalen Kamera ist klasse: Wildes Knipsen kostet nichts, jedes Bild ist sofort auf dem Display der Kamera zu sehen und kann leicht in den Computer eingelesen und weiterverarbeitet werden. Außerdem machen eigene Fotos viel mehr Spaß als die aus dem Internet.

Besser eigengeknipst als fremdgeklaut!

Abb. 5–3
Handy-Kamera

Abb. 5–4
Einfache Digitalkamera

Also: Ehe du dir ein Foto für deine Show im Internet besorgst, versuch doch, es selbst zu machen. Du wirst sehen, dass das bei deinem Publikum sehr gut ankommt. Keine Sorge übrigens. Selbst mit der einfachsten Kamera in deinem Handy machst du Bilder, deren Qualität locker reicht, um sie in einer Show auf dem Beamer zu zeigen.

Achtung, Achtung, wichtige Durchsage

Mit einer Kamera, die du nicht dabei hast, kannst du auch keine Fotos machen. Und Motive für Fotos ergeben sich ständig. Ich schleppe deshalb mittlerweile meine große Digitalkamera fast immer mit mir rum. Und wenn das gar nicht geht, habe ich ja noch die Kamera im Handy. Die macht auch gute Bilder, wenn man weiß, wie. Die folgenden Tipps sind zwar speziell für Handy-Kameras, aber viele davon gelten auch für kompakte Digitalkameras. Wenn du dich intensiver mit der Fotografie beschäftigen willst, dann hab ich was für dich bei den Buchtipps ab Seite 285.

Nimm immer eine Kamera mit.

Mit der Handy-Kamera gute Fotos machen

Tipps für gute Fotos mit der Handy-Kamera

In den meisten neueren Handys ist eine Kamera eingebaut. Die Qualität der Fotos ist leider nur mittel bis eher schlecht. Klar, die Kamera ist halt sehr klein und kann nicht mit den dicken Profi-Geräten mithalten. Allerdings gibt es ein paar Tricks, um auch mit der Handy-Kamera richtig gute Bilder zu machen.

Handy-Kamera-Tipps für Anfänger

Mach viele Bilder

Knips, knips, knips.

Das Tolle an der Kamera im Handy ist, dass du sie immer bei dir hast. Nutz das aus, und mach bei jeder Gelegenheit Fotos. Vielleicht kannst du sie irgendwann mal brauchen. Außerdem lernst du so, wie du gute Fotos hinbekommst.

Geh nah ran

So nah wie möglich rangehen

Die Bildqualität der Handy-Kameras ist nicht so toll. Deshalb solltest du dich pro Bild auf ein Objekt beschränken und es möglichst groß auf das Foto bekommen. Geh also möglichst nah an das Objekt heran – so nah, dass es fast das ganze Foto ausfüllt.

Abb. 5–5
Nah rangehen ans Motiv!

Material sammeln

Achte auf ausreichend Licht
Fotografieren ist Malen mit Licht. Leider können Handy-Kameras nicht viel Licht sammeln: Ihre Objektive sind lichtschwach und die Sensoren sehr klein. Bei Handy-Fotos ist es deshalb wichtig, dass es bei der Aufnahme möglichst hell zugeht. Zur Not stell einfach eine Lampe auf.

Mehr Licht!

Abb. 5–6
Manchmal reicht eine Taschenlampe als Beleuchtung. Sie steht am besten, wenn du sie mit etwas Klebeband auf einem guten Buch befestigst.

Stell die Kamera auf Automatik, und wähle die höchstmögliche Qualität
Die meisten Handy-Kameras sind ab Werk so eingestellt, dass sie nur eine mittlere Bildqualität liefern. Die Auflösung (Anzahl der Bildpunkte in Megapixeln) ist mittelhoch und die Kompression (Foto-Datei wird kleiner zulasten der Bildqualität) eher hoch eingestellt. Auf diese Art kannst du zwar sehr viele Fotos auf deinem Handy speichern, die Qualität ist aber auch nur mittelmäßig. Für deine Show solltest du die Kamera so einstellen:

Automatik und höchstmögliche Qualität

Auflösung maximal und Kompression minimal
Bei manchen Kameras werden die Auflösung oder die Kompression oder auch beide »Qualität« genannt. Stell dann die höchstmögliche Qualität ein.

Was Schärfe, Helligkeit, Kontrast und Farbe angeht, kannst du als Anfänger die Arbeit dem Handy überlassen. Stell alles auf Automatik. Dann passt das einigermaßen.

Mach vor dem Fotografieren die Linse sauber

Linse putzen

Da du mit deinem Handy normalerweise eher SMS schreibst oder telefonierst, ist das Objektiv (auf der Rückseite) sicher immer fleckig. Wisch vor dem Fotografieren einmal mit einem Tuch drüber. Sei vorsichtig dabei, und zerkratz nicht die Linse oder die durchsichtige Abdeckung über der Linse.

Halte das Handy beim Fotografieren möglichst ruhig

Ruhig bleiben

Beim Fotografieren öffnet sich für eine ganz kurze Zeit eine Blende und Licht fällt auf den Sensor. Wenn du in dieser kurzen Zeit das Handy bewegst, dann ist das Foto verwackelt (unscharf). Die meisten Handy-Kameras sind sehr lichtschwach, deswegen muss die Blende sehr lange offen sein. Es besteht also starke Verwackelgefahr.

Damit das nicht passiert, lehnst du dich beim Fotografieren am besten irgendwo an, zum Beispiel an einem Baum oder einer Wand. Oder bau dir ein Stativ, auf das du das Handy stellst. So bleibt es während der Aufnahme ruhig. Etwas Klebeband tut es manchmal auch. Eins noch: Stell deine Handy-Kamera so ein, dass sie nicht sofort auslöst, sondern mit ein paar Sekunden Verzögerung.

Berechne die Auslöseverzögerung mit ein

Auslöseverzögerung einberechnen

Bei teuren Kameras drückt man auf den Knopf, und die Kamera macht sofort das Bild. Bei Handy-Kameras ist es meistens anders. Du drückst auf den Auslöser, und dann dauert es manchmal bis zu einer Sekunde, ehe das Foto gemacht wird. Du musst diese Zeit mit einrechnen, falls du bewegliche Objekte fotografierst. Drück den Auslöseknopf also eine Sekunde, bevor das passiert, was du auf das Foto bekommen willst.

Fotografisches Atmen

Und hier noch ein Profi-Tipp für wackelfreie Fotos: Atmen, Luft anhalten, dann abdrücken. Klingt komisch, aber deine Hand ist tatsächlich ruhiger, wenn du den Atem anhältst. Ob du vor dem Luftanhalten ein- oder ausgeatmet hast, ist egal. Ich ziehe es vor, voll eingeatmet zu fotografieren. Andere atmen erst ganz aus. Probier aus, was für dich besser funktioniert.

172 Material sammeln

Abb. 5–7
Drittelregel beim Fotografieren: Rück das Wichtige aus der Mitte raus.

Abb. 5–8
Drittelregel beim Fotografieren: Setz dich über die Regel hinweg, wenn nötig.

Fotos sammeln   173

Handy-Kamera-Tipps für Fortgeschrittene

Raus aus der Mitte

Rücke das Wichtige aus der Mitte heraus, und nutze die Drittelregel
Es ist ein typischer Anfängerfehler, sich beim Fotografieren auf die Mitte zu konzentrieren. Objekte in der Mitte sehen oft langweilig aus. Es fehlt die Spannung. Interessantere Bilder entstehen, wenn du das Wichtige aus der Bildmitte rückst. Zum Beispiel auf eine der Drittellinien. Mehr dazu findest du in Abschnitt 3.3, »Gestaltung meistern«, ab Seite 85.

Möglichst wenig Automatik und höchstmögliche Qualität

Stell die Kamera möglichst neutral ein
Bei den Anfänger-Tipps habe ich geraten, alle Optimierungen einzuschalten. Wenn du schon mehr Erfahrung mit Handy-Fotos hast und deine Fotos am Computer nachbearbeitest, stell deine Handy-Kamera möglichst neutral ein. Verzichte außerdem auf automatische Bildverbesserungen wie »Schärfen« und »Farbanpassung«. Das kannst du alles selbst am Computer in der Bildverarbeitung machen. Und vor allem kannst du dort viel besser steuern, wie scharf und bunt und hell ein Bild sein soll. Lass aber auf jeden Fall die Auflösung (Mega-Pixel) der Handy-Kamera auf »Maximal« und die Kompression auf »Minimal«. Vielleicht heißt die Einstellung bei deinem Gerät »Qualität«, in diesem Fall wähle die höchstmögliche.

ÜBRIGENS

Ein optischer Zoom ist bei Handy-Kameras eher selten. Falls er bei deinem Gerät vorhanden ist, kannst du ihn auch nutzen. Beim optischen Zoom werden in der Kamera Linsen hin und her bewegt. Dadurch wird eine bessere Qualität der Vergrößerung möglich als beim digitalen Zoom oder dem nachträglichen Vergrößern am Computer.

Verzichte auf den digitalen Zoom
Manche Handy-Kameras bieten einen digitalen »Zoom«, mit dem du Fotos vergrößern kannst. Lass die Finger davon. Die Vergrößerung bekommst du nachträglich am Computer in viel besserer Qualität hin.

Es muss nicht alles drauf sein.

Wähle einen Ausschnitt
Viele Motive wirken interessanter, wenn sie nicht vollständig auf dem Bild sind. Der Betrachter denkt sich den fehlenden Rest dazu und lässt dabei seine Fantasie spielen. Nutze das, und wähle einen Ausschnitt. Nimm zum Beispiel nur die eine Hälfte eines Gesichts auf oder nur ein Auge. Manchmal kommst du vielleicht nicht nah genug an das Objekt, um den passenden Ausschnitt zu erzeugen. Egal. Geh so nah wie möglich ran, und wähle den Ausschnitt später bei der Bildverarbeitung am Computer.

Ein Rahmen hält das Bild zusammen.

Setz dein Motiv in einen Rahmen
Manchmal scheint alles zu passen: Spannendes Motiv, tolles Licht und der passende Moment. Und trotzdem wirkt das Motiv später auf dem Foto irgendwie »verloren«. Vielleicht fehlt einfach nur ein Rahmen, der dem Motiv Halt bietet und das Foto zum Rand

hin abschließt. Der Rahmen muss aber nicht an allen Seiten auftauchen. Oft reicht die Kante eines Hauses rechts außen oder ein Ast, der oben durchs Bild geht.

Abb. 5–9
Einen Ausschnitt wählen

Abb. 5–10
Das Motiv in einen Rahmen setzen

Hinweis zum Urheberrecht

Ehe du hemmungslos Menschen und Dinge fotografierst, lies bitte die rechtlichen Hinweise in Abschnitt 3.4, »Medienrecht kennenlernen«, ab Seite 92.

> **Drei Fotos mit der Handy-Kamera machen**
>
> Probier die Tipps oben gleich mal aus, und mach ein paar Fotos mit deinem Handy von diesen drei Motiven:
>
> – Das Typische groß zeigen: Portrait von einem Freund oder einer Freundin
> – Mit Licht malen: Sonnenuntergang (wenn du eher später am Tag wach wirst, so wie ich) oder Sonnenaufgang
> – Formen und Linien erfassen: Die Stadt, in der ich lebe

Fotos im Internet sammeln

Manche Fotos gibt es nur im Internet.

Silberfische unterm Bett, das schmalste Haus der Welt, der tropische Regenwald – es gibt Motive, die bekommst du wahrscheinlich nicht auf deine Handy-Kamera. Da kannst du soviel knipsen, wie du willst. Du brauchst also noch eine andere Quelle, aus der du Fotos schöpfen kannst.

Das Internet bietet sich als Foto-Fundort an. Dort liegen viele Milliarden Fotos von so ziemlich allen Motiven herum, die man fotografieren kann. Du musst nur an den richtigen Stellen und vor allem mit der passenden Methode danach suchen. Ehe du dich jetzt hemmungslos im Internet bedienst, lies bitte die rechtlichen Hinweise in Abschnitt 3.4, »Medienrecht kennenlernen«, ab Seite 92.

Text im Internet zu finden ist mittlerweile sehr einfach: In die bevorzugte Suchmaschine (Google, Bing, Yahoo und so weiter) den Suchtext eingeben, und los geht es. Aber wie suchst du nach Bildern? Dazu gibt es zwei Möglichkeiten:

Fotos mit der Suchmaschine finden

1. Suche nach Fotos in Suchmaschinen (vgl. Abb. 5-11)
   Fast alle Suchmaschinen (Google, Bing, Yahoo) bieten eine Suche nach Fotos an. Meistens heißt diese Funktion ganz allgemein »Bildersuche«, da sie nicht nur Fotos, sondern auch Grafiken und Zeichnungen findet. Bei dieser Methode wird gar nicht nach dem Bild gesucht, sondern nach Text in Webseiten. Allerdings gibt es nur einen Treffer, wenn auf der Webseite »in der Nähe« des gefundenen Textes ein Bild zu sehen ist. Die Suchmaschine geht dann davon aus, dass der Text irgendwas mit dem Bild zu tun hat. Oft passt es, zum Beispiel wenn der gesuchte Text in einer Bildunterschrift steht. Manchmal passt der Text um ein Bild herum aber überhaupt nicht zum Inhalt des Bildes.

Nur noch mal zur Erinnerung: Vermutlich sind die Fotos, die du über die Bildersuche der Suchmaschinen findest, urheberrechtlich geschützt. Du darfst sie nicht einfach so verwenden, sondern musst vorher den Urheber um Erlaubnis bitten.

2. Suche mithilfe von »Tags« (englisch für: Kennzeichen) in Fotosammlungen
Bessere Ergebnisse als die Suche nach Text neben Bildern liefert die Suche nach »Tags« in Fotosammlungen. »Tags« sind Begriffe, die ein Mensch einem Foto zuweist. Beispiel:

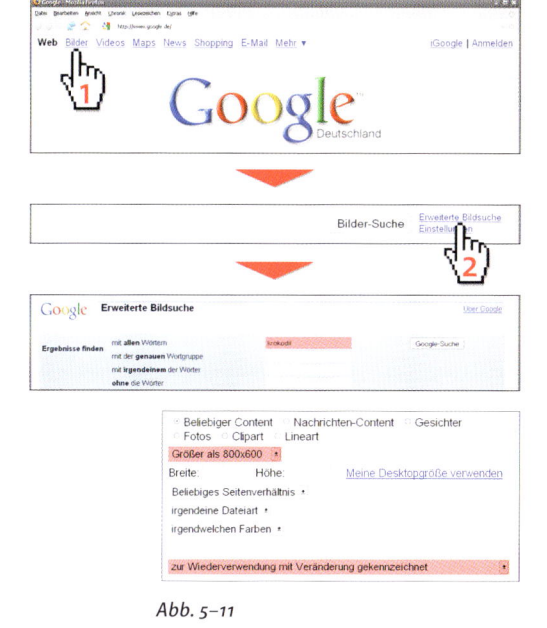

Abb. 5–11
Fotos suchen mit der Bildersuche von Google

Abb. 5–12
Sonnenuntergang in den Bergen.
Tags: »Sonnenuntergang«, »Berg«, »romantisch«, »Kitsch«

Der Vorteil der Tags ist es, dass sie ziemlich sicher etwas mit dem Inhalt des Fotos zu tun haben. Denn ein Mensch hat die Begriffe für genau dieses Foto ausgesucht und eingegeben. Allerdings werden zwei Leute nicht die gleichen Tags für ein Foto vergeben. Für den einen ist auf einem Foto ein »Sturm« zu sehen, ein anderer würde es »Gewitter« oder »Unwetter« nennen. Solltest du also nach einem Foto von einem Sturm suchen, probier weitere, ähnliche Begriffe aus, um ein passendes Foto zu finden.

Eine riesige Sammlung von Fotos mit Tags findest du bei flickr (`http://gShow.de/308`). Bei flickr haben viele tausend lausige bis exzellente Fotografen ihre Fotos eingestellt und mit Tags versehen. Angeblich sind es aktuell über 4 Milliarden Fotos, die du bei flickr durchstöbern kannst.

Viele, viele Fotos: flickr

Abb. 5–13
Bei flickr nach Fotos mit Tags suchen

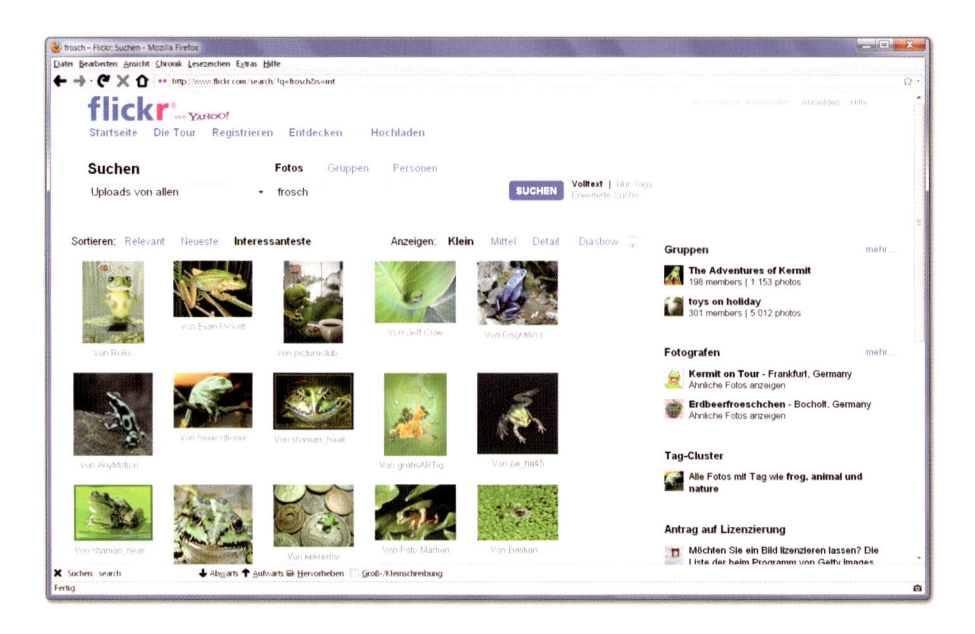

Probier bei flickr unbedingt auch die englische Übersetzung deiner Suchbegriffe aus. Die Mehrzahl der vielen Fotos bei flickr stammt nämlich von englischsprachigen Mitmenschen.

Fotos auf den Computer laden

Fotos aus dem Internet auf den Computer laden

Um ein Foto von flickr auf deinen Computer zu bekommen, gehst du so vor: Klick links oberhalb des Fotos auf den Knopf mit der Beschriftung »Aktionen«. Wähl dann »Alle Größen anzeigen« aus der Liste. Eine neue Seite baut sich auf. Oberhalb des Fotos stehen die verschiedenen Größen, in denen das Bild vorliegt. Klick auf die höchste verfügbare Größe, am besten ist »Original«. Klick dann auf den Link »Dieses Foto in Originalgröße (großer Größe) herunterladen«. Jetzt kannst du den Speicherort auf deinem Computer auswählen und dann das Foto herunterladen. Falls der Link zum Herunterladen nicht angezeigt wird, hast du leider Pech. Der Urheber des Fotos möchte nicht, dass du es herunterlädst.

Du kannst allerdings einen »Screenshot« (ein Bild vom Bildschirm) von der Webseite inklusive Foto machen. Auf Windows-Rechnern geht das ganz leicht: Drück die Drucktaste. Der Screenshot befindet sich in der Zwischenablage des Computers. Von dort kannst du ihn mit der Tastenkombination *Strg+V* in ein Computerprogramm einfügen. Zum Beispiel in einem Computerprogramm für Präsentationen (siehe Seite 205).

Achtung, Urheberrecht

Auch bei flickr gilt das Urheberrecht. Ehe du dich also dort mit Material für deine Show eindeckst, lies bitte die rechtlichen Hinweise in Abschnitt 3.4, »Medienrecht kennenlernen«, ab Seite 92. Und bitte den Fotografen um Erlaubnis, ehe du sein Foto verwendest. Diese Erlaubnis ist nicht nötig, wenn der Fotograf das Foto unter die »Creative Commons License« gestellt hat.

Allerdings kann der Fotograf die Verwendung trotzdem einschränken. Zum Beispiel musst du seinen Namen angeben. Oder du darfst das Bild nicht für »kommerzielle Zwecke« verwenden, also um damit Geld zu verdienen. Eine Übersicht über die einzelnen Arten der »Creative Commons License« siehst du in Abbildung 5–14.

Abb. 5–14

Die verschiedenen Arten der »Creative Commons License«

Einen hab ich noch: Fotos für ganz wenig Geld kaufen

Fotos gegen Geld

Es gibt eine dritte Methode, um an Fotos zu kommen: Fotos kann man kaufen. »Viel zu teuer«, wirst du sagen und denkst an Auftragsarbeiten von Fotografen. Oder an teure Fotoagenturen, die mit exklusiven Bildern handeln.

Mit der großen Zunahme an Internet-Seiten in den letzten Jahren ist allerdings auch der Bedarf an Fotos stark angestiegen. Um diesen Bedarf zu befriedigen, hat sich (logischerweise auch im Internet) eine ganz neue Art Fotoagentur entwickelt. »Microstock-Agenturen« nennen sie sich, übersetzt etwa »Agentur mit winzig kleinem Bestand«. Die bekanntesten Microstock-Agenturen sind iStockphoto (www.istockphoto.com), Fotolia (www.fotolia.de) und Shutterstock (www.shutterstock.com). Es gibt jedoch mittlerweile weit über 50 solcher Microstock-Agenturen.

Microstock: Riesiger Bestand, kleine Preise

Das mit dem winzig kleinen Bestand ist allerdings längst schon nicht mehr wahr. Die Microstock-Agenturen haben nicht nur Fotos von ein paar Top-Fotografen im Angebot, sondern auch Bilder von handwerklich guten Amateuren, die nebenbei fotografieren. So kannst du dich bei den Microstock-Agenturen teilweise durch viele Millionen Fotos wühlen. Dabei sind die Fotos meiner Erfahrung nach sehr gut mit Tags versehen, sodass du schnell fündig wirst. Die Agenturen verdienen schließlich nur Geld, wenn die Nutzer viele passende Fotos finden und kaufen.

Die Preise für ein Foto bei einer Microstock-Agentur liegen je nach Einsatzzweck (Show, Zeitschrift, Geschäftsbericht, Buch und so weiter) zwischen einem und 50 Euro. Für Schüler oder Studenten ist selbst dieser kleine Preis vermutlich nicht interessant. Aber im geschäftlichen Umfeld sind die Microstock-Agenturen auf jeden Fall einen Blick wert.

5.4 Grafiken sammeln

Zwei Arten von Grafik: Verzierung und Illustration

Was eine Grafik ist? Ganz plakativ: Alles, was kein Foto, kein Text, kein Video und kein Audio ist, das ist eine Grafik. Sie besteht aus schwarzen, weißen oder farbigen Punkten, Linien und Flächen. Eine Grafik wird gezeichnet und nicht fotografiert. Für deine Show sind zwei Arten von Grafiken wichtig:

Verzierung: Nett, aber nutzlos

1. Verzierungen
   Verzierungen sind Grafiken, die keinen Zweck erfüllen, außer nett auszusehen. Verzierungen werden überwiegend im Hintergrund und am Rand eines Layouts (die grafische Gestaltung zum Beispiel einer Folie) eingesetzt. Bei den Verzierungen gilt: Weniger ist mehr. Sie dürfen auf keinen Fall vom Inhalt ablenken.

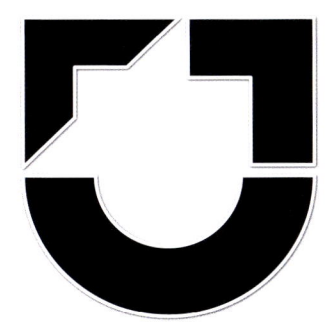

Abb. 5–15
Beispiel für eine Verzierung.

2. Illustrationen

Illustrationen sind Grafiken, die abstrakte (nicht greifbare) Vorgänge anschaulich machen oder vereinfacht darstellen. Illustrationen können einen Zustand zeigen oder einen Ablauf. Beispiele: Wie arbeitet ein Otto-Motor; wie entsteht Regen; wie ist die Haut aufgebaut? Im Gegensatz zu Verzierungen sind Illustrationen in Shows sehr willkommen. Sie helfen den Zuschauern, sich etwas vorzustellen. Eine Illustration ist meistens viel einfacher als ein Foto. Durch das Weglassen des Unnötigen kommt das Wichtige viel besser zur Geltung.

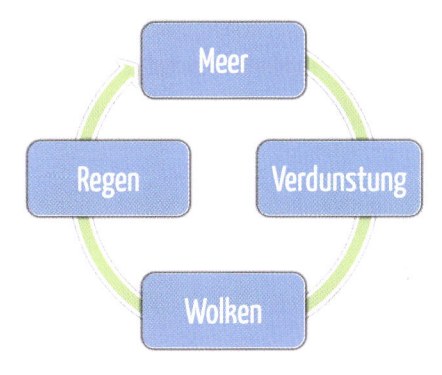

Illustration: Das Wesentliche dargestellt

Abb. 5–16
Beispiel für eine Illustration

Wie bei den Fotos hast du auch bei den Grafiken zwei Möglichkeiten: selbst zeichnen oder fremde Grafiken im Internet suchen. Und wie bei den Fotos gilt auch hier: Selbst machen ist besser. Mehr dazu findest du auf den nächsten Seiten.

Grafiken selbst kritzeln

Wie, du kannst nicht zeichnen?

Lass mich raten: Du kannst nicht zeichnen. Deine Grafiken könnten auch das Endprodukt einer Vogelverdauung sein. Wenn es dich tröstet: Ich kann auch nicht zeichnen. Für das Haus vom Nikolaus reicht es noch, aber alles andere ist eher Gekrakel.

Wir sind in guter Gesellschaft: Die meisten Menschen denken von sich, dass sie schlechter als andere zeichnen. Und damit irren sie sich. Ich beweise dir grafisch, dass du wahrscheinlich besser als die meisten anderen zeichnen kannst. Oder zumindest genauso gut wie die meisten anderen. Oder nicht viel schlechter.

Der grafische Beweis

Klar, kannst du zeichnen!

Schau dir mal Abbildung 5–17 an. Nach rechts ist aufgetragen, wie gut ein Mensch zeichnen kann. Je weiter rechts, umso besser. Nach oben ist die Zahl der Menschen aufgetragen, die so oder so gut zeichnen kann. Wenn man die Zeichenkünste von allen Menschen bewerten würde, dann käme vermutlich eine »Glockenkurve« dabei raus. Es handelt sich um die sogenannte Normalverteilung. Die meisten Menschen (Kurve am höchsten) zeichnen mittelprächtig. Gut und schlecht zeichnen schon weniger Menschen. Und sehr gut beziehungsweise sehr schlecht zeichnen nur ganz wenige Menschen.

Abb. 5–17
So gut zeichnen deine Mitmenschen.

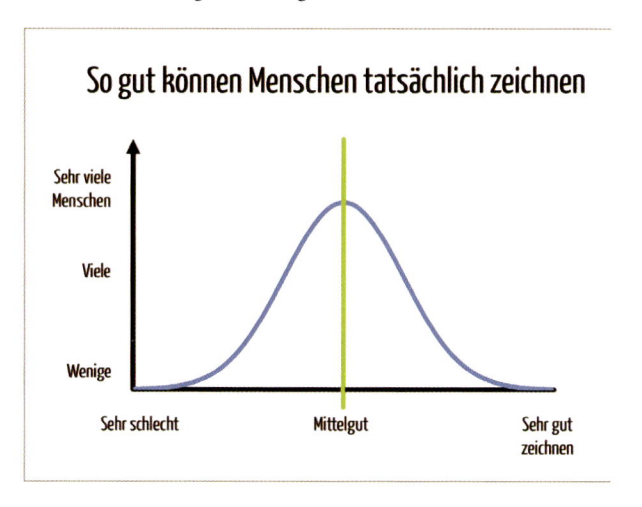

Wahrscheinlich besser als der Durchschnitt

Und jetzt kommt das Spannende. In Abbildung 5–18 ist noch eine Kurve aufgezeichnet. Diese Kurve entsteht in etwa, wenn man die Menschen fragt, für wie gut sie ihre Zeichenkünste halten. Die meisten denken, sie können eher schlechter als der Durchschnitt zeichnen. Das ist aber nicht möglich, denn per Definition kann die eine Hälfte der Menschen besser zeichnen als der Durchschnitt. Die andere Hälfte zeichnet schlechter als der Durchschnitt. In einer Gruppe von 10 Menschen gehörst du also wahrscheinlich zu den fünf, die genauso gut oder besser als der Durchschnitt zeichnen können.

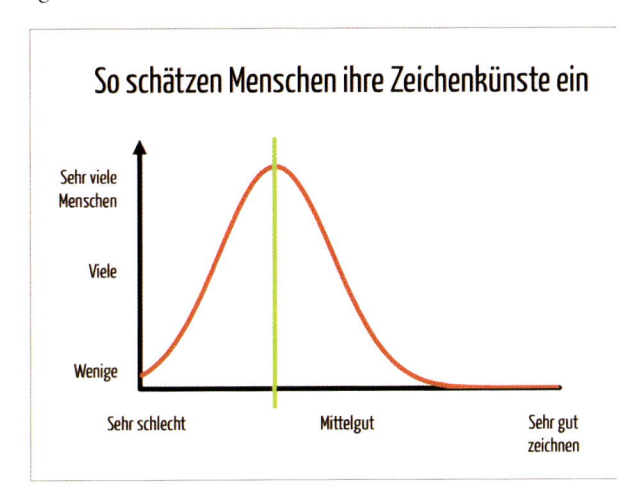

Abb. 5–18
So sehen deine Mitmenschen ihre Zeichenkünste.

Diese Fehleinschätzung der eigenen Fähigkeiten gibt es übrigens auf vielen anderen Gebieten. Autofahren zum Beispiel: Die meisten Männer denken, sie könnten viel besser Auto fahren als der Durchschnitt. Oder Gewicht: Viele Frauen denken, sie wären dicker als der Durchschnitt. Und so weiter. Du weißt jetzt, dass das alles sehr wahrscheinlich nur eingebildet ist. Vielleicht überzeugt dich dieser Gedankengang auch davon, es mal mit dem Zeichnen zu probieren.

Es kann sein, dass du schlechter als der Durchschnitt zeichnest. Na und? Mit etwas Übung kannst du deine Fähigkeiten stark verbessern und am Durchschnitt vorbeiziehen. Voraussetzung: Du fängst irgendwann mal an zu zeichnen.

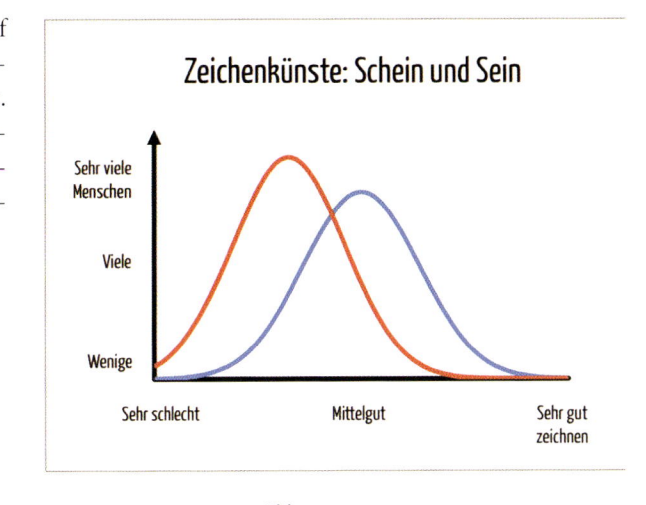

Abb. 5–19
Zeichenkünste: Schein (rot) und Sein (blau)

Grafiken sammeln **183**

Und das Publikum: »Aaah!«, »Oooh!«, »Toll!«

Zeichnen kommt sehr gut an

Das Tollste am eigenhändigen Zeichnen ist: Du musst gar nicht besonders künstlerisch drauf sein. Selbst gezeichnete, gerne auch etwas krakelige Grafiken kommen bei den meisten Menschen sehr gut an. Vielleicht liegt dieser Erfolg daran, dass mittelprächtig handgezeichnete Grafiken das Gefühl vermitteln: Das bekomme ich auch hin. Außerdem kostet es viel mehr Zeit, eine Grafik selbst zu zeichnen, als sie aus dem Internet zu kopieren. Die Menschen in deinem Publikum wissen das. Sie schätzen die Mühe, die du dir für sie gemacht hast.

Scribble, der hingekritzelte Entwurf

Ich gebe dir gleich ein paar Tipps, wie du eine aussagekräftige Grafik hinbekommst. Aber eins vorneweg: Im Augenblick geht es darum, dass du Material für deine Show sammelst. Mach nicht jetzt schon ein Kunstwerk aus den Grafiken. Im Augenblick reicht ein ganz grober Entwurf, eine Kritzelei (englisch: »Scribble«). Ausarbeiten solltest du die Grafik erst später, wenn du deine Show gestaltest. Es kann nämlich sein, dass genau diese Grafik rausfliegt, weil sie nicht mehr in deine Show passt.

Abb. 5–20
Während der Materialsammlung reicht ein Scribble.

Stift + Papier = Scribble

Du kannst entweder mit Bleistift oder Kuli auf Papier scribbeln oder mit der Maus im Computer. Ich empfehle dir, das erste Scribble auf Papier zu machen. Das geht schneller und ist nicht so umständlich wie am Computer. Außerdem kommst du nicht in die Versuchung, schon gleich ein Kunstwerk aus der Idee zu machen. Wenn du dir noch überhaupt nicht vorstellen kannst, wie die fertige Grafik in etwa aussehen könnte – auch kein Problem. Schreib einfach ein Wort oder einen Satz auf deine Materialliste.

Tipps für Kritzelanfänger

Halte dich an die Gestaltungsleitlinien
Du findest diese einfachen Leitlinien für eine gelungene Gestaltung ab Seite 113.

An die Gestaltungsleitinien halten

Verwende einfache Werkzeuge
Starte deine Zeichenkarriere mit einem Bleistift, großem Papier ohne Linien und einem Radiergummi. Oder falls du gleich ins Zeichnen auf Flipcharts einsteigen magst: Hol dir sehr großes Papier (DIN-A0) und die passenden Filzstifte in den Farben Schwarz, Grün, Rot und Blau.

Einfache, aber gute Werkzeuge

Verwende einfache Formen
Egal, wie das Thema ist – Zeichnungen kommen meiner Erfahrung nach fast immer mit diesen einfachen Formen aus: Punkt, Linie, Pfeil, Dreieck, Rechteck und Kreis. Übe diese Figuren, und finde heraus, wie deine ganz persönlichen Fassungen davon aussehen. Es klingt vielleicht behämmert, Dreiecke und so zu üben, aber mach es einfach.

Einfache Formen

Zeichne ein ganzes Blatt mit Kreisen voll und noch eins und noch eins, bis dir der Kreis leicht von der Hand geht. Dann zeichne Pfeile: Lange Pfeile, geschwungene Pfeile, Umriss-Pfeile und so weiter. Nutze jede Gelegenheit, um zu kritzeln, auch wenn du dir dabei sehr kindisch vorkommst. Hier ein paar Anhaltspunkte für dich, welche Form du wie einsetzen kannst:

– Punkte: Gut als Symbol für Mengen von gleichartigen Dingen – zum Beispiel ein Haufen Probleme oder Menschen oder Geld
– Linie: Gut als Verbindung zwischen zwei Teilen – unsere Firma und eine andere Firma zum Beispiel
– Pfeil: Gut, um eine Bewegung oder eine Entwicklung anzuzeigen – Kaulquappe wird zu Frosch zum Beispiel
– Dreieck: Gut als Symbol für Stabilität – die Basis für eine Waage (mit einem Strich drüber) zum Beispiel
– Rechteck: Gut als Symbol für eine Menge unterschiedlicher Dinge – die Produkte eines Unternehmens zum Beispiel
– Kreis: Gut als Symbol für Ganzheit und Vollkommenheit – das Leben an sich zum Beispiel

Beginne mit Umrissen

Beginne mit Umrissen.

Fang mit den Umrissen von Figuren an, Details und Tiefe können später dazukommen, müssen aber nicht. Vielleicht reicht ein Umriss schon aus, und zusätzliches Herumschraffieren bringt nur Verwirrung. Erinnere dich: Der Vorteil einer Zeichnung gegenüber einem Foto liegt darin, dass sie sich auf das Wesentliche konzentriert.

Entweder mit Plan oder ohne

Planen oder nicht

Es gibt zwei grundsätzliche Wege, eine Zeichnung anzufangen. Du denkst dir die Zeichnung erst im Kopf aus und zeichnest sie dann von dort ab. Oder du zeichnest einfach drauflos und biegst dir dann die Zeichnung so hin, dass es passt. Wenn du an eine Kante stößt, legst du einfach ein neues Blatt an und zeichnest dort weiter. Probier beide Verfahren aus, und finde heraus, welcher Typ du eher bist. Wenn du deine Zeichenfähigkeiten weiter ausbauen willst, schau zu den Buchtipps ab Seite 285.

Ehe du hemmungslos die Werke von anderen nachzeichnest, lies bitte die rechtlichen Hinweise in Abschnitt 3.4, »Medienrecht kennenlernen«, ab Seite 92.

Ein Scribble zeichnen

Nimm dir ein DIN-A4-Blatt und einen Stift. Die Aufgabe lautet: Zeichne die Entwicklung fünf verschiedener Menschen von der Grundschule bis in den Beruf. Verwende dabei nur die Grundformen, und beschrifte die Zeichnung, wo es nötig ist. Mache deutlich, dass es unterschiedliche Wege zu einem Ziel gibt und dass gleiche Wege nicht zum selben Ziel führen müssen.

Grafiken im Internet sammeln

Zur Not im Internet bedienen

Ich wiederhole, ich wiederhole: Selbst gezeichnete Grafiken sind die besten. Wenn du das mit dem eigenhändigen Zeichnen allerdings überhaupt nicht gebacken bekommst, okay. Niemand kann überall spitze sein. Bedien dich bei denen, die gut zeichnen können, bedien dich im Internet. Vielleicht übernimmst du die Grafiken auch gar nicht direkt in deine Show. Lass dich von ihnen inspirieren, und verwende sie als Vorlage für eigene Grafiken.

Die Suche nach Grafiken im Internet läuft genauso ab wie die Suche nach Fotos. Mehr dazu findest du im Abschnitt »Fotos im Internet sammeln« ab Seite 176. Es gibt zwei Arten der Suche. Zur Erinnerung:

1. **Suche nach Grafiken in Suchmaschinen**
   Das funktioniert mit Grafiken exakt so wie mit Fotos. Du gibst Text in die Suchmaschine ein, und sie gibt dir eine Liste mit Webseiten zurück, die eine Grafik »in der Nähe« dieses Textes enthält.

2. **Suche nach Grafiken mithilfe von »Tags« (englisch für: »Kennzeichen«)**
   Im Abschnitt »Fotos im Internet sammeln« ab Seite 176 habe ich dir flickr (`http://gShow.de/308`) vorgestellt, die wohl größte Sammlung von Fotos im Internet. Was flickr für Fotos ist, ist deviantART (`http://gShow.de/309`) für Grafiken und so ziemlich jede Art von Gestaltung. Nach eigenen Angaben sind auf deviantART über 100 Millionen »Kunstwerke« zu sehen, hochgeladen von über 12 Millionen Mitgliedern.

Grafiken mit der Suchmaschine finden

In Grafiksammlungen nach »Tags« suchen

Millionen Kunstwerke aus allen Bereichen
deviantART deckt die ganze Bandbreite der bildenden Kunst und des Kunsthandwerks ab: Zeichnungen, Gemälde, Fotos, Skulpturen, Mangas, Streetart, Leder- und Metallschmuck und so weiter. Die Skala der Kunstfertigkeit reicht von »hingerotzt« bis »Lebenswerk«. Ganz normale Menschen machen bei deviantART mit und auch Riesentalente, bei deren Werken einem der Mund aufschnappt vor Verblüffung.

Millionen Kunstwerke: deviantART

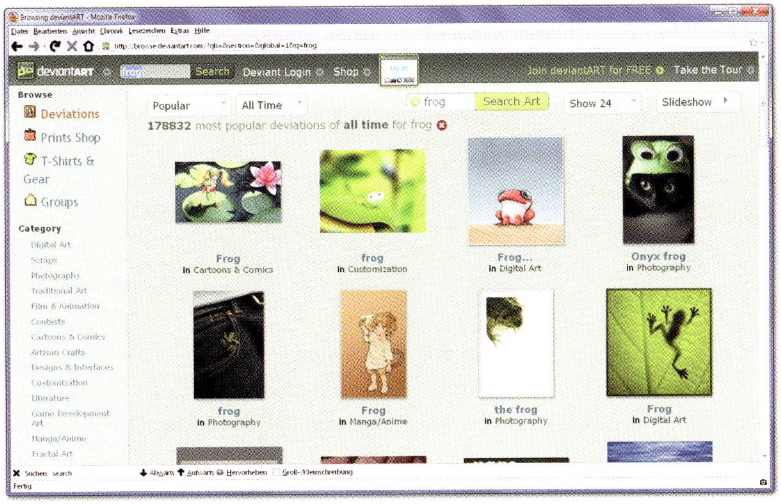

Abb. 5–21
Suche nach »frog« bei deviantART, der Kunst-Community

Entartete Kunst
deviantART ist englisch und bedeutet übersetzt »entartete Kunst«. Mit diesem Begriff haben die Nationalsozialisten Werke von unerwünschten (jüdischen, kommunistischen, homosexuellen und so weiter) Künstlern belegt. Außerdem galt alles als »entartet«, was nicht dem nationalsozialistischen Kunstideal entsprach, also beispielsweise Kunstwerke, die sich kritisch mit dem Krieg auseinandersetzten.

Die Suche bei deviantART nach Tags funktioniert so: Klick links oben das Suchfeld an, gib den gewünschten Text ein, und klick auf »Search«.

Wenn du bei deviantART nach etwas suchst, dann probier auf jeden Fall auch die englische Übersetzung deines Suchworts aus. Die Mehrzahl der vielen Kunstwerke bei deviantART stammt nämlich von englischsprachigen Mitmenschen.

Bilder auf den Computer laden

Grafiken aus dem Internet auf den Computer laden

Um ein Bild von deviantART auf deinen Computer zu bekommen, gehst du so vor: Such einen Link mit der Beschriftung »Download Image«, und klick drauf. Entweder kannst du dann gleich den Speicherort auf deinem Computer auswählen und das Bild herunterladen. Vielleicht ist aber auch das Bild groß zu sehen, ohne dass die Auswahl des Speicherortes kommt. In diesem Fall klickst du mit der rechten Maustaste in das Bild und wählst »Speichern unter …«. Kannst du keinen Link mit der Bezeichnung »Download Image« finden, dann probier direkt die Methode »Rechtsklick / Speichern unter …«. Das sollte klappen.

Abb. 5–22
Dieses Kunstwerk bei deviantART ist frei verwendbar, es steht unter der »Creative Commons License«.

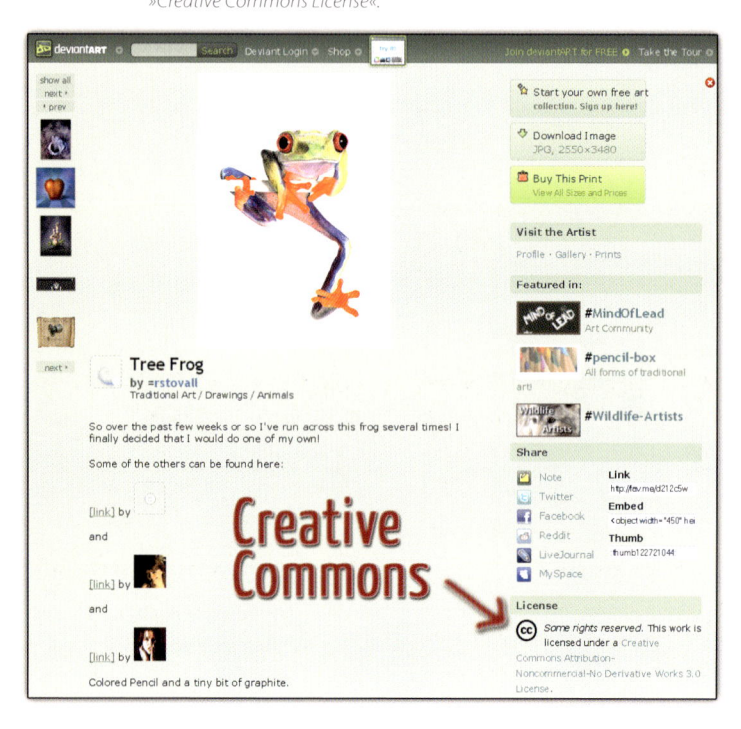

Achtung, Urheberrecht

Auch bei deviantART gilt das Urheberrecht. Ehe du dich also dort mit Material für deine Show eindeckst, lies bitte die rechtlichen Hinweise in Abschnitt 3.4, »Medienrecht kennenlernen«, ab Seite 92. Und bitte den Künstler um Erlaubnis, ehe du sein Werk benutzt. Diese Erlaubnis ist nicht nötig, wenn der Künstler das Werk unter die »Creative Commons License« gestellt hat. Das erkennst du in Abbildung 5–22 unten rechts im Bild.

5.5   Videos im Internet sammeln

3,6 Stunden pro Tag schaut ein Mensch in Deutschland im Schnitt fern. Zu diesen 3,6 Stunden kommen noch Kinofilme, Internetvideos und selbst gedrehte Familien- oder Urlaubsvideos. Das macht dann wohl fast 4 Stunden durchschnittliche Sehzeit pro Tag. Bei aller Vorsicht gegenüber Statistiken: Aus dieser Zahl kann man wohl zu Recht schließen, dass die Menschen in Deutschland (in anderen Ländern sieht es ähnlich aus) ganz gerne bewegte Bilder anschauen.

Ein Video könnte auch deine Show aufwerten. Manches lässt sich nicht durch ein Foto, eine Ablaufgrafik oder durch noch so tolles Schauspielern verdeutlichen. Da muss ein Video her. Ein Video kann sehr gut

- einen Raum erlebbar machen (Bildschwenk durch eine Kirche zum Beispiel).
- sehr langsame oder sehr schnell ablaufende Vorgänge verständlich machen (Zeitraffer-Aufnahme einer verschimmelnden Banane, eine Woche läuft in einer Minute ab).
- eine Geschichte erzählen (Auto rast auf einen Abgrund zu).

Und ein Video kann ein Höhepunkt in deiner Show sein. Ein gut gemachtes Video beeindruckt die Zuschauer und verschafft dir etwas Erholungszeit. Ich glaube fest daran, dass jeder alles kann, auch Videos drehen. Sie mögen nicht perfekt werden, aber irgendwas kommt immer beim Selbstdrehen raus. Und mehr Spaß macht es auch noch. Wenn du dich eingehender mit dem Thema Video beschäftigen magst, schau mal zu den Buchtipps ab Seite 285.

Video zeigt Wirkung.

Selber machen geht nicht immer

Manche Videos lassen sich allerdings nur mit viel Zeit und Geld drehen, zum Beispiel weil das Motiv nur im tropischen Urwald lebt. In solchen Fällen lohnt der Blick ins Internet. Das ist nämlich vollgestopft mit Videos. Du findest Videos (genau wie Fotos und Grafiken) im Internet auf zwei Arten:

1. Suche nach Videos in Suchmaschinen
   Die Suche nach Videos in Webseiten funktioniert wie die Suche nach Bildern. Du gehst auf die Suchmaschinenseite, wählst die Rubrik »Video« und gibst deinen Suchtext ein: »hüpfender Frosch« zum Beispiel. Die Suchmaschine zeigt dir dann eine Liste mit Webseiten an, die den gesuchten Text und ein Video »in der Nähe« des Textes enthalten.

   Videos mit der Suchmaschine finden

2. Suche nach Videos mithilfe von »Tags« (englisch für: »Kennzeichen«)
   Was flickr und deviantART für Fotos und Grafiken sind, das ist YouTube (`http://gShow.de/310`) für Videos. Auf YouTube liegen sehr viele Videos. Eine offizielle Zahl gibt es nicht, aber es werden wohl weit über 100 Millionen Stück sein. Jede Minute kommen im Augenblick 24 Stunden neues Videomaterial dazu. Vieles davon ist allerdings totaler Schrott, außerdem illegal eingestellte Musikvideos, Fernsehserien und Kinofilme. Trotzdem ist immer noch eine Menge interessantes Videomaterial auf YouTube zu finden.

   In Videosammlungen nach »Tags« suchen

Abb. 5–23
Suche nach Videos bei bing

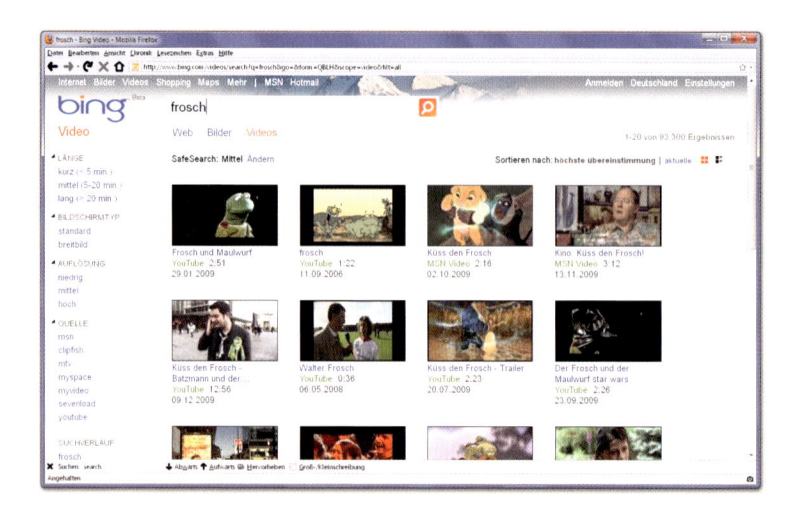

Abb. 5–24
Suche nach Videos bei Google

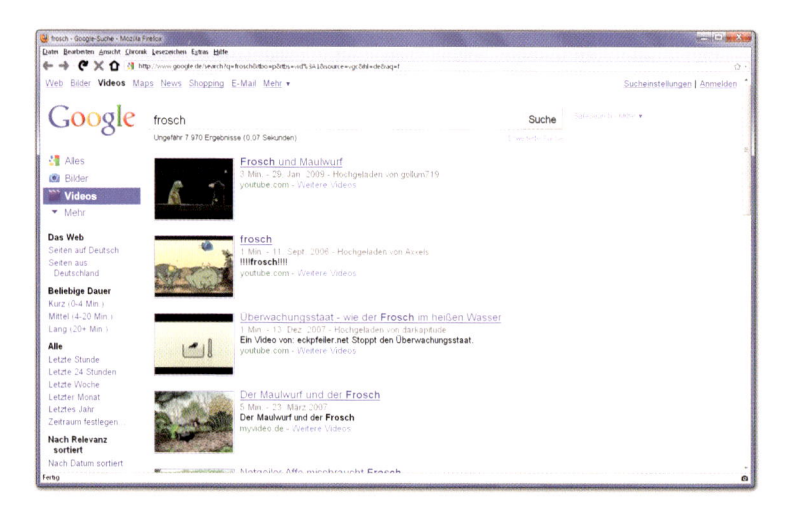

Die Suche nach Videos mithilfe von Tags ist sehr einfach (vgl. Abb. 5–25): Begriffe in das Eingabefeld eingeben, »Suchen« klicken, fertig. Falls du keine guten Ergebnisse erzielst, gib den Begriff auch mal auf Englisch ein.

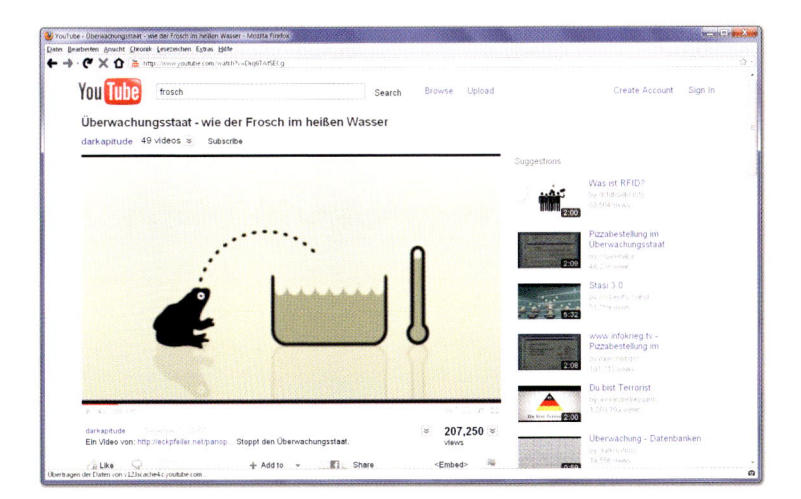

Abb. 5–25
YouTube, der Video-Massenspeicher

YouTube-Videos auf den Computer laden

Bei Fotos und Grafiken ist es ganz leicht, das Zeug auf den eigenen Computer zu bekommen: *Rechtsklick / Speichern unter* …. Mit Videos von YouTube ist das etwas komplizierter. Du kannst sie nicht einfach so abspeichern, du musst einen Umweg gehen. Es gibt drei Möglichkeiten, unter denen du wählen kannst: Online-Dienst, spezielles Computerprogramm oder Firefox-Add-on. Für Anfänger ist der Online-Dienst am besten geeignet.

3 Arten, um Videos aus dem Internet auf den Computer zu laden

Videos mit einem Online-Dienst herunterladen

Online-Dienste sind Computerprogramme, die nicht auf deinem Computer laufen, sondern auf einem Server, der irgendwo in der Welt steht. Du bist mit diesem Server per Internet verbunden und bedienst über deinen Browser das Computerprogramm (den Dienst). Es gibt mittlerweile viele solche Dienste: Fotos bearbeiten, Bilder malen, Texte schreiben und so weiter. Eine Sammlung mit den besten Online-Diensten findest du unter: `http://gShow.de/311`.

FILSH (`http://gShow.de/312`) ist so ein Online-Dienst für das Herunterladen von Videos und ist ganz einfach zu bedienen. Zunächst suchst du das Video ganz normal bei YouTube und lässt es dir anzeigen. Dann kopierst du die »Adresse« des Videos (so was wie `http://www.youtube.com/watch?v=bla`) aus der Adresszeile des Browsers in die Zwischenablage: Die gesamte Adresse mit der Maus markieren und *Strg+C* drücken.

Download mit Online-Dienst

Videos im Internet sammeln

FILSH nutzen

Videos mit FILSH auf den Computer laden

Jetzt surfst du zu FILSH und fügst dort in das Eingabefeld die Adresse des Videos ein: Eingabefeld markieren und *Strg+V* drücken. Als Nächstes musst du auswählen, ob du das Video »umwandeln« möchtest. Ja, das willst du, und zwar in ».WMV (WMV + WMA)«. Bei diesem Format kannst du sicher sein, dass das Video auf fast jedem Windows-Computer korrekt wiedergegeben werden kann. Falls du einen Mac benutzt, wählst du ».MP4« aus, und für Linux-Computer ist ».MPG« die richtige Wahl. Dann lädt FILSH das Video herunter und wandelt es in das gewünschte Format um. Du musst gar nichts tun. Nach ein paar Minuten kannst du das umgewandelte Video auf deinen Computer laden. Lies auf http://gShow.de/313 noch mal genau nach, wie das alles geht.

Abb. 5–26
Video von YouTube mit FILSH.net umwandeln und runterladen

Videos mit einem speziellen Computerprogramm herunterladen

Download mit Computerprogramm

Es gibt mittlerweile schon einige Computerprogramme, mit denen du einfach ein Video von YouTube runterladen und konvertieren kannst. Ein besonders praktisches und vor allem kostenloses Computerprogramm für diesen Zweck ist ClipGrab. Wo du ClipGrab herbekommst und wie du es installierst, dazu findest du mehr unter http://gShow.de/314

Videos mit ClipGrab auf den Computer laden

Die Bedienung ist ganz einfach: Starte ClipGrab. Jetzt wechsle zu deinem Browser und surf damit zu Youtube. Such dort das gewünschte Video, und klick es an. Kopier die Adresszeile aus dem Browser mit *Strg+C* in die Zwischenablage. Die Adresszeile lautete etwa so: http://www.youtube.com/watch?v=bla.

ClipGrab sollte sich automatisch mit dem Hinweis melden, dass es die Adresse eines Videos in der Zwischenablage gefunden hat. Wechsel zu ClipGrab, wähl das Format aus, in das das Video konvertiert werden soll (empfohlen: »WMV (Windows)«) und klick auf »Dieses Video herunterladen!«. Nun noch etwas Geduld (das Konvertieren kann ein paar Minuten dauern), und du hast das Video bei dir auf der Festplatte.

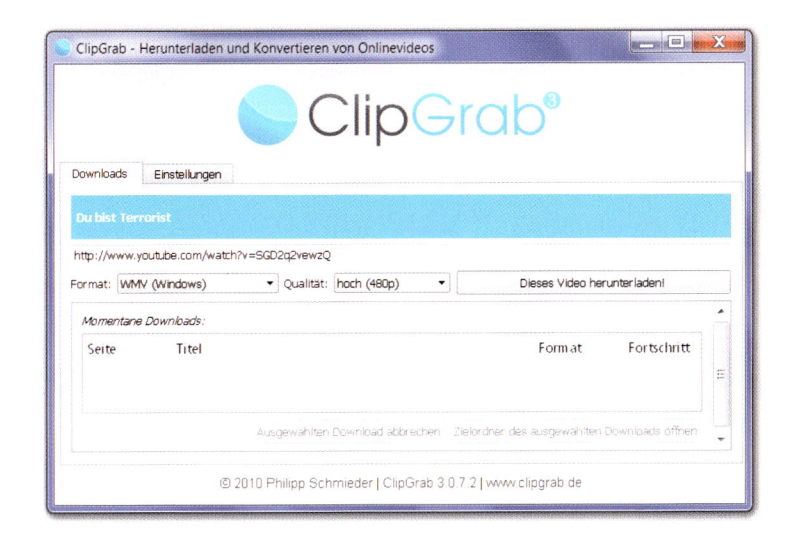

Abb. 5–27
Videos mit ClipGrab runterladen

Videos mit einem Firefox-Add-on herunterladen

Firefox ist (wie der Internet Explorer) ein Computerprogramm, mit dem du dir Webseiten ansehen kannst. Eine der größten Stärken des Firefox ist seine Erweiterbarkeit mit »Add-ons«. Die Add-ons sind kleine, meist kostenlose Programme, die ganz neue Funktionen zur Verfügung stellen: intelligente Lesezeichen, Screenshots von Internet-Seiten und so weiter. Es gibt Tausende Add-ons, auch einige, um Videos von YouTube und anderen Videoseiten herunterzuladen. Am besten für diesen Job geeignet ist das kostenlose Add-on namens Video DownloadHelper.

Download mit Browser-Add-on

Add-ons werden im Firefox so installiert: Geh im Menü auf *Extras / Add-ons*. Im folgenden Fenster kannst du nach dem Add-on suchen, gib dazu seinen Namen ein: »Video DownloadHelper«. Nach der Installation und einem Firefox-Neustart steht das Add-on zur Verfügung.

Video mit DownloadHelper auf den Computer laden

Um den DownloadHelper zu nutzen, surfst du zu http://www.youtube.com und suchst ein Video. Klick dann im Menü oben im Firefox auf *Extras / DownloadHelper / Medien*.

Videos im Internet sammeln   **193**

Neben dem Punkt »Medien« solltest du in einem Untermenü den Namen deines Videos sehen, vielleicht sogar mehrfach mit »[240p]« oder »[360p]« davor. Das sind verschiedene Qualitäten des Videos. Je höher die Zahl, umso besser. Klick auf den Eintrag mit der gewünschten Qualität und dann auf »Herunterladen«.

Der Vorgang ist leider etwas fummelig. Schau dir die Abbildung 5–28 an, dann siehst du, was ich meine. Du musst dich durch ein paar Untermenüs klicken. Dabei kann es passieren, dass das Menü verschwindet. Der Vorteil: Du lernst im Laufe der Zeit, die Maus ganz fein zu positionieren.

Abb. 5–28

Videos runterladen mit DownloadHelper

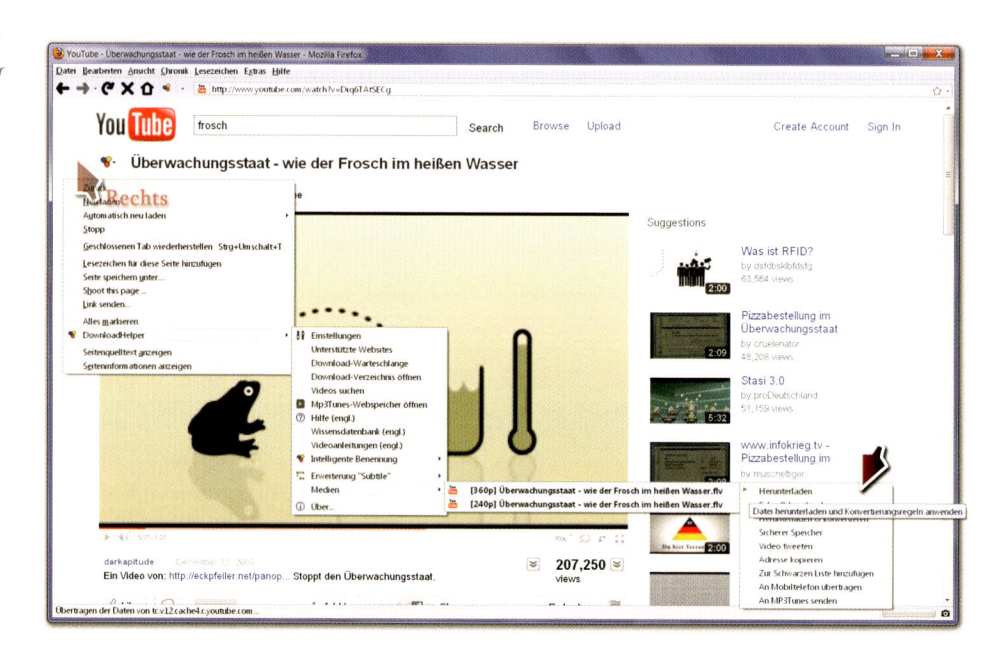

Achtung, Urheberrecht

Auch bei YouTube gilt das Urheberrecht. Ehe du dich also dort mit Material für deine Show eindeckst, lies bitte die rechtlichen Hinweise in Abschnitt 3.4, »Medienrecht kennenlernen«, ab Seite 92. Und frag beim Urheber des Videos nach, ob du sein Werk verwenden darfst.

5.6 Audios im Internet sammeln

Es gibt drei Arten von Audios (Tönen): Sprache, Musik und Geräusche. Alle drei zusammen ergeben ein Hörspiel. Die besondere Stärke von Audios liegt darin, dass die Zuhörer sich ihre Bilder dazu selbst im Kopf machen: Hirnkino nennen das Radiomacher. Gut gemachte Audios können sehr starke Gefühle im Zuhörer hervorrufen.

Audios: Kino im Kopf

Erinnere dich mal an eine echt gruselige Szene in einem Kinofilm: Wahrscheinlich war auf der Leinwand gar nichts Besonderes zu sehen. Und dann knackt es plötzlich, oder man hört ein Knirschen. Sofort stellen sich die Nackenhaare auf, und die Zuschauer sind in Alarmstimmung.

Auflockern mit Audios

Audios sind eine gute Auflockerung für eine Show. Dein Publikum hört mal etwas anderes als dich. Du wiederum kannst ein kleine Pause machen, deine Stimme schonen und vielleicht einen Schluck Wasser trinken, während das Audio läuft. Wie bei allen anderen Medien (Text, Bilder, Video) solltest du aber auch bei Audios einen guten Grund haben, wenn du sie einsetzen willst. Und der Grund darf nicht sein: »Weil ich es kann!« Ein paar Beispiele für gute Gründe, ein Audio einzusetzen:

Audios lockern deine Show auf.

- O-Ton (Original-Ton, zum Beispiel die Stimme eines Promis)
- Maschinenlärm in einer Fabrik
- Klang eines exotischen Musikinstruments
- Unterschiede in der Tonhöhe vor und nach dem Stimmbruch
- Froschquaken

Die Suche nach Audios im Internet ist schwieriger als die Suche nach Text, Bildern oder Videos. Zum einen bieten die Suchmaschinen keine Funktion an, um direkt nach Audios zu suchen. Zum anderen gibt es keine Sammelseite für Audios, also kein flickr, kein deviantART und kein YouTube. Aber das Internet wäre nicht das echt megariesigste Wissensding aller Zeiten, wenn nicht auch haufenweise Audios darin liegen würden.

Audios im Internet finden

Suche mit »bing«

Mit einem einfachen Trick kannst du die Suchmaschine »bing« (www.bing.com) dazu bringen, Seiten mit passenden Audios zu suchen. Der Trick lautet:
‹contains:mp3›

Audios mit der Suchmaschine finden

> **ÜBRIGENS**
>
> »bing« klingt zwar nach einer Suchmaschine speziell für Audios, aber du kannst damit alles im Internet suchen, so wie mit Google. Hinter »bing« steckt die Firma Microsoft, die Windows, Word und PowerPoint entwickelt hat. Es lohnt sich, gelegentlich mal andere Suchmaschinen als Google auszuprobieren. »bing« ist eine sehr gute Alternative. Mehr zum Thema Suchmaschinen findest du im Abschnitt »Internet befragen« ab Seite 122.

Dieser Suchfilter (ohne ‹› in das Suchfeld eingeben) begrenzt die Ergebnisse auf Webseiten, die Dateien im Format MP3 anbieten. MP3 ist ein Verfahren, um Audiodateien kleiner zu machen; du kennst es bestimmt von digitaler Musik. Auch Töne, Geräusche, Sprache und so weiter liegen oft als MP3 vor.

Ein Beispiel: Eine Gambe ist ein Streichinstrument. Sie ist etwas größer als eine Violine und wird beim Spielen zwischen den Beinen gehalten. Du willst jetzt sicher wissen, wie so eine Gambe klingt. Geh zu www.bing.com und gib das hier (ohne ‹›) in das Suchfeld ein: ‹gambe contains:mp3›

Voilà, in der Ergebnisliste findest du ein paar Webseiten von Gambenspielern, die Hörproben anbieten. Außerdem findest du auf diesen Webseiten raus, dass Gambenspieler auch Gambisten genannt werden. Und wenn sich alle Gambisten auf der Welt mal verabreden, dann würde ein Fußballfeld für die Versammlung ausreichen. So wenige gibt es.

Wikimedia Commons

Es gibt zwar kein YouTube für Audios mit Tausenden von Tönen, aber eine Web-Adresse hab ich doch für dich: Wikimedia Commons (http://gShow.de/315). Dort findest du neben Bildern und Videos auch viele Audios. Das Besondere daran: Du kannst diese Audios frei verwenden, musst also niemanden um Erlaubnis fragen, wenn du sie in deiner Show einsetzen willst.

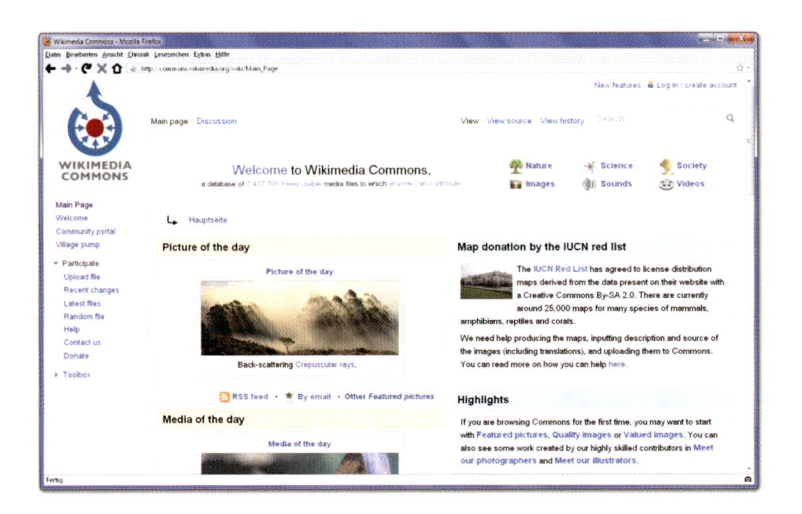

Audios bei Wikimedia Commons finden

Abb. 5–29
Wikimedia Commons: frei verwendbare Audios, Bilder und Videos.

Material sammeln

Achtung, Urheberrecht

Auch für Audios gilt das Urheberrecht. Ehe du dich also im Internet mit Material für deine Show eindeckst, lies bitte die rechtlichen Hinweise in Abschnitt 3.4, »Medienrecht kennenlernen«, ab Seite 92. Und bitte den Urheber des Audios um Erlaubnis, ehe du sein Werk verwendest.

5.7 Gegenstände sammeln

Ein Bild sagt mehr als 1000 Wörter, und ein Gegenstand zeigt mehr als 1000 Bilder. Wenn man die beiden Gleichungen zusammenzieht, sagt ein Gegenstand also mehr als eine Million Wörter. Nutze das für deine Show. Wann immer es geht, zeige etwas an einem Gegenstand. Falls es zu deinem Thema passt, kannst du deine Show zum Beispiel sehr gut mit einem Gegenstand starten. Aber auch für den Hauptteil und als Knaller am Ende eignen sich Gegenstände prima.

Ein Gegenstand sagt mehr als eine Million Wörter.

Abb. 5–30
Gegenstände kommen in der Show immer gut an.

Gegenstände bewegen

Gegenstände machen neugierig und bringen Abwechslung in deine Show. Das Publikum kommt in Bewegung, jeder streckt sich ein wenig, um den Gegenstand genau sehen zu können. Und auch du kannst mal was anderes als die Sprechmuskeln benutzen, wenn du den Gegenstand zeigst. Damit ein Gegenstand in einer Show wirkt, muss er ein paar Bedingungen erfüllen:

Nicht jeder Gegenstand passt in die Show.

- Nicht zu klein – mindestens so groß wie eine Tafel Schokolade
- Nicht zu groß – höchstens so groß wie ein Autoreifen
- Nicht zu filigran (zierlich, fein, kleinteilig). Zum einen kann es in einer Show härter zur Sache gehen, und zum anderen sind zu kleine Details nicht gut zu erkennen.
- Nicht zu bekannt. Ein Ding, das jeder kennt, weckt keinen schlafenden Zuschauer auf.
- Nicht lebendig. Lebende Tiere haben normalerweise in einer Show nichts verloren: Sie machen meistens nicht, was sie sollen, und werden von der Show unnötig gestresst.

Wie immer gilt: Ausnahmen sind möglich, müssen aber durchdacht sein.

Was tun, wenn der Gegenstand nicht live gezeigt werden kann?

Modell machen

Falls der Gegenstand zu groß ist, um ihn in der Show zu zeigen, bau ein verkleinertes Modell davon. Zum Beispiel aus Pappe oder Lego oder Knete oder Ton oder Wolle oder, oder, oder. Du wirst schon was finden. Und Spaß macht das Basteln auch noch.

Nur ein Teil mitnehmen

Eine gute Idee ist es auch, statt des zu großen Originals einen Teil davon zu nehmen und zu zeigen: zum Beispiel die Anlasserkurbel eines Oldtimers statt des ganzen Autos. Die Zuschauer bekommen durch das Einzelteil einen Eindruck der Größenverhältnisse. Außerdem lässt sich an einem Teil oft die Funktion des Ganzen zeigen. Um bei der Kurbel zu bleiben: Sie verdeutlicht, dass vor 100 Jahren die Autos noch sehr viel grobmotorischer waren.

Foto aufnehmen

Zur Not mach von einem zu großen Gegenstand ein Foto, und bau das in deine Show ein. Zeige den Gegenstand unbedingt in seiner natürlichen Umgebung, und nimm eine Bezugsgröße mit auf das Foto. Zum Beispiel eine Hand, ein Geldstück oder einen ganzen Menschen. So können die Zuschauer einschätzen, wie groß der Gegenstand ist.

Gegenstände in die Webcam halten

Falls du einen kleinen Gegenstand einem großen Publikum zeigen willst, hab ich einen Zaubertrick für dich: Bau ein Live-Video in deine Show ein. So geht das: Häng eine Webcam (eine einfache Video-Kamera) an den Computer, oder schalte die eventuell eingebaute Webcam ein.

Dann startest du ein Computerprogramm, das das Live-Video von der Webcam auf dem Bildschirm zeigt. Solche Computerprogramme sind meistens bei den Webcams dabei. Wirf mal einen Blick in die Bedienungsanleitung. Gut funktioniert auch das kostenlose Computerprogramm zum Abspielen von Videos namens VLC (`http://gShow.de/316`).

Halte deinen Gegenstand dann in die Webcam, und erkläre ihn live. Ich garantiere dir: Dein Publikum wird von dieser Vorführung begeistert sein. Aaaber: Das musst du auf jeden Fall vor der Show mehrmals üben, damit in deiner Show nichts schiefgeht. Mach zur Sicherheit ein paar Fotos von dem Gegenstand. Die kannst du zeigen, falls dein Webcam-Trick nicht klappt.

6 Show gestalten

Ganz einfach, wenn man's einfach macht.

Mache die Dinge so einfach wie möglich.
Aber nicht einfacher.

Albert Einstein, Physiker

Ich wiederhole mich sehr gern: Eine geile Show ist wie ein Kinofilm. In diesem Kapitel geht es darum, wie du deinen Show-Film drehst. Du hast die Einzelteile (Infos, Medienmaterial, Drehbuch und so weiter) zusammen. Show-Film drehen bedeutet:

Die Show ist mehr als die Summe der Teile.

- Folien (oder Plakate, Flipcharts, Gegenstände) gestalten
- Medien (Texte, Bilder, Videos und Audios) einbauen
- Sprecherzettel (deine Vorlage) schreiben
- Handzettel fürs Publikum anfertigen

Kleine Schritte am Anfang

Auf den nächsten Seiten lernst du in Schritt-für-Schritt-Anleitungen die Computerprogramme kennen, mit denen du deine Show drehst. Du benötigst keine speziellen Vorkenntnisse. Es reicht, wenn du schon mal eine Maus in der Hand gehabt hast. Du wirst die grundsätzlichen Bearbeitungen anhand einem kostenlosen Computerprogramm kennenlernen. Dieses Wissen kannst du leicht auf andere Computerprogramme übertragen, mit denen du in Schule, Arbeit und Beruf in Kontakt kommst.

Auch Anfänger können tolle Shows gestalten.

   Erinnere dich auch an deinen »Ansprechpartner« (siehe Seite 110), mit dem du die Show vorbereitest. Und wirf gelegentlich einen Blick auf dein Drehbuch. Hol dir dein Ziel ins Gedächtnis, dein Thema, und denk vor allem immer wieder mal an deine Zielgruppe. Ehe du loslegst, nur zur Sicherheit, falls das ein paar Seiten weiter vorne untergegangen ist:

Die oberste Regel   **Was du willst, ist wurscht. Was dein Publikum will, ist wichtig.**

Und noch eine wichtige Regel:

**KISS: Keep it small and simple.
Übersetzt: »Mach alles überschaubar und einfach.«**
Computer sind die besten Hirnverlängerungen, die ich kenne. Sie bieten so viele Möglichkeiten, sich auszudrücken, dass man sich als Anfänger leicht verliert und verkünstelt. Erinnere dich deshalb immer wieder an KISS, und halte dich dran: Einfacher ist fast immer besser.

6.1 Folien bauen

Wo kommen Folien her?   Als »Digital Natives« (englisch, übersetzt: »digitale Eingeborene«) werden in der Schul- und Medienforschung die Menschen bezeichnet, die eine Welt ohne Computer, Handys und Internet nicht kennen. Sie sind etwa 1985 oder später geboren. Für die »Digital Natives« unter den Leserinnen und Lesern muss ich etwas ausholen, um den Begriff »Folie« zu erklären. Unter einer Folie verstehen die Älteren (auch bekannt als »Internetausdrucker«) ein durchsichtiges Stück Plastik – so lang, breit und dünn wie ein Blatt Papier.

Abb. 6–1

Beispiel für die erste Folie einer Show über japanische Tuschezeichnung

Früher wurden diese Folien mit speziellen Stiften bemalt und auf Overhead-Projektoren gelegt. Das sind kleine Tischlein mit einer fetten Lampe drin, die das Bild auf der Folie über einen Spiegel an die Wand projiziert. Heute erledigen Computer und Beamer die Arbeit der Folien und des Overhead-Projektors. Man nennt eine Folie jetzt »Slide«, und eine ganze Abfolge davon heißt »Slideshow«. Ich ziehe den Begriff »Folie« immer noch vor, auch wenn ich schon lange keine Folien mehr bemale, sondern sie am Computer gestalte.

Slide oder Folie: Wie auch immer das Ding heißt, es ist die am häufigsten verwendete Unterstützung bei Shows. Deshalb stehen die Folien auch am Anfang des großen Kapitels über die Show-Gestaltung.

Die Show in Folien
Der übliche Aufbau einer Show sieht so aus:

Welcher Teil bekommt wie viele Folien?

1 Folie Titel
- Titel deiner Show
  (Name der Veranstaltung, falls es mehrere Shows sind)
- dein Name
- Datum
- Organisation (Klasse, Firma, Abteilung)

1 Folie Einstieg (muss nicht sein)
Ein Foto oder eine Grafik, die deinen Einstieg unterstützt. Vielleicht auch ein Video oder ein Audio, falls das dein Einstieg ist.

1 Folie Thema (muss nicht sein)
Thema deiner Show

7 Folien mit den Botschaften des Hauptteils
Text, Fotos, Grafiken, Audios und Videos je nachdem

2 Folien Schlussteil
Deine drei wesentlichen Botschaften als Text formuliert

1 Folie Ende

Gleich geht's los
Auf den nächsten Seiten wirst du erfahren, wie du Folien bauen kannst. Eins noch, eh du loslegst:

Gliederung als Folie an den Anfang?

1. Gliederungen sind doof
2. und nur ausnahmsweise
3. erlaubt

Gliederung? Als Folie? An den Anfang? Hm, schwieriges Thema. Gegenfrage: Hast du schon jemals einen Roman gelesen, der mit einer Gliederung oder einer Inhaltsangabe angefangen hat? Warst du schon jemals auf einem Konzert, und der Sänger hat zu Beginn eine Folie an die Wand geworfen mit der Reihenfolge der Songs? Hast du schon mal einen Kinofilm gesehen, bei dem am Anfang so etwas hier zu sehen war:

> Kapitel 1: Mädchen und Junge machen eine Schiffsreise.
> Kapitel 2: Mädchen lernt Jungen kennen.
> Kapitel 3: Mädchen und Junge verlieben sich.
> Kapitel 4: Totale Überraschung für beide: Schiff geht unter, Junge geht tot, Mädchen geht so.

Nein, das hast du alles wahrscheinlich noch nicht gesehen. Man fängt einen Roman, ein Konzert, einen Kinofilm und so weiter nicht mit einer Gliederung an. Wozu soll das gut sein, wenn die Zuschauer den Ablauf kennen? Es macht ihnen höchstens die Spannung kaputt. Und genau deswegen hat eine Gliederung auch in einer Show nichts verloren.

Gliederung bleibt unsichtbar

Es gibt eine Gliederung, aber man sieht sie nicht.

Natürlich sind Romane, Konzerte, Kinofilme und Shows in sich gegliedert. Du selbst hast deine Show bestimmt sorgfältig gegliedert, und das hat wahrscheinlich richtig Arbeit gemacht. So geht das den Filmemachern und Romanschreibern auch. Aber sie würden nie den Aufbau und den Schluss in ihrem Buch oder Kinofilm verraten. Die Gliederung bleibt dem Zuschauer verborgen.

Und warum hat dann ein Sachbuch wie »Geile Show!« eine Gliederung? Weil es bei einem Sachbuch nicht auf den Ablauf ankommt. Du kannst dieses Buch in der Mitte anfangen, dann Teile auslassen und zu einem anderen Kapitel springen, das dich interessiert. Das geht nur, wenn du die Gliederung kennst.

Guter Grund für Gliederung

Aber nur ausnahmsweise

Es gibt übrigens doch einen guten Grund, eine Gliederung in eine Show einzubauen: Wenn dein Lehrer, Prof, deine Chefin oder der Kunde drauf steht. Dann hast du zwei Möglichkeiten: Entweder du tust ihnen den Gefallen, damit sie sich wohlfühlen und dich gut bewerten. Oder du sagst dir: Ich finde, Gliederungen sind nutzlos. Und du riskierst es, eine Note schlechter abzuschneiden oder einen Auftrag nicht zu bekommen. Die Entscheidung kann dir keiner abnehmen. Ich persönlich habe im Leben meistens gemacht, was mir richtig schien.

Computerprogramme für Präsentationen kennenlernen

Wow, du bist schon auf Seite 205 angekommen. Und bis jetzt hast du noch nicht ein Mal ein spezielles Computerprogramm für Präsentationen anfassen müssen. Nun ist es aber an der Zeit. Die heute gebräuchlichen Programme heißen: PowerPoint (Windows und Mac), Keynote (Mac) und Impress (Windows, Mac und Linux). Sie sind in Paketen erhältlich, zusammen mit einem Computerprogramm zum Schreiben und für die Tabellenkalkulation.

PowerPoint, Keynote und Impress

PowerPoint enthalten im Paket Office 2010, Home and Student Hersteller: Microsoft Betriebssystem: Windows 7 und Vista	139 €
PowerPoint enthalten im Paket Office 2011 (Mac), Home and Student Hersteller: Microsoft Betriebssystem: Mac OS X	139 €
Keynote enthalten im Paket iWork '09 Hersteller: Apple Betriebssystem: Mac OS X	79 €
Impress enthalten im Paket OpenOffice.org 3.2 Hersteller: Oracle Betriebssysteme: Windows, Mac OS X, Linux Bezugsquelle: http://gShow.de/317	0 €

Preise: Herstellerempfehlung, Februar 2011

PowerPoint

Vorteile:
PowerPoint ist sehr weit verbreitet und auf fast jedem Computer verfügbar. Es gibt viele Bücher darüber und jede Menge Tipps dazu im Internet.

Weit verbreitet

Folien bauen

Nachteile:
PowerPoint ist aufgrund des großen Funktionsumfangs für Anfänger schwer zu bedienen. Die mitgelieferten Vorlagen werden sehr häufig eingesetzt und wirken damit langweilig.

Abb. 6–2
PowerPoint aus dem Paket Microsoft Office 2010

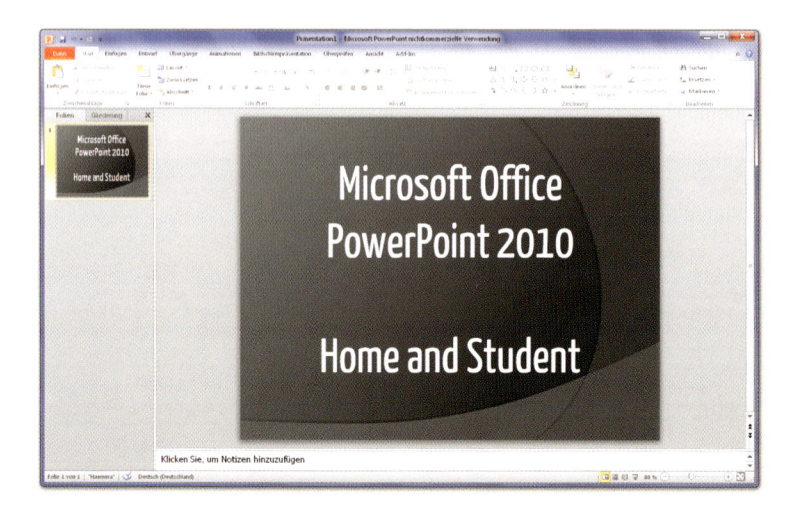

Keynote

Sehr gestalterisch

Vorteile:
Keynote ermöglicht ein eher an der Gestaltung orientiertes Arbeiten. Es bietet stylische, selten gesehene Vorlagen.

Nachteile:
Keynote läuft nur auf Apple-Computern (nicht auf Windows-Computern), und Keynote muss auf dem Computer installiert sein, der die Präsentation abspielt. Mehr dazu findest du im Abschnitt »Präsentation zeigefertig machen« auf Seite 248.

Impress

Kostenlos

Vorteile:
Impress ist kostenlos. Außerdem ist es für fast alle Computersysteme (Windows, Mac und Linux) verfügbar.

Nachteile:

Impress ist nicht auf sehr vielen Computern installiert. Das könnte ein Problem sein, wenn die Präsentation auf einem fremden Computer gezeigt werden soll. Außerdem sind die mitgelieferten Vorlagen von Impress sehr öde.

Abb. 6–3
Keynote aus dem Paket Apple iWork '09

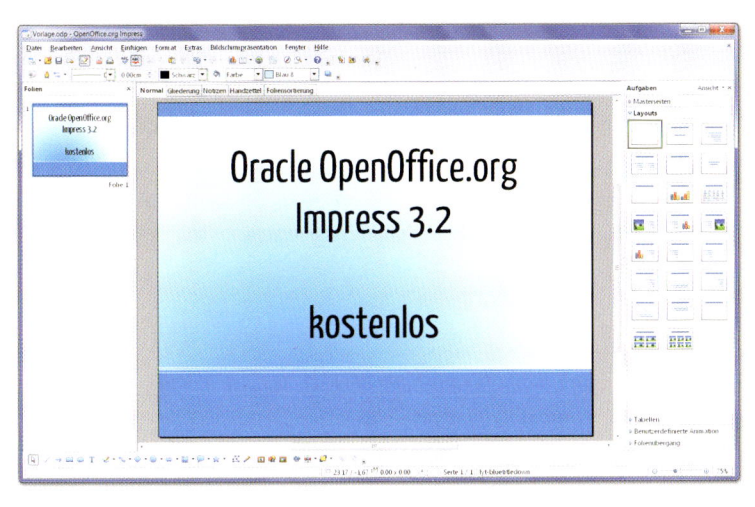

Abb. 6–4
Impress aus dem Paket Oracle OpenOffice.org 3.2

Und das beste Computerprogramm für Präsentationen ist …

Das allerbeste Computerprogramm

Das »beste« Computerprogramm für Shows gibt es nicht. Ich arbeite am liebsten mit Keynote am Mac, das fühlt sich eher nach Gestaltung an. In den meisten Firmen wird meiner Erfahrung nach PowerPoint eingesetzt. Deshalb schadet es für dein Berufsleben nicht, dich in dieses Computerprogramm einzuarbeiten. Für Anfänger empfehle ich allerdings Impress aus dem OpenOffice.org-Paket. Impress kostet nichts, lässt sich einigermaßen leicht bedienen, und es sind professionelle Ergebnisse damit möglich.

Nur eine Maschine

Werkzeug: nicht wichtig
Produkt: wichtig

Außerdem ist das Computerprogramm nur ein Werkzeug und nicht die Show. Ein Roman oder ein Sachbuch werden auch nicht besser oder schlechter, nur weil der Autor ein bestimmtes Computerprogramm verwendet. Das Werkzeug ist unwichtig, auf das Ergebnis, das Produkt kommt es an.

Ich zeige dir auf den nächsten Seiten den Umgang mit einem Computerprogramm für Präsentationen am Beispiel vom kostenlosen Impress. PowerPoint und Keynote sind sehr ähnlich aufgebaut, sodass du das Wissen aus den nächsten Seiten leicht auf diese Programme übertragen kannst. Unter `http://gShow.de/70` findest du darüber hinaus viele weitere Informationen zur Arbeit mit Impress, PowerPoint und Keynote.

Neue Präsentation anlegen

Der erste Schritt zur Show

Ein Maler benötigt für ein Ölgemälde dreierlei: einen Pinsel (das Werkzeug), Farben (Material) und eine Leinwand (den Träger). Für eine Show brauchst du: das Computerprogramm für Präsentationen, die Medien und eine leere Präsentationsdatei, die du auf deinem Computer speicherst und mit Folien füllst. Die (gut gefüllte) Präsentationsdatei ist das, was du später in deiner Show zeigen wirst.

Bisher gibt es deine Folien nur in deinem Kopf oder auf dem Storyboard (mehr dazu findest du in Abschnitt 4.7, »Drehbuch: Storyboard entwickeln«, ab Seite 135). Der erste Schritt zur fertigen Präsentationsdatei besteht darin, das entsprechende Computerprogramm zu starten. Bei Impress kommt nach dem Start ein »Wizard« (englisch für: »Zauberer«), auch »Assistent« genannt. Der Assistent führt dich Schritt für Schritt zu einer neuen Präsentation.

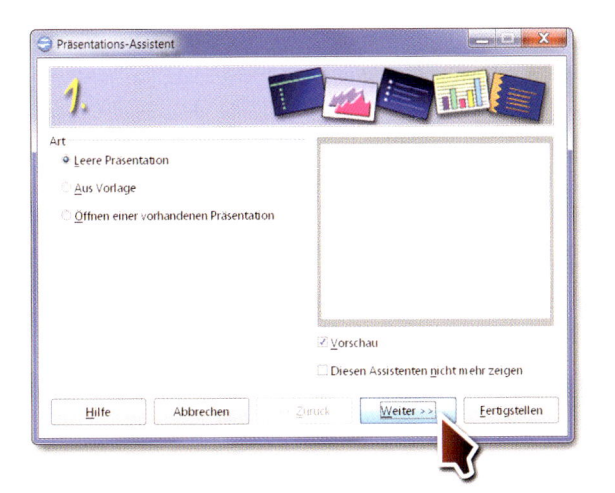

Abb. 6–5
*Der Impress-Assistent:
Leere Präsentation auswählen*

In Schritt 1 wählst du aus, dass du eine leere Präsentation anlegen möchtest.

Im zweiten Schritt könntest du einen Präsentationshintergrund wählen. Wir kommen später zu diesem Thema, deshalb behalten wir die Voreinstellung »<Original>«. Im unteren Teil wählst du aus, für welche Ausgabe die Präsentation gedacht ist. »Bildschirm« ist die richtige Wahl, wenn du die Präsentation in deiner Show vom Computer laufen lässt und mit einem Beamer an die Wand projizierst.

Einen Hintergrund wählen

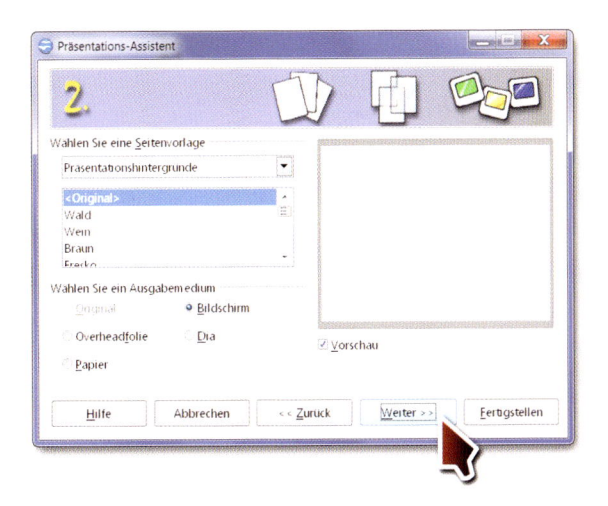

Abb. 6–6
Übergangseffekt auswählen

Folien bauen **209**

Übergangseffekt auswählen

Im dritten Schritt kannst du einen Effekt für den Folienwechsel vorgeben, auch Überblendung genannt. Also zum Beispiel: Sollen zwei Folien hart hintereinander kommen (»kein Effekt«), oder sollen sie weich überblendet werden (»Glatt ausbleichen«)? Das, was du hier einstellst, ist eine Vorgabe für jede neu angelegte Folie. Du kannst den Übergang später für einzelne oder alle Folien noch beliebig anpassen.

Abb. 6–7
Übergangseffekt auswählen

Abb. 6–8
Übergangseffekt einstellen

Manche Übergangseffekte kannst du noch feiner einstellen. Bei der weichen Blende (»Glatt ausbleichen«) zum Beispiel legst du fest, wie schnell geblendet werden soll (siehe Abb. 6–8). Spiel mit den angebotenen Folienwechseln ruhig etwas herum. Im Vorschaufenster rechts ist das Ergebnis deiner Spielerei zu sehen. Sobald du auf »Fertigstellen« klickst, legt Impress die Präsentation an. Du siehst auf deinem Bildschirm etwa das hier:

Übergangseffekt einstellen

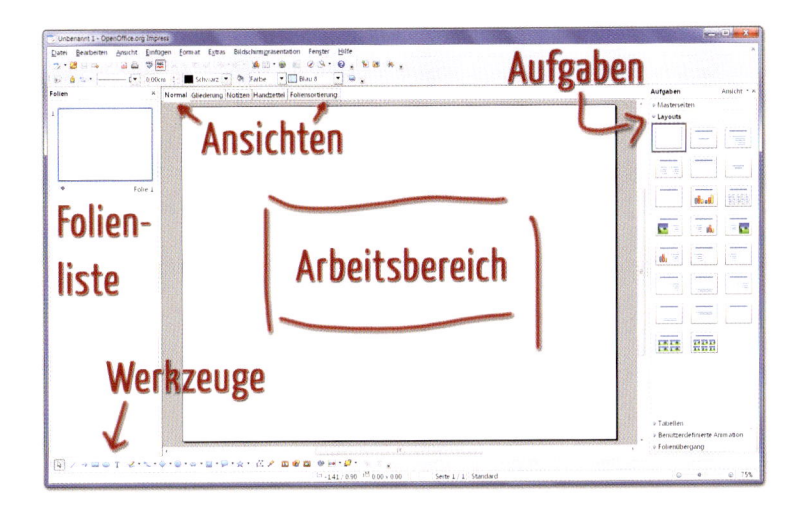

Abb. 6–9
Die »Werkstatt« von Impress

Die roten Wörter und krakeligen Striche siehst du auf deinem Bildschirm sicher nicht, die hab ich nämlich reingemalt, um ein paar Teile hervorzuheben. In der Leiste links ist die Folienliste zu sehen. Dort liegen wie in einem Inhaltsverzeichnis eines Buchs untereinander alle Folien (mit einer verkleinerten Vorschau) der Präsentation. Die Reihenfolge von oben nach unten entspricht dem Ablauf der Folien in deiner Show vom Start zum Ende.

Du musst die Folien nicht in der Reihenfolge anlegen, wie sie später in der Show auftauchen. Du kannst in der Folienliste jederzeit eine Folie anklicken, die Maustaste festhalten und durch Mausbewegung in der Liste nach oben oder unten verschieben. »Drag & drop« (englisch für: »ziehen & fallenlassen«) nennt sich diese Art, Objekte zu verschieben.

Neue Präsentationsdatei angelegt, und nu'?

Im Augenblick ist in der Folienliste noch nicht viel los, es gibt erst eine, noch dazu ganz leere (weiße) Folie. Der blaue Rahmen um die Folie in der Liste zeigt an, dass du an dieser Folie gerade arbeitest. Diese Arbeit passiert im Arbeitsbereich rechts.

Impress kennenlernen

Die Werkzeuge, um die Folie zu verändern (Text oder Grafiken eingeben, Objekte markieren und so weiter) liegen in einer Leiste unten im Bild. Neben diesen Werkzeugen, die auf Klick ihre Funktion erfüllen, wirst du später noch ein paar Befehle in der Menüleiste am oberen Rand nutzen: um Bilder oder Videos einzufügen zum Beispiel.

Rechts sind die »Aufgaben« zu sehen. Aufgaben sind auch eine Art Werkzeug, aber sehr viel umfangreicher. Mit den Aufgaben kannst du deine Präsentation auf Knopfdruck vielfältig verändern. Direkt über dem Arbeitsbereich ist eine kleine Leiste mit Schaltflächen, die »Ansichten«. Im Augenblick sollte »Normal« angeklickt sein, dann ist der Arbeitsbereich der aktuellen Folie zu sehen.

Jetzt und immer wieder mal: Abspeichern

Wichtig: Speichern, und zwar oft

Deine Präsentation ist zwar noch ganz leer, trotzdem solltest du sie gleich auf der Festplatte abspeichern. Und auch später ist es eine gute Idee, zwischendurch immer wieder mal zu speichern. Das Speichern schützt deine Arbeit zum Beispiel vor einem Stromausfall. In so einem (Aus-)Fall geht dir »nur« die Arbeit verloren, die du seit dem letzten Speichern erledigt hast. Gewöhn dir also gleich an, regelmäßig während der Arbeit zu speichern. Am besten nutzt du dafür die Tastenkombination *Strg+S*.

Was sind Dateiendungen?

Damit der Computer eine Show-Datei von einem Text oder einem Foto unterscheiden kann, hängt er eine »Dateiendung« an den Namen der Datei an. Den Namen gibst also du einer Datei, die Endung legt das Computerprogramm fest, mit dem du arbeitest.

> ### ÜBRIGENS
>
> Es kann sein, dass du die Endungen an deinen Präsentationsdateien auf deinem Computer gar nicht siehst. Das liegt daran, dass in der Standard-Einstellung dem Computer bekannte Dateiendungen (für deren Bearbeitung ein Computerprogramm installiert ist) meistens ausgeblendet werden. Du kannst die Präsentationsdateien in dem Fall an der Grafik erkennen, die vor dem Namen steht. Oder du lässt dir die Eigenschaften der Datei anzeigen. So geht es: Fahr den Mauszeiger über den Dateinamen, klick nicht, und warte kurz. Nach wenigen Sekunden sollte eine Beschreibung der Datei auftauchen. Falls nicht, klick die Datei mit der rechten Maustaste an, und wähle »Eigenschaften«. Dann kannst du sehen, was für ein Typ die Datei so ist.

Die Dateiendung für Impress lautet:
`.odp`
Eine Show-Datei, die du mit Impress angefertigt hast, könnte also auf dem Computer so aussehen:
`GeileShow.odp`
Die Endung bei Keynote heißt:
`.key`
Und bei PowerPoint:
`.ppt` oder `.pptx` bei PowerPoint-Versionen 2007 und höher

Beim ersten Mal: Speichern unter …

Speicher jetzt deine frische Präsentation auf der Festplatte des Computers. Beim ersten Abspeichern wählst du dazu *Datei / Speichern unter …* aus der Menüleiste oben (siehe Abb. 6–10).

Im folgenden Dialogfenster wählst du den Ort auf der Festplatte deines Computers aus, an dem die Datei gespeichert werden soll (siehe Abb. 6–11). Ich empfehle dir, einen Show-Ordner auf dem Desktop anzulegen und die Präsentationsdatei dort zu speichern. Mehr zum Show-Ordner findest du in Abschnitt 4.1, »Vorbereitung vorbereiten«, ab Seite 97.

Denk dir einen Namen für deine Datei aus (»GeileShow« im Beispiel). Die Endung .odp wird automatisch gesetzt, wenn du als Dateityp »ODF Präsentation« wählst. Dieser Dateityp ist schon voreingestellt. Du könntest in diesem Fenster den Dateityp aber auch auf »PowerPoint« setzen. Auf diese Art könntest du deine Datei später auf einem Computer ohne Impress, aber mit installiertem PowerPoint öffnen. Ich rate dir allerdings von dieser Art des Speicherns ab.

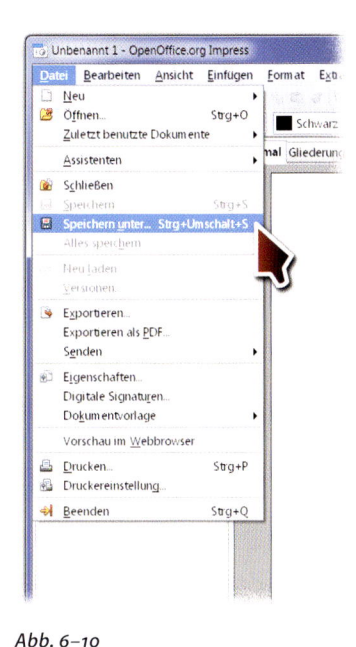

Abb. 6–10
»Speichern unter ...« auswählen

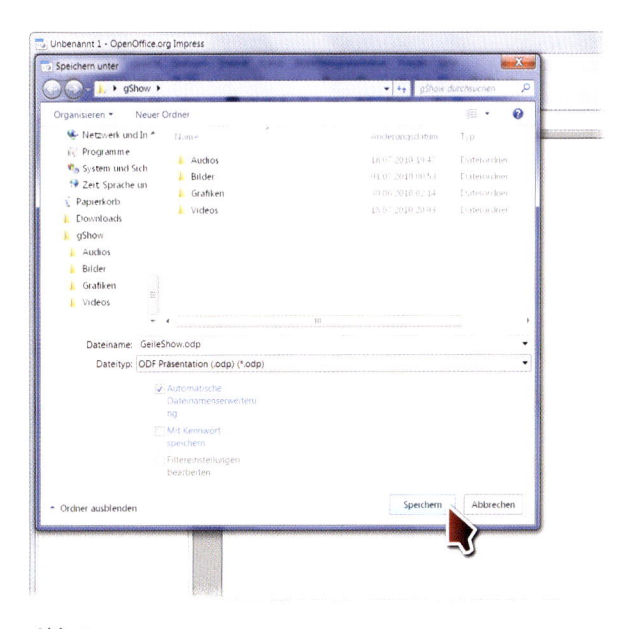

Abb. 6–11
Speicherort, Dateiname und Dateityp einstellen

In Impress immer als »ODF Präsentation« speichern

Wichtig: Am besten im »hauseigenen« Format speichern

Impress erzeugt PowerPoint-Dateien, die nicht 100 % »kompatibel« (passend) sind. Es kann sein, dass manche Sachen, die in Impress gut funktionieren, in PowerPoint auf dem fremden Computer nicht laufen. Folienübergänge zum Beispiel, Animationen und so weiter. Lies im Abschnitt »Präsentation zeigefertig machen« ab Seite 248 nach, wie du eine Impress-Präsentation am besten auf einem fremden Computer zeigen kannst.

Storyboard zu Folien machen

Vom Storyboard zu den Folien

Jetzt setzt du mithilfe von Impress dein Storyboard Kärtchen für Kärtchen in Folien um. Mit einer guten Vorbereitung ist das nicht mehr viel Aufwand. Nimm dir jedes Kärtchen her, und füge in Impress eine neue Folie hinzu. Dann setz die Medien (Text, Foto, Grafik, Audio oder Video) in die Folie, so wie du es auf deinem Storyboard-Kärtchen angegeben hast. Die nächsten Seiten helfen dir dabei.

Bist du quer in dieses Kapitel eingestiegen und hast kein Storyboard entwickelt? Na gut, zur Not geht es auch ohne. Du kannst deine Folien direkt im Computerprogramm für Präsentationen bauen. Blätter aber bitte in diesem Fall trotzdem jetzt zum Abschnitt 4.7, »Drehbuch: Storyboard entwickeln«, ab Seite 135. Dort stehen viele Tipps zum grundsätzlichen Aufbau einer Show.

Folien gestalten

6 Tipps für die Foliengestaltung

Auf den nächsten Seiten erfährst du am Beispiel von Impress, wie du mit einem Computerprogramm für Präsentationen Bilder und Texte, Audios und Videos und so weiter in Folien einbaust. Zum Einstimmen noch ein paar ganz allgemeine Tipps.

Tipps für die Gestaltung von Folien

Mehr, eindrucksvollere und größere Bilder

Bilder, Bilder, Bilder

Das ist beim Folienbau die wichtigste Regel von allen: Bilder, Bilder, Bilder, Bilder, Bilder. Ich wiederhole: Bilder, Bilder, Bilder, Bilder, Bilder.

Weniger, kürzerer und größerer Text

Text: weniger, kürzer und größer

Große Mengen Text haben in einer Show nichts verloren. Die Geräte, die Folien an die Wand projizieren, sind nicht dafür gemacht, größere Textmengen gut lesbar darzustellen. Deswegen werden Bücher auch nicht in Kinos gezeigt, sondern auf Papier gedruckt.

Auf Folien sollte nur wenig Text zum Lesen stehen – ein paar Schlagworte vielleicht oder höchstens ein Satz. Der Text auf der Folie ist nur eine Art Überschrift, die wichtigen Informationen lieferst du mit deinem Vortrag. So konzentrieren sich alle im Publikum auf dich und lesen nicht auf den Folien herum. Das Problem bei viel Text auf Folien: Menschen lesen unterschiedlich schnell. Wenn die einen schon fast fertig sind, haben die anderen erst einen kleinen Teil des langen Textes durch. Wenn du dagegen sprichst, ist das Tempo der Textaufnahme für alle gleich, nämlich deins.

Ausgenommen von der Regel »Möglichst wenig Text« ist höchstens solcher, bei dem es auf den genauen Inhalt ankommt. Zum Beispiel: Zitate, Gesetzestexte, chemische Formeln, physikalische Gesetze und so weiter. Diese Art Text kann auf eine Folie. Du musst den Menschen im Publikum dann aber ausreichend Zeit zum Lesen lassen.

Faustregel: Lies den Text auf der Folie während der Show in Gedanken mit den Zuschauern mit. Und dann lies ihn noch mal in Gedanken. Auf diese Art benötigst du etwa so viel Zeit wie die Zuschauer. Zweimal lesen solltest du, weil du den Text im Gegensatz zu den Zuschauern schon kennst. Deswegen bist du ungefähr doppelt so schnell damit durch.

Text auf Folien während der Show »mitlesen«

Gehört nicht auf jede Folie: Logo, Titel, Datum und Name
Das wird immer wieder gern genommen: Oben auf jeder Folie stehen der Titel, das Thema und fett das Logo der Firma. Unten ist zusätzlich etwas kleiner das aktuelle Datum, der Name des Vortragenden und eine Seitenzahl zu sehen. Das ist fast schon Standard. Aber nur weil es oft so gemacht wird, ist es lange nicht gut. Fest steht: Der Platz auf der Leinwand ist wertvoll. Er sollte genutzt werden, um den Menschen wichtige Informationen näherzubringen. Natürlich ist den Chefs der Name ihrer Firma sehr wichtig. Aber dem Publikum ist er meistens wurscht. Deshalb gilt die Regel in Wichtig 24.

Kein Logo auf jede Folie!
Informationen wie Titel der Show, Name des Vortragenden, Logo der Firma und aktuelles Datum gehören groß auf die erste Folie. Danach sollen sie gefälligst verschwinden und Platz machen für die echten Infos zum Thema.

Mir ist allerdings schon klar, dass es in vielen Firmen ein verbindliches Design des Folienhintergrunds gibt. Außerdem haben viele Designer und Chefs eine fast zwanghafte Liebe zum Logo. Daher gilt Regel nicht, wenn ihre Anwendung zum Verlust des Arbeitsplatzes führen würde.

Erlaubt, wenn Rauswurf droht

Und noch eine Ausnahme: Die Präsentationen, die du aus der Hand gibst (als Handzettel oder als Download im Internet zum Beispiel) sollten auf jeder Folie alle Informationen (Titel, Name, Firma, Datum) enthalten. Es kann nämlich durchaus sein, dass eine einzelne Folie weitergereicht wird. Dann ist es nützlich zu wissen, woher sie kommt. Mehr Informationen zu den Handzetteln findest du in Abschnitt 6.3, »Handzettel fürs Publikum anfertigen«, ab Seite 269.

Erlaubt in den Folien, die als Handzettel dienen

Abb. 6–12
Die allgemeinen Informationen gehören auf die Titelfolie und nur dort hin..

Abb. 6–13
Die allgemeinen Informationen auf jeder Folie? Das nimmt nur Platz weg, den der Inhalt dringend benötigt.

Folien möglichst einheitlich gestalten

Alle Folien einheitlich gestalten
Show-Profis überlegen sich vor der Umsetzung der Folien ein »Layout« – ein einheitliches Aussehen der Folien. Im Layout ist zum Beispiel festgelegt, welche Farben bevorzugt verwendet werden, wo bestimmte Elemente sitzen (Überschriften zum Beispiel) und wie der Hintergrund gestaltet ist. Für dich als Anfänger ist ein durchgängiges Layout für alle Folien nicht so wichtig. Achte aber trotzdem darauf, dass deine Folien sich zumindest ähnlich sind. Mit zunehmender Übung kannst du mehr Wert auf das Layout legen.

Keine Seitenzahlen

Eher keine Seitenzahlen
Es ist üblich, Folien rechts unten zu nummerieren, wie die Seiten eines Buchs. Das bringt dem Zuschauer allerdings meistens nichts. Denn was nützt ihm die Info, dass jetzt grade Folie Nummer 7 zu sehen ist, wenn er nicht weiß, wie viele Folien es gibt? Leider bietet keines der Computerprogramme für Präsentationen die Möglichkeit, automatisch die Gesamtfolienzahl anzuzeigen: 7 von 30 zum Beispiel. Du kannst die Zahl höchstens von Hand in den »Folienmaster« (siehe Seite 217) einfügen. Allerdings musst du dann jedes Mal die Gesamtfolienanzahl im Folienmaster anpassen, wenn sich die Zahl deiner Folien ändert. Am besten ist es, wenn du die Foliennummern gar

nicht verwendest. Gib deinem Publikum lieber mit Worten eine Orientierung, an welchem Punkt deine Show grade ist: »Halbzeit! Und Zeit für Grund drei, warum es sich für Sie lohnt, blablabla …«.

Immer wieder mal eine schwarze Folie
Ich empfehle dir, zwischen den Folien immer wieder mal nichts zu zeigen, also ein schwarzes Bild. Dein Publikum konzentriert sich auf diese Art ganz automatisch auf dich, da es auf der Leinwand grad nichts zu sehen gibt.

Auch mal »nichts« zeigen

Die Computerprogramme für Präsentationen bieten alle die Möglichkeit, mit einer Taste (meistens mit »B«) auf ein schwarzes Bild umzuschalten. Ich vergesse allerdings diese Ruhepause für die Zuschaueraugen gerne mal in der Show, wenn ich gut in Fahrt bin. Deswegen baue ich in der Präsentation zwischendurch eine schwarze Folie fest ein. Die kommt in der Show automatisch an der richtigen Stelle, ohne dass ich es mir merken muss. Mich selbst erinnert die Folie daran, etwas Tempo rauszunehmen. Schwarze Folien sind auch gut für Mitmachaktionen: »Hände hoch, wer von euch hat schon mal was vom Buchstabenmonster gehört?«

Folienhintergrund gestalten

Was für den Häuslebauer das Fundament ist, ist für den Showmaster der Folienhintergrund. Dieser Hintergrund ist normalerweise über alle Folien hinweg gleich aufgebaut. Ausnahme: Titel- und Schlussfolie. Zur Gestaltung des Hintergrunds sage ich gleich mehr, der wichtigste Merksatz vorneweg:

Folienhintergrund am besten einfarbig

So einfach wie möglich, aber nicht einfacher.
Das hat Albert Einstein gesagt. Und es ist weise und wahr.

Folienmaster
In den meisten Computerprogrammen für Präsentationen wird der Folienhintergrund auch »Folienmaster« genannt. Alles, was du im Folienmaster einbaust, ist später auf jeder Folie im Hintergrund zu sehen. Die älteren Versionen von PowerPoint und Co bieten nur einen Folienmaster. Die neueren Versionen erlauben es, beliebig viele Folienmaster zu verwenden: einen für Titel und Schluss, einen für Folien mit Diagrammen und Tabellen, mit viel Text und so weiter. Meine Empfehlung: Beschränke dich auf zwei Folienmaster – einen für Titel und Schluss und einen für alle Folien dazwischen.

Im Folienmaster den Hintergrund gestalten

Und so kommst du in Impress an den Folienmaster ran:

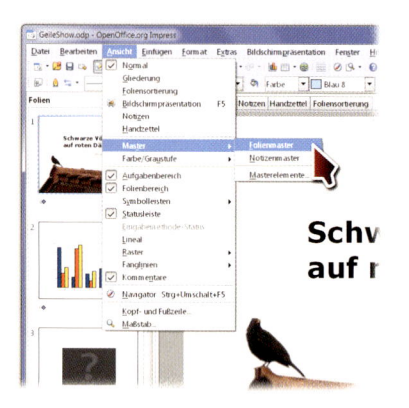

Abb. 6-14
Folienmaster anzeigen lassen

Abb. 6-15
Folienmaster bearbeiten

Halte den Hintergrund im Hintergrund.

Gestaltungstipps für den Hintergrund

Der Folienhintergrund soll seinem Namen Ehre machen und sich auf keinen Fall in den Vordergrund spielen. Die erste Regel der Hintergrundgestaltung lautet also:

Eine Show wird im Vordergrund gewonnen.

Gestalte deshalb den Hintergrund so, dass er die Inhalte der Folien (den Vordergrund) unterstützt und nicht überschattet. Setze also kein kontrastreiches Bild in den Hintergrund. Kontrastreich bedeutet: Es sind deutlich Dinge oder Menschen oder Buchstaben auf dem Bild zu sehen oder es enthält viele verschiedene Farben und helle und dunkle Stellen. Vor so einem Foto ist in der Show der eigentliche Inhalt der Folie mit Sicherheit schlecht zu erkennen. Wenn überhaupt ein Bild, dann nimm ein sehr verschwommenes Foto oder eine Grafik mit Farbflächen. Aber am besten:

Was spricht gegen einen weißen Hintergrund?

Abb. 6–16
Einfarbiger Hintergrund – immer eine gute Wahl

Am besten: Hintergrund einfarbig
Mit einem einfarbigen Hintergrund kannst du nichts falsch machen. Nimm entweder eine sehr helle Farbe (so nah wie möglich an Weiß) oder eine sehr dunkle Farbe (so nah wie möglich an Schwarz). Die Schriftfarbe von Text im Vordergrund wählst du später umgekehrt dazu. Beispiel: schwarzer Text auf weißem Hintergrund – diese Kombination ist sehr gut zu lesen.

Den richtigen Kontrast zwischen zwei Farben (für Text und Hintergrund zum Beispiel) zu finden ist eine Wissenschaft für sich. Das liegt daran, dass wir verschiedene Farben mit gleichem Helligkeitswert ganz unterschiedlich wahrnehmen. Außerdem gibt es viele Menschen, die Schwierigkeiten bei der Farbwahrnehmung haben: Rot-Grün-Blinde, besser: Rot-Grün-Verwechsler zum Beispiel. Immerhin fast 10 % der Männer und 1 % der Frauen haben diese Sehschwäche. Eine gute Farbkombination für Text und Hintergrund zu finden ist also sehr anspruchsvoll. Hier hilft dir der Powertipp 14: »Die Farbkontrast-Faustregel«.

Absolut verboten für Shows sind übrigens die folgenden Farbkombinationen für Vorder- und Hintergrund:
– Gelb auf Blau und umgekehrt
– Rot auf Grün und umgekehrt
– Grün auf Blau und umgekehrt

Eine Farbe reicht, am besten Schwarz oder Weiß.

Hoher Kontrast erhöht die Lesbarkeit.

Abb. 6–17
Kontrastreiche Farbkombinationen

Die Farbkontrast-Faustregel

Ich habe eine Faustregel für dich, mit der du ganz leicht eine gute Farbkombination rausfinden kannst. Zuerst muss aber leider etwas Theorie sein: Farben werden am Computer mit dem RGB-System erzeugt. RGB steht für Rot, Grün und Blau. Um eine beliebige Farbe darzustellen, wird jeder der Grundfarben ein Zahlenwert zwischen 0 und 255 zugewiesen. Aus den drei Werten ergibt sich dann die Farbe. Mit diesem System können 16,7 Millionen (256×256×256) unterschiedliche Farben dargestellt werden. Ein RGB-Wert von 0,0,0 entspricht reinem Schwarz, und 255,255,255 ist reines Weiß. 200,200,0 ist ein dunkles Gelb und 42,0,123 ein warmes Blau, fast Violett.

Du kannst in den Computerprogrammen für Präsentationen die Farben für Text und Hintergrund mit einem Farbwähler als RGB-Wert festlegen.

Und damit zur Faustregel:

Wähle die dunkle Farbe so aus, dass die Summe der Werte für R, G und B nicht größer wird als 100. Die helle Farbe wählst du so aus, dass die Summe der RGB-Werte nicht kleiner wird als 650.

Als Formel:
– Dunkle Farbe: R+G+B<100
– Helle Farbe: R+G+B>650

Beispiel (siehe Abbildung 6–17):
– Dunkle Farbe:
40+0+40=80 (dunkles Violett)
– Helle Farbe:
200+250+200=650 (helles Pastellgrün)

Es gibt im Internet einige tolle Seiten, auf denen du Farbkombinationen ausprobieren kannst. Ich habe dir unter `http://gShow.de/318` die besten Farbwahlseiten rausgesucht.

Keinen Schnickschnack im Hintergrund

Nur wenige Verzierungen im Hintergrund, am besten keine
Die Fläche auf der Leinwand ist wertvoll. Verschwende sie möglichst nicht für Verzierungen und Rahmen im Folienhintergrund. Das gilt übrigens auch für Firmen-Logos, den Titel der Show, deinen Namen, das Datum und so weiter. Dazu habe ich eben schon was gesagt.

Nix Vorgefertigtes

Möglichst nicht vorgefertigte Folienhintergründe verwenden
Die Computerprogramme für Präsentationen liefern alle viele fertige Hintergründe mit. Lass die Finger davon. Die sind völlig abgenudelt, und zum Teil sehen sie auch noch übel aus. Wähle stattdessen eine geschmackvolle Hintergrundfarbe aus und eine ebensolche für den Text. Das reicht für den Anfang als Hintergrundgestaltung völlig aus.

Bilder in Folien einbauen

Bilder (Fotos und Grafiken) mit etwas Text drauf machen etwa 90 von 100 Folien aus. Es lohnt sich also, sich mit diesem Thema etwas ausführlicher zu beschäftigen. Auf den nächsten Seiten zeige ich dir ganz genau, wie du Bilder am besten in deine Folien einbaust. Sehr hilfreich ist auch das theoretische Wissen zum Thema Gestaltung. Du findest diese Infos in Abschnitt 3.3, »Gestaltung meistern«, ab Seite 85.

Fleisch an die Knochen: Bilder in die Folien

Impress: Bilder einbauen

So einfach fügst du ein Bild in eine Folie ein: Nimm die Maus in die Hand, und klick damit in Impress im Menü oben auf *Einfügen / Bild / Aus Datei*.

Einfügen / Bild / Aus Datei

Dann öffnet sich ein Fenster, in dem du den Ablageort des Bildes auf dem Computer angeben kannst. Wähle den Ort aus, klick das gewünschte Bild an, und bestätige durch Klick auf »Öffnen«.

Das Bild (in diesem Beispiel das Foto »Vogel auf Dach«) wird in die Folie geladen. An den vier Ecken und den vier Kanten des Bildes kannst du kleine Kästchen erkennen, die »Anfasser«. Wenn du mit der linken Maustaste einen der Anfasser anklickst und die Taste

Ablageort und Bild auswählen

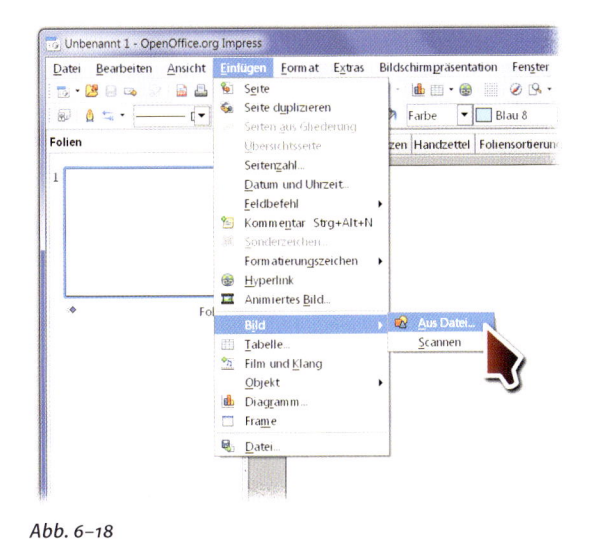

Abb. 6–18
Bild aus Datei einfügen

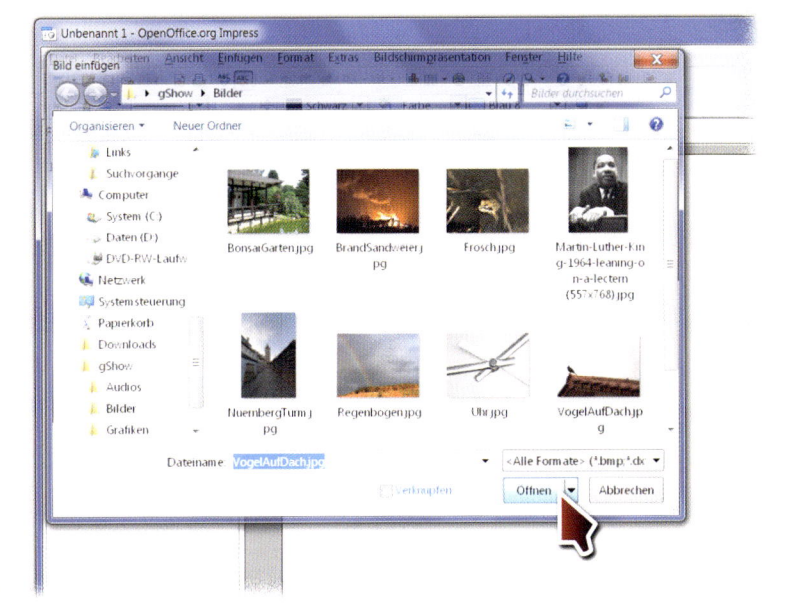

Abb. 6–19
Ablageort und Bild auswählen

Folien bauen   221

Abb. 6–20
Bilder großziehen

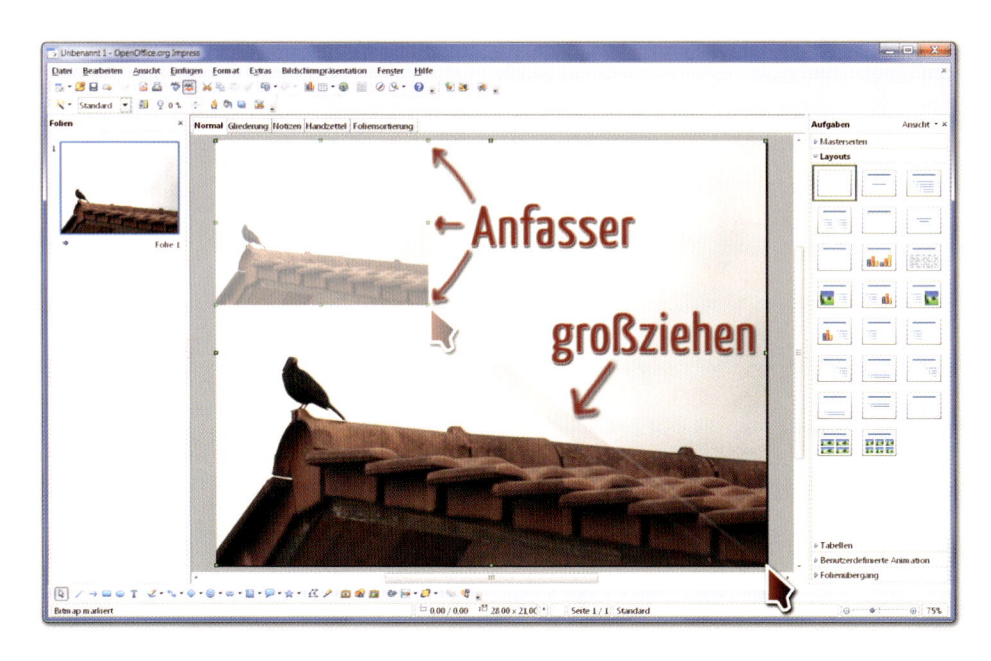

Abb. 6–21
Bilder verschieben

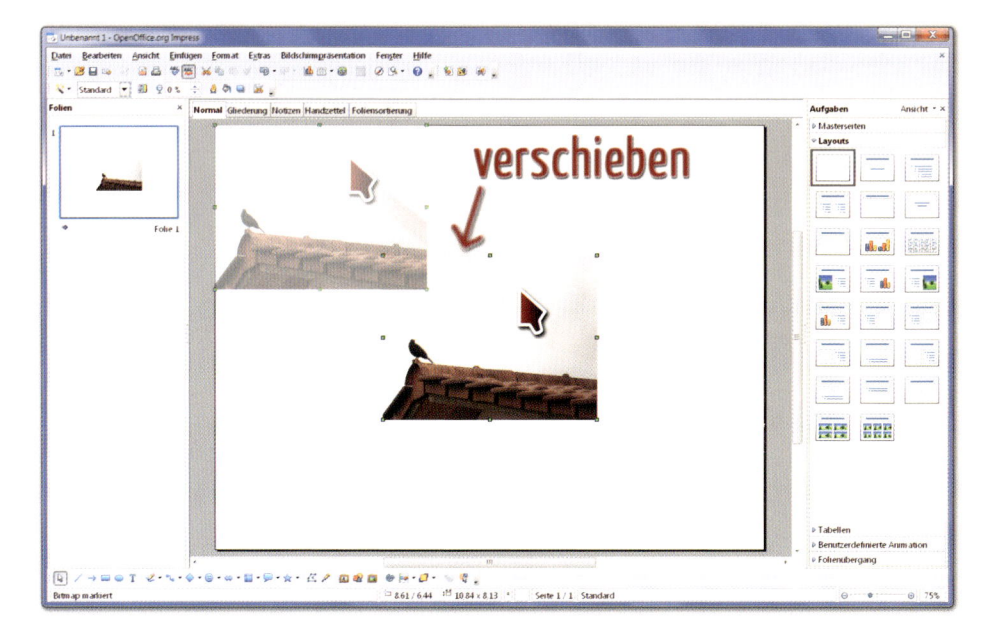

gedrückt hältst, kannst du durch Herumschieben der Maus die Größe des Bildes ändern (siehe Abb. 6–20). Die Position des Bildes änderst du ebenfalls direkt mit der Maus: Linksklick irgendwo ins Bild (nicht auf die Anfasser), Taste festhalten und mit der Maus herumfahren (siehe Abb. 6–21).

Regeln für den Einsatz von Bildern in Folien

- Nutze für ein Bild so viel Fläche wie möglich
Du hast mit einem Beamer die Möglichkeit, große und eindrucksvolle Bilder auf die Wand zu bringen. Mach diese Wirkung nicht durch zu kleine Bilder kaputt. Gönn einem starken Bild viel Fläche auf der Folie.

Keine »Briefmarken«

Abb. 6–22
Zieh das Bild möglichst groß auf. Ein kleiner Rahmen ist okay, muss aber auch nicht sein.

Achtung, Ausnahme: Wenn das Bild im Original in einer sehr kleinen Auflösung (nur sehr wenige Bildpunkte) vorliegt, solltest du es nicht großziehen. Das sieht meistens nicht gut aus: Großgezogene Mini-Bilder wirken verwaschen und man kann nichts richtig erkennen. Versuch in diesem Fall, an eine Version des Bildes in einer höheren Auflösung ranzukommen, oder lass es lieber weg.

Ausnahme: Mini-Bilder nicht großziehen

Abb. 6–23
Zu kleine Bilder sehen scheußlich aus, wenn man sie großzieht.

Abb. 6–24
Horror-Show

Entweder ein gutes Bild oder gar keins

Leider kann ich dir auch nicht genau sagen, ab wann ein Bild zu klein ist, um es zu verwenden. Das hängt davon ab, was auf dem Bild drauf ist. Manche Bilder kann man sehr gut großziehen, die meisten eher schlecht. Aber einen Anhaltspunkt kann ich dir geben: Lass dir das Bild auf dem Computer anzeigen, und dann geh drei Meter weg vom Monitor. Nur wenn du jetzt auf dem Bild noch etwas erkennst, eignet es sich für die Show.

Setz Bilder nicht »irgendwohin« auf die Folie
Meine Lieblings-Horror-Folie sieht so aus: zehn Zeilen Text mit Kügelchen (Bullets) vornedran und hinten jeweils eine putzige kleine Grafik, die auch noch lustig zappelt. Bitte, bitte, bitte: Lass das. Nimm stattdessen lieber die drei wichtigsten Aussagen, spendier jeder einzelnen eine eigene Folie, und pack ein großes, ausdrucksvolles Bild dazu. Wenn du kein tolles Bild findest, lass es weg. Lieber gar kein Bild als ein schwaches.

Verwende lieber kein Bild als ein schlechtes oder abgegriffenes
Bilder sind sehr wichtig bei Shows, aber nur, wenn sie auch stark wirken. Falls du kein ausdrucksstarkes Bild zu einem bestimmten Punkt findest, lass das Bild lieber weg. Manchmal reicht ein Wort auf einer Folie, und du erzählst alles Wichtige dazu. Hauptsache, du kleisterst so eine bilderlose Folie nicht mit Text zu.

Weglassen gilt auch für Bilder, die durch zu häufige Benutzung völlig abgegriffen sind. Zum Beispiel zwei sich schüttelnde Hände, wenn es um Kundenkontakte geht. Faustregel: Wenn du auf der Suche nach einer Idee für ein Bild bist, schmeiß den ersten Gedanken gleich weg. Der erste Gedanke ist fast immer das, was du selbst schon oft gesehen hast. Nimm erst die zweite Idee für ein Bild. Oder die zehnte.

Abb. 6–25
Ein abgegriffenes Bild – bitte nicht benutzen!

Was man auf dem Bild sieht, muss nicht als Text danebenstehen

Viele Menschen schreiben auf ihren Folien etwas Text neben oder unter ein Bild. Ich glaube, sie machen das, weil sie es in der Zeitung so gesehen haben. An sich ist gegen so eine Bildunterschrift nichts zu sagen. Sie ist okay, wenn der Text eine Information enthält, die man dem Bild nicht entnehmen kann. Leider steht oft etwas im Text, das ein Dreijähriger im Bild erkannt hat.

Im Text nur, was man auf dem Bild nicht sehen kann

Abb. 6–26
Schlechte Bildunterschrift:
»Der Nachthimmel war hell erleuchtet vom Feuer.«
Gute Bildunterschrift:
»5 Leichtverletzte, 1 Million Euro Sachschaden«

Text in Folien einbauen

Text sparsam, aber deutlich einsetzen

Einen super dritten Platz hinter dir und den Bildern belegt der Text in der Disziplin »Wichtigkeit«. Text ist immer da stark, wo es um Zahlen und Fakten geht. Es ist am besten, Text direkt mit dem Computerprogramm für Präsentationen in die Folien einzubauen. So kannst du ganz leicht einen sachlichen Fehler noch schnell kurz vor der Show berichtigen.

Impress: Text einbauen

Text bekommst du im Computerprogramm für Präsentationen ganz einfach in eine Folie, indem du auf das Textwerkzeug klickst (siehe Abb. 6–27):

Nachdem du das Textwerkzeug angeklickt hast, kannst du einen Textrahmen aufziehen. Ein Textrahmen begrenzt den Text nach oben, links und rechts. Die untere Grenze kannst du nicht festlegen. Der Rahmen wird nach unten automatisch erweitert, sodass er den Text fassen kann (siehe. Abb. 6–28). Nachdem du den Rahmen aufgezogen hast, tippst du deinen Text in die Tastatur.

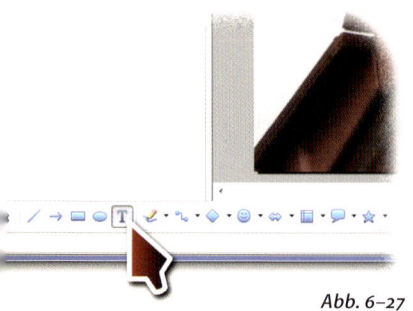

ÜBRIGENS

Falls du ein Bild markiert hast, musst du es erst abwählen, ehe du mit dem Textwerkzeug Text einfügst. Sonst legt Impress kein eigenes Textobjekt an, sondern integriert den Text in das Bild. Du kannst den Text dann nicht frei herumschieben. Zum Abwählen klickst du neben das Bild in den grauen Bereich.

Abb. 6–27
Textwerkzeug wählen

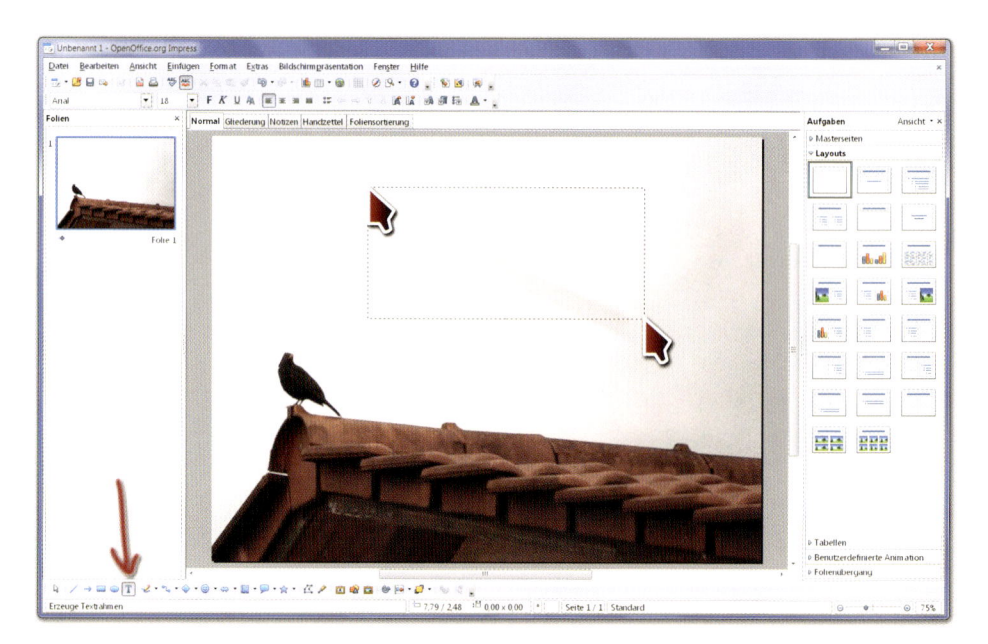

Abb. 6–28
Textrahmen aufziehen

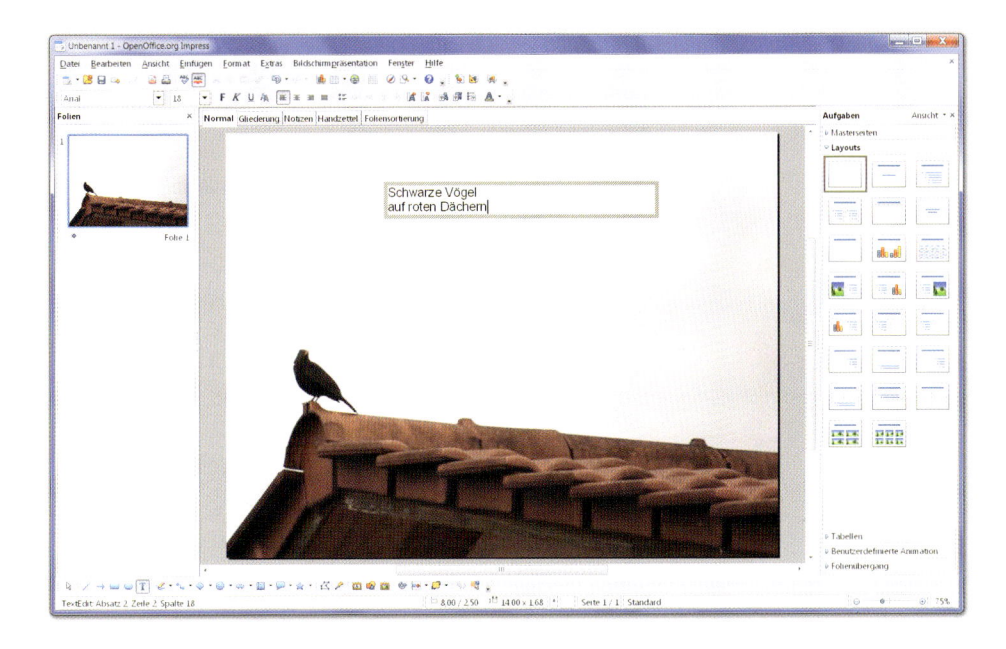

Abb. 6–30
Schrift einstellen

Abb. 6–29
Text eingeben

Als Nächstes »formatierst« du deinen Text: Du stellst Schriftart, -größe und -farbe ein. Du kannst diese Einstellungen für jedes Zeichen vornehmen, für einzelne Wörter oder für den gesamten Text. Worauf sich die Formatierung bezieht, sagst du dem Computer, indem du die gewünschten Zeichen markierst. Klick mit der Maus neben das erste Zeichen, und zieh dann die Maus bei gedrückter linker Taste über den Text, der markiert werden soll. Den gesamten Textrahmen (inklusive Text darin) markierst du durch Klick auf die »Ameisenlinie«. Das ist der gepunktete Strich um den Text herum.

Wenn du den Text wie gewünscht markiert hast, wählst du in der oberen Menüleiste *Format / Zeichen...*. Dann erscheint ein Dialogfenster, in dem du den Text formatieren kannst (siehe Abb. 6–30).

Die Einstellungen für die Schriftfarbe findest du, wenn du im Dialogfenster auf »Schrifteffekt« klickst.

Unter Umständen musst du nach dem Ändern der Schriftgröße den Textrahmen nach rechts weiter aufziehen. Auf diese Weise passt größerer Text wieder in eine Zeile. Du kannst die Größe des Textrahmens verändern, indem du auf einen der »Anfasser« klickst und die Maus bei gedrückter Taste bewegst. Die Anfasser sind die kleinen Kästchen auf der Ameisenlinie (siehe Abb. 6–31):

Text formatieren:
Schriftart, -größe und -farbe

Schrift einstellen

Abb. 6–31
Textrahmen bei Bedarf aufziehen

Folien bauen   227

Das Ergebnis

Text auf Bild: typische Titelfolie

Einmal Bild und etwas Text, das Ganze hin- und herschieben und formatieren – fertig ist eine typische Titelfolie:

Abb. 6–32
Text auf Bild: eine typische Titelfolie

Empfehlung für die Schrift

Schriftempfehlung für Folien: Verdana, 32 Punkt oder 22 Punkt, schwarz

Ich habe eine Schriftempfehlung für dich, die fast immer passt, allerdings auch niemanden wirklich vom Stuhl haut. Das muss die Schrift aber auch gar nicht leisten, da du ja im Mittelpunkt der Show stehst und die Menschen umhauen sollst.

  Schriftart: Verdana (nur eine Schriftart)
  Schriftfarbe: Schwarz (sehr dunkles Grau) bei hellem Hintergrund, Weiß (sehr helles Grau) bei dunklem Hintergrund
  Schriftgröße: Fließtext 22 Punkte hoch, Überschriften 32 Punkte hoch
  Hervorhebungen: Schrift fett setzen oder in Sonderfarbe (kräftig und eher dunkel, zum Beispiel dunkles Rot)
  Ausrichtung: linksbündig

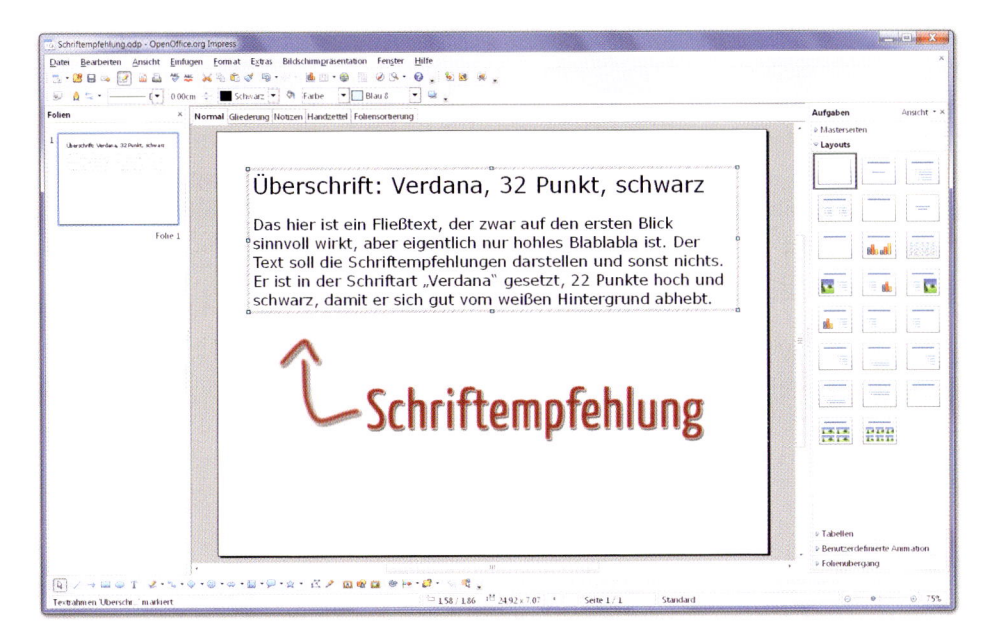

Abb. 6–33
Schriftempfehlung für Folien

Regeln für den Einsatz von Text in Folien

Nicht mehr als zwei Schriftarten pro Folie
Ich weiß, auf manchen Computern sind sehr viele Schriften installiert. Da juckt es dich bestimmt, die Schriften auch alle auf den Folien zu zeigen. Lass es jucken, und entscheide dich für eine, höchstens zwei Schriftarten. Verzichte unbedingt auf exotische, »coole« und verzierte Schriften, die sich nur schlecht lesen lassen. So eine Schriftart (Schmuckschrift) kannst du ausnahmsweise mal für den Titel auf der ersten Folie einsetzen. Im Text auf allen anderen Folie dagegen haben Schmuckschriften nichts verloren.

Höchstens zwei Schriftarten einsetzen

Text am besten grade, horizontal und von links nach rechts laufen lassen
Sieht der Text, den du grade hier liest, langweilig aus, nur weil er auf einer geraden horizontalen Linie von links nach rechts läuft? Nein? Dann mach das mit dem Text auf deiner Folie auch so. Diese Anordnung ist nämlich gut zu lesen.

Text nicht drehen, wellen, biegen oder brechen

Nur echt wichtige Punkte in Texten hervorheben
Klar. Alles ist wichtig, was du auf eine Folie schreibst. Aber deswegen muss nicht alles hervorgehoben werden. Sonst ist irgendwann nämlich gar nichts mehr wichtig. Faustregel: In einem Satz höchstens ein Wort hervorheben.

Nicht alles »wichtig« machen

Daten darstellen

Alles Daten: 23, 42, 8, 15

Im wissenschaftlichen Umfeld kommt Text für eine Show oft in Form von »Daten« daher. »Daten« ist die Mehrzahl von »Datum« (lateinisch »datum«: gegeben). Im Alltag ist mit Datum meistens ein Zeitpunkt im Kalender gemeint: 16.1.2005. Der wissenschaftliche Begriff des Datums geht viel weiter. Hier wird als Datum die zahlenmäßige Ausprägung einer Eigenschaft von Objekten verstanden.

Obstdaten

Greifbare Beispiele für Daten

Puh, das ist kompliziert. Ich mach es an einem Beispiel deutlich: Du hast ein paar Früchte in einem Korb. Eine mögliche Eigenschaft von Früchten ist »Apfel«, eine ist »Birne« oder »Banane« und so weiter. Jetzt weist du den einzelnen Früchten eine dieser Eigenschaften zu und zählst, wie oft Früchte mit einer bestimmten Eigenschaft vorkommen. Dein Ergebnis: 5 Äpfel, 2 Birnen, 7 Bananen. Du hast also drei Daten gesammelt und dich dabei als Wissenschaftler betätigt: durch Versuch und Messung.

Temperaturdaten

Noch ein Beispiel: Du misst vier Wochen lang jeden Tag 20-mal die Lufttemperatur an 20 verschiedenen Punkten in deinem Wohnort. Am Ende des Versuchs hast du 11.200 Daten (Temperaturwerte) gesammelt. Es wäre totaler Unfug, die vielen Temperaturwerte alle in deiner Show zu zeigen. Du musst sie aufbereiten und darstellen – man nennt das »visualisieren« (lateinisch für: »veranschaulichen«). Du kannst Daten auf drei Arten in deiner Show visualisieren:

Drei Arten, Daten darzustellen

1. in deinen Vortrag eingebettet und als Text dargestellt
2. als Liste oder Tabelle angeordnet
3. als Grafik aufbereitet

In deinen Vortrag eingebettet und als Text dargestellt

Weniger als sechs Daten als Text

Sehr wenige Daten (nur eine Zahl zum Beispiel) stellst du am besten als Text in einer Folie dar. Die genauen Erläuterungen dazu kommen dann von dir im Vortrag. Beispiel-Vortrag: »Eine Schuldenuhr zeigt anschaulich, wie viele Schulden ein Land hat und wie sich die Schulden mit jeder Sekunde entwickeln. Deutschland steht im Augenblick bei 1,753 Billionen Euro. Also 1753 Milliarden Euro (Regieanweisung: hier Folie mit Schuldenuhr einblenden). Das bedeutet, dass jeder Deutsche etwa 21.400 Euro Schulden hat. Zusätzlich zu den Schulden, die er vielleicht privat schon hat.«

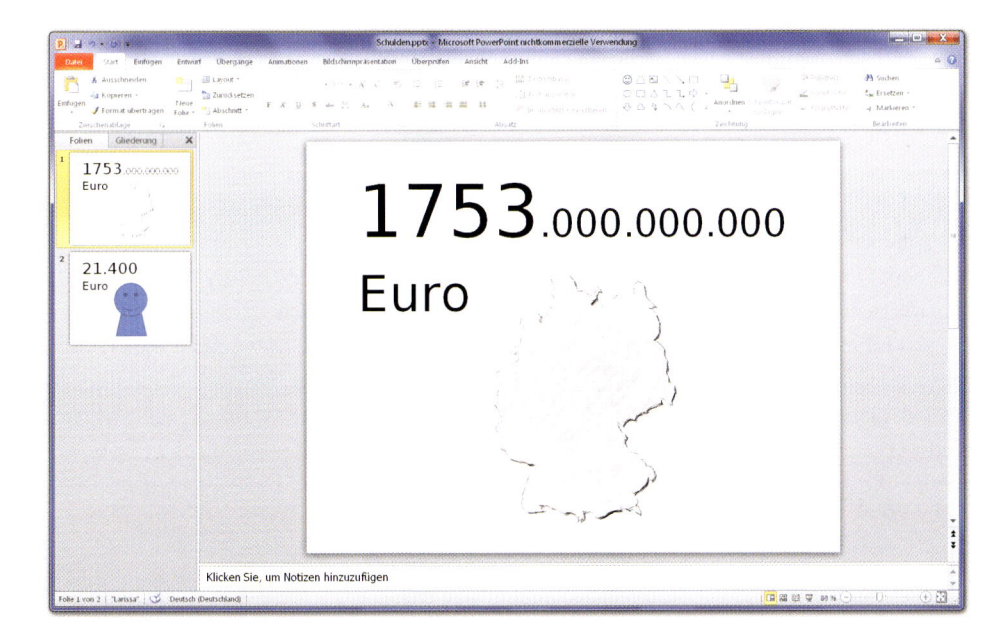

Abb. 6–34
Schuldenuhr

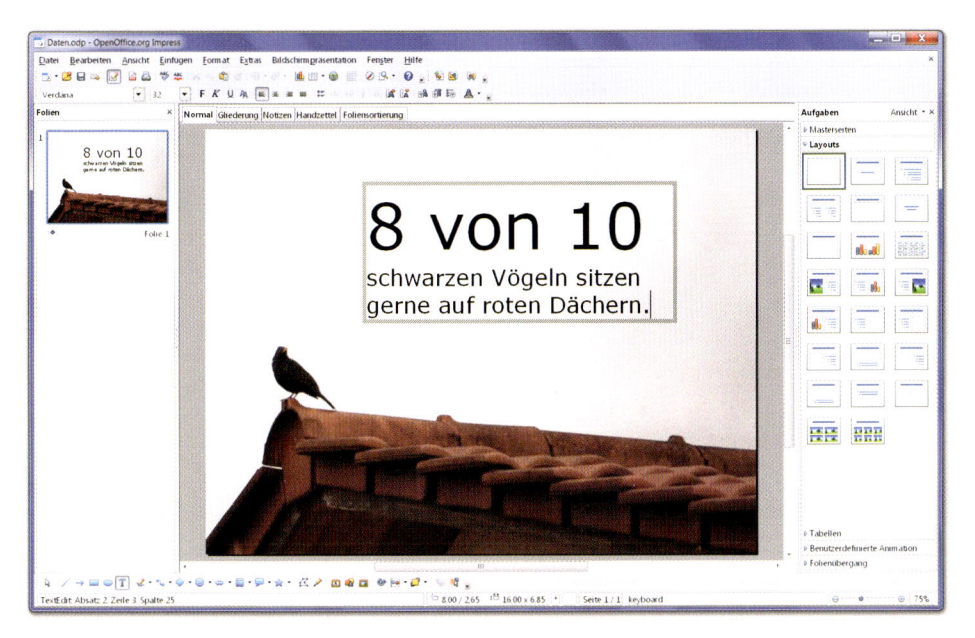

Abb. 6–35
Daten als Text in die Folie eingebettet

Folien bauen

So baust du die Daten eingebettet in deine Show ein

Diese Art der Datendarstellung ist ganz leicht. Du musst nur Text in die Folie einfügen (eine Zahl zum Beispiel) und ihn entsprechend formatieren: mit einer großen Schrift zum Beispiel. Wie das geht, kannst du im Abschnitt »Text in Folien einbauen« ab Seite 226 nachlesen.

Als Liste oder Tabelle angeordnet

Tabellen: alt, bewährt und nicht immer gut zu lesen

Manchmal musst du in deiner Show sehr viele zusammenhängende Daten zeigen. Beispiele: Tageshöchsttemperaturen für einen Monat, ewige Torschützenliste der Bundesliga, Umsatzentwicklung der letzten zehn Jahre. In so einem Fall kannst du die Daten nicht einfach hinschreiben und runterlesen, du musst sie übersichtlich darstellen. Es gibt zwei Möglichkeiten, größere Datenmengen darzustellen: als Liste oder als Grafik. Zu den Grafiken sage ich gleich mehr, jetzt geht es erst einmal um die Darstellung als Liste oder Tabelle. Beispiel:

Daten in einer Tabelle

	2084	2085	2086
Fdhuzrjh	944,9670108	335,5580295	687,1808018
Zgjhuhj	54,26921435	895,8082862	32,63896557
Esdsadw	86,70033852	758,4448959	540,7188091
Vasdaw	210,7908505	557,7557774	888,2082514
Wdslioeri	600,132607	606,8569179	680,9564986
Niouzioklw	41,96105021	967,4099241	29,43490478

Seit es Schrift gibt (also schon ein paar Tausend Jahre) werden kaufmännische Daten in Tabellen oder Listen dargestellt. Vorteile: Die Tabelle ist exakt, ausführlich, und sie bevorzugt kein einzelnes Element. Ihr Nachteil: Sie ist sehr schwer zu lesen. Kannst du zum Beispiel bei der Tabelle oben auf Anhieb sagen, welches die kleinste Zahl ist? Oder die größte? Oder wie sich die Werte bei »Vasdaw« über die Jahre entwickelt haben im Vergleich zu »Esdsadw«?

Irre Daten?

Vielleicht denkst du jetzt: »Die Beispieltabelle ist ja auch absichtlich wirr. Kein Wunder, dass sie so schwer zu lesen ist.« Stimmt, aber denk dran: Es kann sein, dass die Zuschauer in deiner Show die Begriffe und Zahlen aus deiner Tabelle auch zum ersten Mal sehen. Während dir alles ganz klar ist, weil du dich damit beschäftigt hast, sehen die Zuschauer nur: Wdslioeri, Niouzioklw und so weiter.

Überleg dir also vor dem Einsatz einer umfangreichen Tabelle immer, ob das Publikum solche Daten schon mal gesehen hat. Und ob die Menschen die vielen Daten »verkraften«, weil sie zum Beispiel selbst jeden Tag damit zu tun haben. In diesem Fall ist die Tabelle ein gutes Mittel, um Daten zu veranschaulichen.

So baust du Daten als Tabelle in deine Show ein

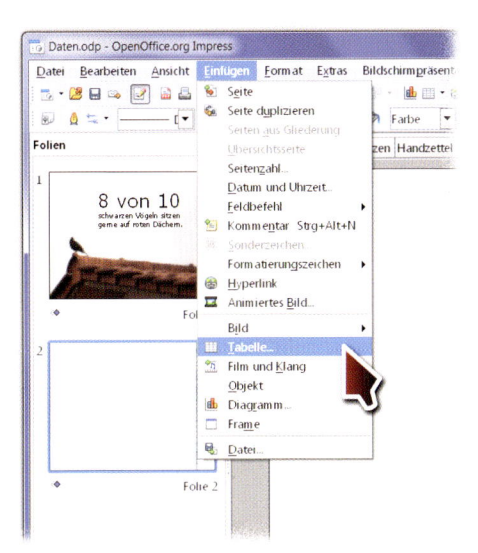

Abb. 6–36
Daten als Tabelle einfügen: Menüpunkt auswählen

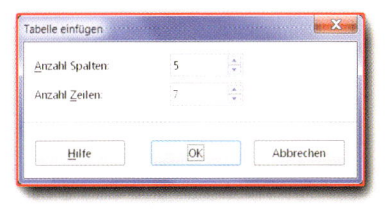

Abb. 6–37
Daten als Tabelle einfügen: Anzahl Spalten (von oben nach unten) und Zeilen (von links nach rechts) einstellen

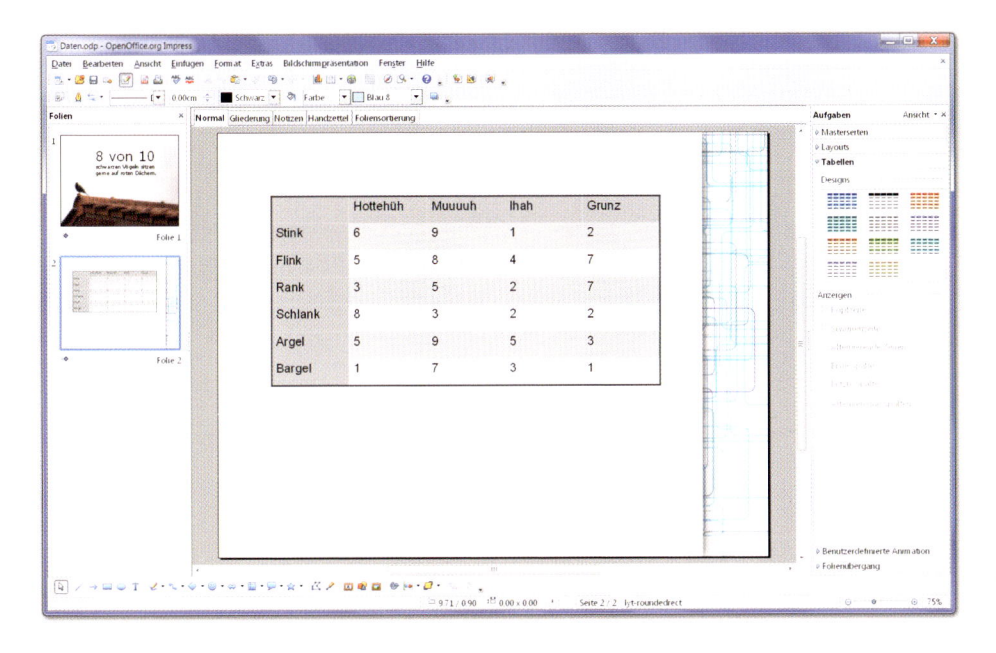

Abb. 6–38
Daten als Tabelle eingefügt

Folien bauen   233

Daten als Grafik aufbereitet

Daten als Grafik: verständlich, wenn durchdacht gemacht

Wo eine Tabelle nicht reicht, um Daten darzustellen, oder wo sie zu unübersichtlich ist, muss eine Grafik (auch Diagramm genannt) her. Es gibt viele Möglichkeiten, Daten als Grafik darzustellen. Sie haben aber alle etwas gemeinsam: Zahlen oder Texte werden zu Formen (Linien, Rechtecken, Kreisen, Punkten) gemacht. Die bekanntesten Formen für die Datendarstellung sind: Liniendiagramm, Säulen- oder Balkendiagramm und Kuchendiagramm.

Abb. 6–39
Liniendiagramm

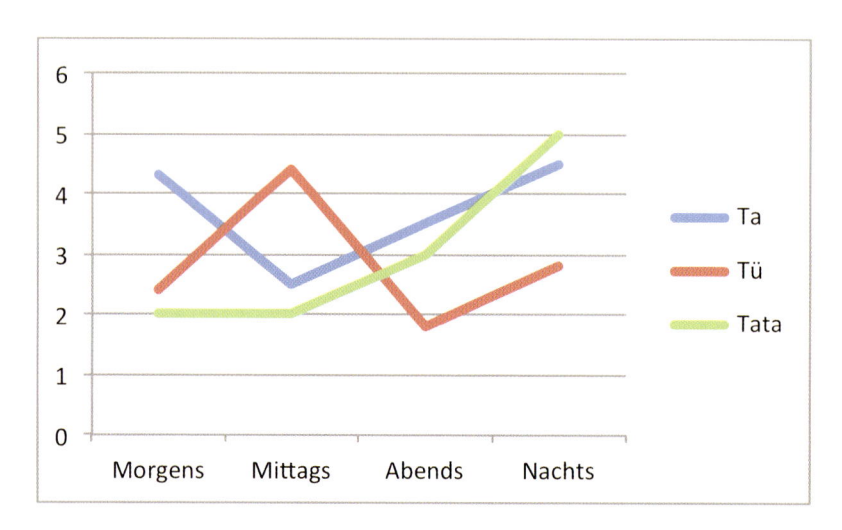

Liniendiagramm: Zeitlicher Verlauf von Daten

Liniendiagramm
- Wann einsetzen: Zeitlicher Verlauf von Werten mit sehr vielen feinen Abstufungen
- Beispiele: Gewichtskurve, Temperaturverlauf, Helligkeitsschwankungen

Balkendiagramm: Vergleich von Daten in Gruppen

Säulen- oder Balkendiagramm
- Wann einsetzen: Vergleich von einzelnen Werten in Gruppen
- Beispiele: Lohnkosten an verschiedenen Standorten, Anzahl der Frösche in verschiedenen Teichen, Durchschnittsnoten einer Klasse in unterschiedlichen Fächern

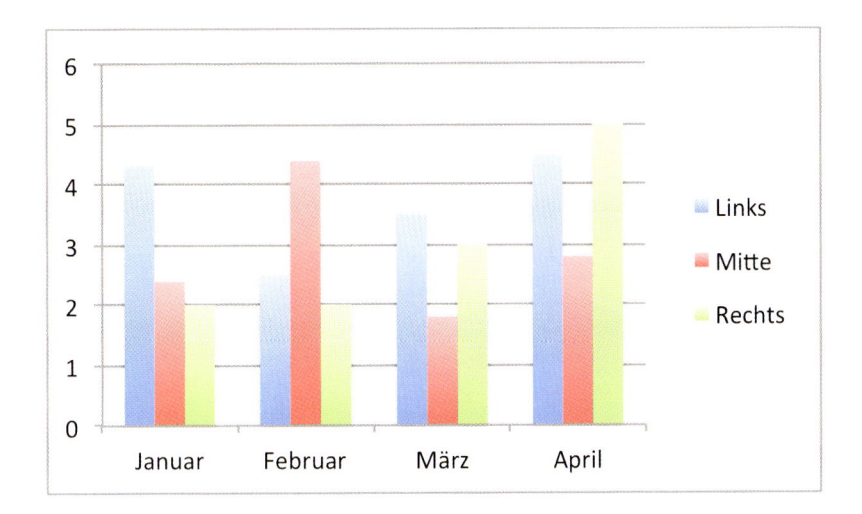

Abb. 6–40
Säulen- oder Balkendiagramm

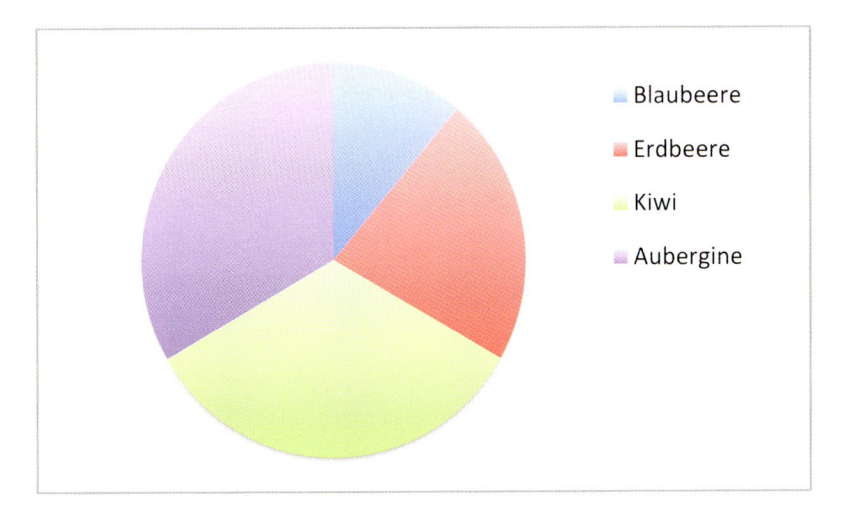

Abb. 6–41
Kuchendiagramm

Kuchendiagramm
- Wann einsetzen: Vergleich von Anteilen am Ganzen, Prozentwerte
- Beispiele: Umfrage unter 100 Menschen mit drei Antwortmöglichkeiten, Anteil verschiedener Betriebssysteme am Gesamtmarkt, Verhältnis von Frauen zu Männern in einem bestimmten Beruf

Kuchendiagramm: Anteil von Einzeldaten am Ganzen

So baust du Daten als Diagramm in deine Show ein

Abb. 6–42
Daten als Diagramm einbauen:
Menüpunkt auswählen

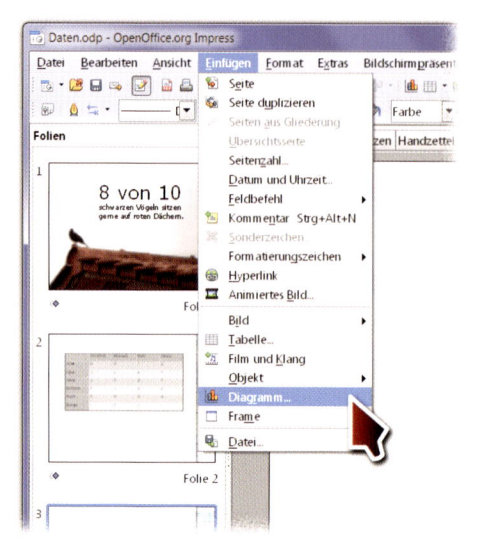

Abb. 6–43
Daten als Diagramm einbauen:
Leeres Diagramm mit zufälligen Daten

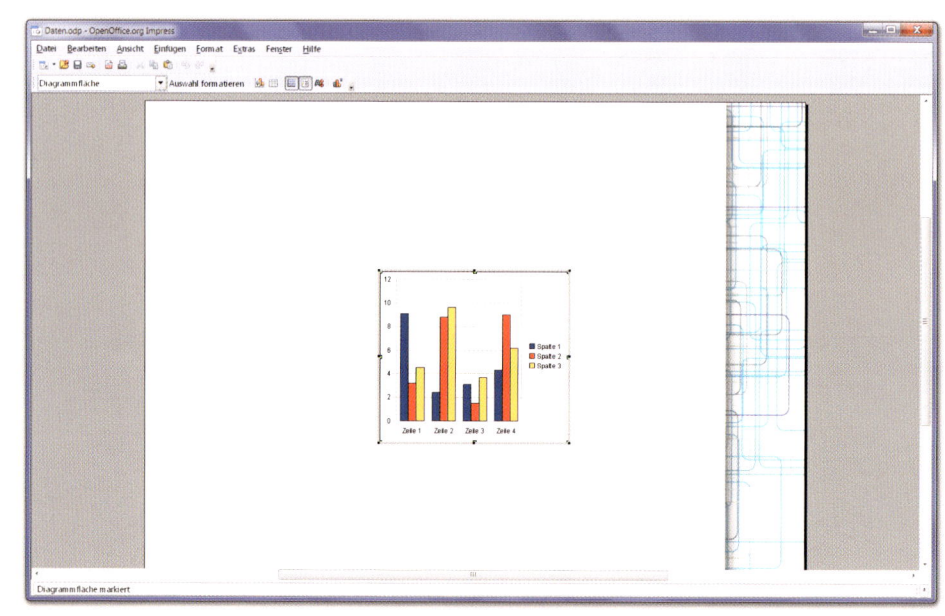

Abb. 6–44
Daten als Diagramm einbauen:
Diagrammtyp ändern

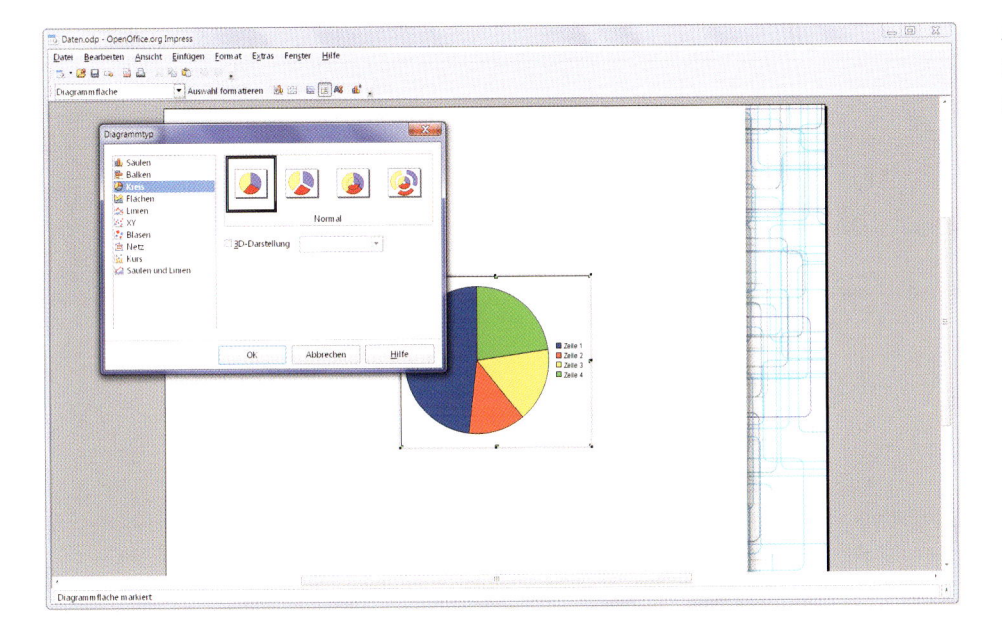

Abb. 6–45
Daten als Diagramm einbauen:
Kuchendiagramm auswählen

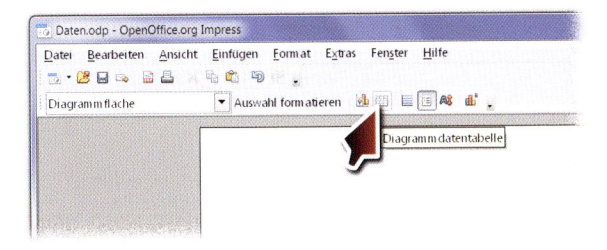

Abb. 6–46
Daten als Diagramm einbauen:
Datenbearbeitung auswählen

Abb. 6–47
Daten als Diagramm einbauen: Daten bearbeiten

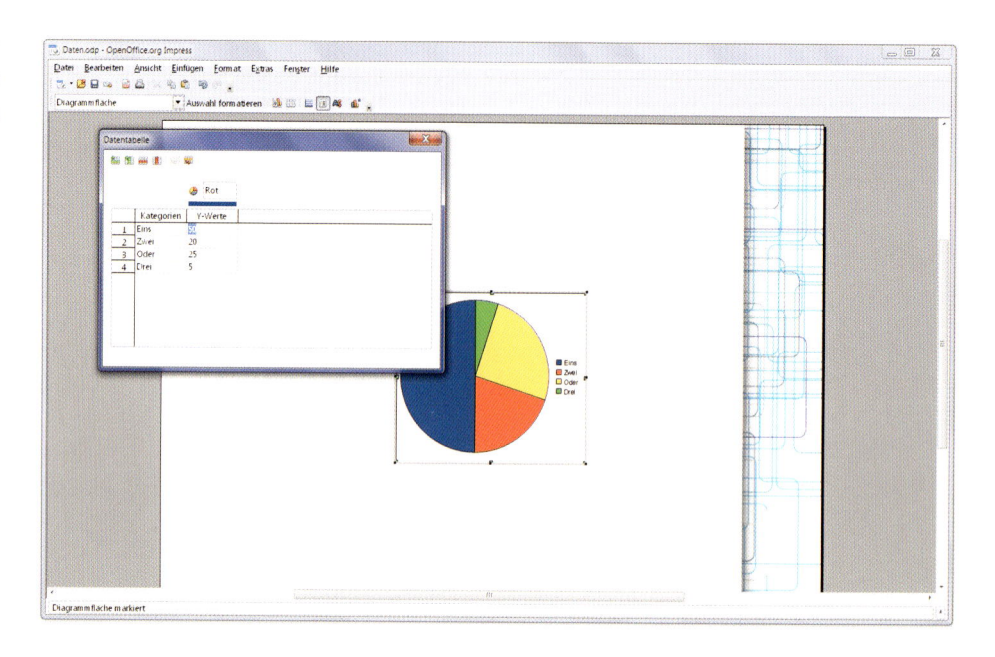

Videos in der Show einsetzen

3 Möglichkeiten, Videos in die Show einzubauen

Bilder, Texte und Daten sind die Grundbausteine der Folien. Bei den meisten Themen reichen sie völlig aus, um eine geile Show hinzubekommen. Manchmal muss aber doch noch das gewisse Etwas her: ein Video. Vielleicht setzt du es ein, um einen Vorgang besser zu veranschaulichen. Oder das Video soll ein Höhepunkt am Schluss sein. Du kannst Videos auf drei verschiedene Arten in eine Show einbinden:

1. in die Folien einbauen
2. von einem speziellen Computerprogramm abspielen lassen
3. auf einem DVD-Player zeigen

Video in die Folien einbauen

Video in Folie einbinden

Vorteil:
Du musst nichts umschalten oder umstecken, um das Video zu zeigen. Dadurch fließt deine Show in einem durch.

Nachteil:
Die Computerprogramme für Präsentationen können mit manchen Video-Formaten nichts anfangen. Es kann also sein, dass dein Video nicht abgespielt wird. Außerdem ist vielleicht der Computer, auf dem du das Video zeigst, zu schwach. Dann ruckelt das Bild, und der Ton stottert.

So geht's:
Jedes Computerprogramm für Präsentationen bietet die Möglichkeit, ein Video in die Folien einzubauen. Aber Achtung, es gibt zwei verschiedene Arten, ein Video einzufügen: als Verknüpfung zur Video-Datei und als eingebettete Video-Datei. Das Einbetten beherrscht OpenOffice.org Impress gar nicht und Microsoft PowerPoint erst ab Version 2007. Apple Keynote bettet Videos immer ein.

Beim Einfügen als eingebettete Video-Datei wird das Video so wie ein Bild oder Text in der Präsentationsdatei abgespeichert. Diese Datei ist dann sehr groß – logisch, ist ja auch das ganze Video drin. Um deine Show auf einem fremden Computer abspielen zu können, reicht es, die Präsentationsdatei zu kopieren.

Video als Verknüpfung
Ein Video kann aber auch als Verknüpfung in die Folien eingebaut werden. So eine Verknüpfung ist wie ein Hinweisschild auf einer Autobahn. Sie ist nicht das Ziel, sie zeigt nur dort hin. Die Verknüpfung zum Video macht die Präsentationsdatei nicht viel größer. Wenn in der Show die Folie mit dem Video dran ist, schaut das Computerprogramm für Präsentationen, wo die Verknüpfung hinzeigt. Von dort wird das Video dann abgespielt. Wenn allerdings an diesem Ort kein Video ist, kann es auch nicht abgespielt werden. Deshalb:

Achtung: Verknüpfung

Verknüpfte Video-Datei mitnehmen
Damit deine Folien auf einem fremden Computer laufen, musst du bei verknüpften Videos neben der Präsentationsdatei auch die Video-Datei auf diesen Computer überspielen. Details dazu findest du im Abschnitt »Präsentation zeigefertig machen« ab Seite 248.

So funktioniert das Einfügen als Verknüpfung zum Video in Impress:

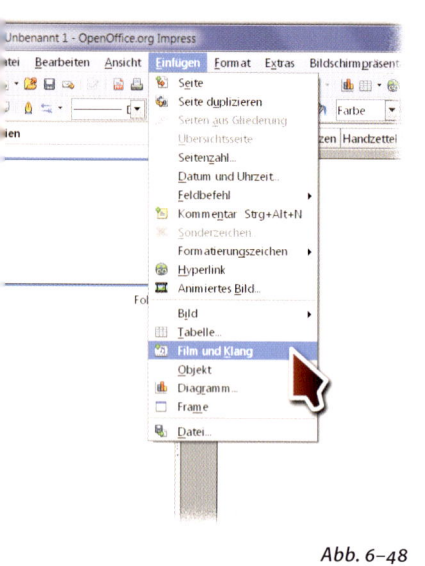

Abb. 6–48

Video erfolgreich eingefügt. Lass dich nicht vom Fragezeichen irritieren.

Abb. 6–49

Video einfügen: Menüpunkt anklicken, dann Ablageort und Video auswählen.

Video von einem speziellen Computerprogramm abspielen lassen

Video von speziellem Computerprogramm abspielen lassen

Vorteil:
Spezielle Video-Abspielprogramme verstehen so gut wie jedes Video-Format. Dein Video wird also ziemlich sicher auf dem Computer laufen.

Nachteil:
Du musst für das Video von den Folien zum Abspielprogramm umschalten und am Ende des Videos wieder zurück. Das ist ein kleiner Bruch im Ablauf. Außerdem ist es etwas umständlich, mehr als ein Video zu zeigen. Du musst weitere Videos im Video-Abspielprogramm erst suchen und öffnen, ehe du sie abspielen kannst.

Schwarzes Video vermeiden:
Beamer als einzigen Monitor oder als »primäres Anzeigegerät« einstellen.
Manche Windows-Computer zeigen ein sehr nerviges Verhalten: Wenn ein Beamer angeschlossen ist und ein Video läuft, ist nur auf dem eingebauten Display etwas zu sehen. Der Beamer liefert ein schwarzes Bild. Das Problem kannst du vermeiden. Entweder du machst den Beamer zum einzigen Ausgabegerät, das ist die sichere Variante. Dann hast du allerdings kein Bild mehr auf dem Notebook und musst auf die Leinwand gucken, um dich zu orientieren. Andere Möglichkeit: Du machst den Beamer zum »primären Anzeigegerät«.

Egal wofür du dich entscheidest, du musst eine Tastenkombination lernen, und der Computer muss sie unterstützen. Weitere Voraussetzung: Der Beamer muss angeschlossen sein. Du kannst das Umschalten also leider nicht daheim im »Trockenen« üben.

Gute Karten hast du, wenn auf dem Computer Windows 7 installiert ist. Dann verwendest du die Tastenkombination *Win+P*. Du drückst also die Windows-Taste (die mit der kleinen Flagge drauf), hältst sie fest und drückst zusätzlich die Taste P. Jetzt sollte ein Auswahlfenster erscheinen, in dem du entscheiden kannst, wie die Anzeigegeräte sich verhalten (siehe Abbildung 6–50).

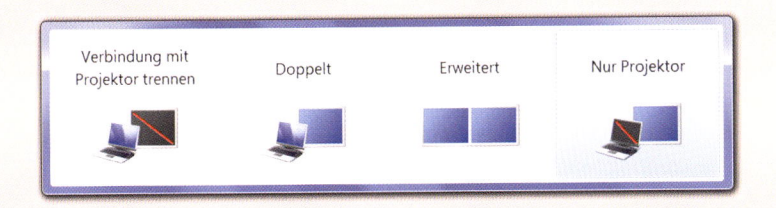

Abb. 6–50
Dieses Fenster erscheint unter Windows 7 nach dem Drücken der Tastenkombination Win+P

Auch auf Computern mit einer älteren Windows-Version (Windows 2000, XP oder Vista) besteht die Chance, die Anzeigegeräte mit einer Tastenkombination anzupassen. Such auf der Tastatur eine Taste, auf der ein oder zwei kleine Bildschirme zu sehen sind. Falls es keine solche Taste gibt, kannst du diesen Trick leider nicht nutzen. Falls doch, musst du als Nächstes eine Taste mit der Aufschrift »fn« oder einem farbigen Quadrat suchen. Drück die *fn*-Taste, und halte sie fest. Drück dann die Bildschirm-Taste, und lass sie wieder los. Die *fn*-Taste hältst du weiter gedrückt. Jetzt müsste auf dem Bildschirm eine grafische Darstellung der aktiven Anzeige(n) erscheinen.

Jedes Mal, wenn du bei gedrückter *fn*-Taste wieder auf die Bildschirm-Taste drückst, springt die Anzeige eins weiter. Wenn die gewünschte Anzeigeart (nur Beamer zum Beispiel) auftaucht, lässt du die *fn*-Taste los. Dann müsste das Bild »umspringen« – vom Laptop auf den Beamer zum Beispiel. Schau dir die Abbildung 6–51 an, da wird der Vorgang deutlich.

Abb. 6–51
Mit dieser Tastenkombination (oder so ähnlich, je nach Computer) kannst du die Monitore umschalten.

Folien bauen   **241**

Video-Abspielprogramm VLC auf einen USB-Stick installieren

Oft musst du deine Show auf einem fremden Computer ablaufen lassen, auf dem kein spezielles Computerprogramm zum Abspielen von Videos installiert ist. Es gibt von VLC aber eine »portable« Version, die nicht installiert werden muss. Du speicherst sie daheim auf einem USB-Stick, den du zur Show mitnimmst. Bei Bedarf steckst du den USB-Stick in den fremden Computer und startest VLC von dort. Falls genug Platz ist, kannst du auch das Video selbst auf den USB-Stick speichern und in der Show von dort abspielen. Eine Anleitung, wie das genau geht, findest du unter `http://gShow.de/319` im Internet. Teste das Abspielen des Videos vom Stick aber unbedingt vor der Show auf dem entsprechenden Computer. Wenn das Bild ruckelt, dann werden die Video-Daten nicht schnell genug vom Stick zum Computer übertragen. Kopier das Video in diesem Fall auf die Festplatte des Computers, und spiel es mit VLC von dort aus ab.

So geht's:

VLC verwenden

Es gibt viele kostenlose Abspielprogramme für Videos. Ich empfehle dir VLC (`http://gShow.de/316`). Dieses Computerprogramm kann so ziemlich jedes Video ohne großes Gefummel und auch auf weniger schnellen Computern abspielen. Vor der Show startest du VLC und lädst das gewünschte Video mit *Datei / Öffnen*.

Während der Show schaltest du an der entsprechenden Stelle von den Folien auf VLC mit *Alt-Tab* um: *Alt*-Taste drücken und festhalten, dann so oft auf die *Tab*-Taste drücken, bis das VLC-Symbol erscheint. Dann die *Alt*-Taste loslassen. Mit der Leertaste startest und pausierst du das Video im VLC. Mit der Taste »F« schaltest du das Video vom kleinen Fenster auf Vollbild um. Mit der Taste »Esc« geht es vom Vollbild wieder zurück zum Fenstermodus.

Video auf einem DVD-Player abspielen

Vorteil:
Ein DVD-Player ist sehr zuverlässig. Da kann nichts abstürzen oder falsch konfiguriert sein. Dein Video auf DVD wird also ziemlich sicher laufen.

Nachteil:
Es ist nicht so einfach, aus einem Video eine DVD zu machen. Außerdem musst du während der Show den Beamer vom Computer auf den DVD-Player umschalten. Das ist umständlich.

So geht's:
Um dein Video auf eine DVD zu bekommen, benötigst du einen beschreibbaren DVD-Rohling und einen DVD-Brenner mit einem Computerprogramm zum Brennen von DVDs. Bei neueren Computern ist das alles dabei, falls nicht, kannst einen DVD-Brenner auch nachkaufen und an jeden Computer anschließen. Um ein Video aus einer Kamera auf DVD zu bekommen, benötigst du zusätzlich ein Computerprogramm, um die Videos auszulesen und für DVD umzuwandeln. Dieses Computerprogramm ist bei jeder Kamera dabei, wirf mal einen Blick ins Handbuch.

Vielleicht kann auch das Computerprogramm zum Brennen von DVDs das Video von deiner Kamera direkt in das DVD-Format umwandeln. Probier es einfach aus, indem du in diesem Computerprogramm eine neue Video-DVD anlegst, das gewünschte Video hinzufügst und die DVD brennst. Falls auch das nicht funktioniert, schau bei `http://gShow.de/320` im Internet vorbei. Dort habe ich noch ein paar Tricks für dich, um Videos umzuwandeln.

Video-DVD brennen

Audios in der Show einsetzen

Denk beim Einsatz von Medien auch mal darüber nach, ob vielleicht der Ton reicht und gar kein Bild zappeln muss. Audios (Geräusche, Töne und Sprache) können eine große Bereicherung für eine Show sein. Du kannst sie auf zweierlei Arten in deine Show einbinden:

- in die Folien einbauen
- auf einem CD- oder MP3-Player abspielen

2 Möglichkeiten, Audios in die Show einzubauen

Audio in die Folien einbauen

Vorteil:
Das Audio kommt an der richtigen Stelle in deiner Show, ohne dass du groß herumfummeln musst.

Audio in Folie einbinden

Nachteil:
Wenn bei der Show kein Ton kommt, gibt es leider am Computer viele Fehlerquellen: Lautsprecher nicht angeschlossen? Ton am Computer ausgeschaltet? Lautstärke zu niedrig? Irgendeins von diesen völlig unverständlichen Computerproblemen?

So geht's:

Achtung: Verknüpfung

Jedes Computerprogramm für Präsentationen bietet die Möglichkeit, ein Audio in die Folien einzubauen. Aber Achtung, es gibt zwei verschiedene Arten: als Verknüpfung zur Audio-Datei und als eingebettete Audio-Datei. Das Einbetten beherrscht OpenOffice.org Impress gar nicht und Microsoft PowerPoint erst ab Version 2007. Apple Keynote bettet Audios immer ein. Verknüpfen und einbetten läuft bei den Audios wie bei den Videos. Lies unter »Videos in der Show einsetzen« ab Seite 238 nach, was du dabei jeweils beachten musst.

Einfügen / Film und Klang

So funktioniert das Einfügen des Audios als Verknüpfung in Impress:

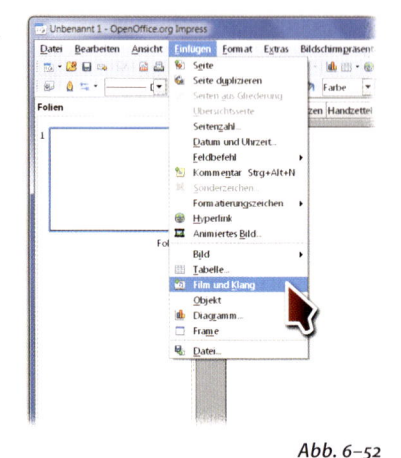

Abb. 6–52
Audio einfügen: Erst Menüpunkt anklicken, dann Ablageort und Audio auswählen.

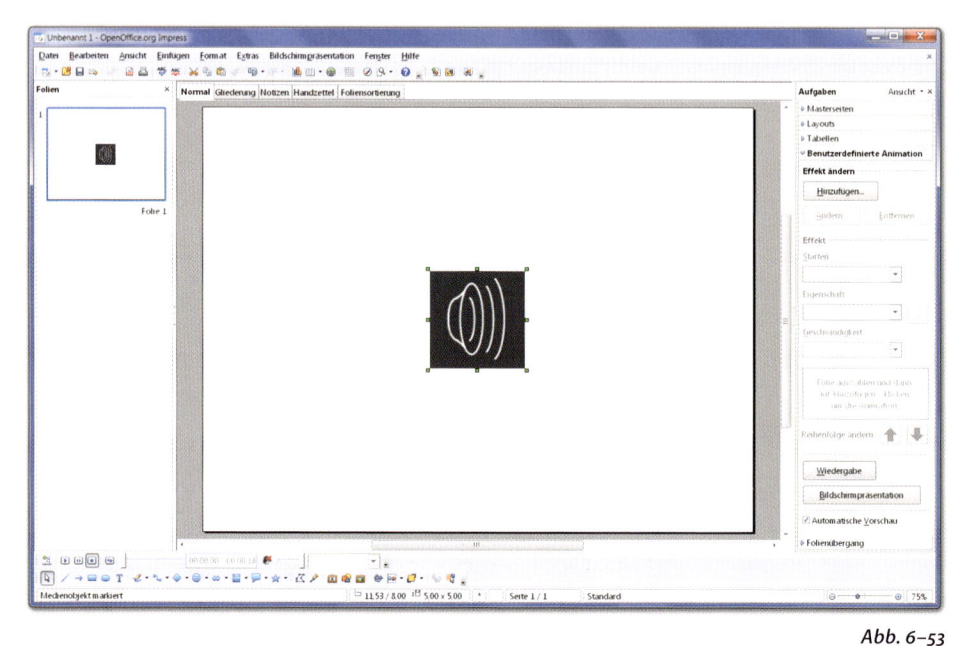

Abb. 6–53
Audio-Datei wurde erfolgreich eingefügt.

Audio auf einem CD- oder MP3-Player abspielen

Audio auf einem CD- oder MP3-Player abspielen

Vorteil:
CD- oder MP3-Player sind eine sichere Sache. Die Geräte stürzen nicht ab oder bekommen Computerviren. Dein Audio wird also ziemlich zuverlässig abgespielt.

Nachteil:
Du musst während der Show vom Computer zum Player wechseln und die CD starten. Das frisst etwas Zeit und Konzentration.

So geht's:
Um dein Audio auf CD zu bekommen, benötigst du einen beschreibbaren CD-Rohling und einen CD-Brenner mit einem Computerprogramm zum Brennen von CDs. Das ist bei neueren Computern alles schon dabei. Übrigens: Wenn du einen DVD-Brenner hast, kannst du auch CDs brennen. Leg im Computerprogramm zum Brennen von CDs eine neue Audio-CD an, füge die gewünschte Audio-Datei hinzu, und brenn die CD. Auf einen MP3-Player bekommst du die Audio-Datei so: Häng den MP3-Player mit einem USB-Kabel (flacher rechteckiger Anschluss) an den Computer. Dann kopier die Datei mit einem Computerprogramm zum Synchronisieren (iTunes zum Beispiel) oder dem Explorer auf das Gerät.

Audio-CD brennen

Bild zum Ton wäre nett
Ein Audio ist eher was für die Ohren. Wenn es läuft, haben die Augen der Zuschauer Pause. Trotzdem kannst du auf der Folie mit dem Audio ein Bild oder etwas Text einfügen. Beides sollte natürlich zum Audio passen, also zum Beispiel den Titel des Audios als Text zeigen und ein Foto (vom Sprecher des Audios zum Beispiel) als Illustration. Es ist aber auch nicht verboten, ein schwarzes Bild zu zeigen, während das Audio spielt.

Vielleicht ein Standbild zum Ton

Übergänge und Animationen einsetzen

Eine geile Show ist wie ein Kinofilm. Ein Film besteht aus einzelnen Szenen. Eine Szene ist eine kurze, kleine Erzähleinheit innerhalb eines Films, etwa vergleichbar mit einer Folie in deiner Show. Eine neue Szene im Film kann einiges bedeuten: Neuer Ort, andere Zeit, oder es sind andere Personen zu sehen. Ein Kinofilm wird Szene für Szene gedreht. Allerdings meistens nicht von vorne nach hinten durch. Die Reihenfolge des Drehs hängt davon ab, wann welche Schauspieler gebucht sind, wie das Wetter ist, welche Studios zur Verfügung stehen und so weiter. Aber ich schweife ab.

Übergang und Bewegung

Szene + Szene + Szene = Film
Zurück zu den Szenen. Nach dem Dreh geht das Material in den »Schnitt«. Dort hängt der Regisseur des Films Szene an Szene. Zwischen den Szenen baut er einen Übergang ein. Erinnere dich an deinen letzten Kinofilm. Welche Arten von Übergängen hast du wahrge-

Harter Schnitt und weiche Blende

nommen? Sehr wahrscheinlich zwei verschiedene. Entweder hast du harte Schnitte gesehen: Auf das letzte Bild der einen Szene folgt sofort das erste Bild der nächsten Szene. Oder weiche Blenden: Die letzten Bilder einer Szene verblassen langsam und werden immer stärker von den Bildern der nächsten Szene überlagert.

So wie im Film finden Übergänge auch zwischen den Folien in deiner Show statt. Die Computerprogramme für Präsentationen bieten allerdings viel mehr verschiedene Übergänge als nur den harten Schnitt und die weiche Blende. Leider tun sie das. Neue Folien können ins Bild fliegen, sich von der Mitte ausdehnen oder aufgeblättert werden. Die alten Folien lösen sich in Schnipsel auf, explodieren oder tun was weiß ich noch alles. »Übergangseffekte« nennt sich das.

Abb. 6–54
Übergang: harter Schnitt

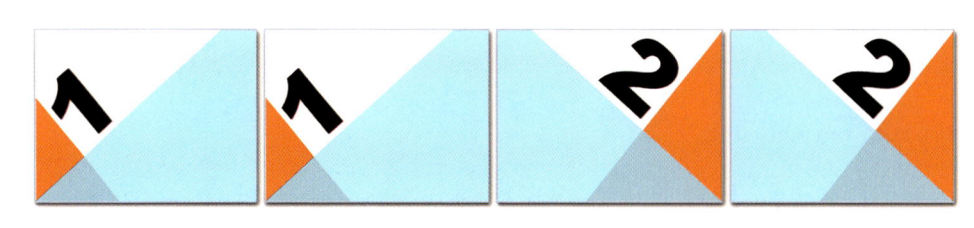

Abb. 6–55
Übergang: weiche Blende

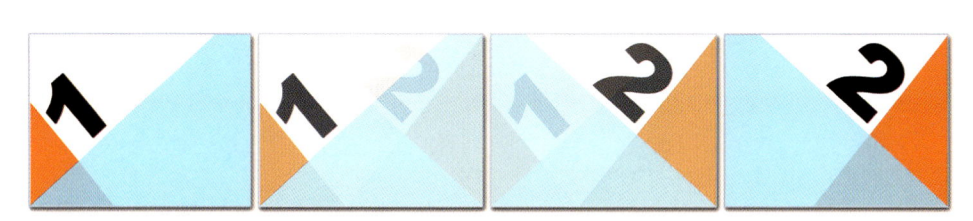

Wow, Übergänge, noch nie gesehen

Vergiss die tausend anderen Übergänge!

Es ist grade für einen Anfänger sehr verlockend, alle Übergangseffekte einzusetzen, die das Computerprogramm bietet. Es macht einen stolz, zu zeigen, was man alles drauf hat. Ich gestehe: Ich habe früher auch »tolle« Übergangseffekte eingesetzt, und zwar nicht zu knapp. Beim Schreiben dieses Buchs bin ich auf ein paar meiner sehr frühen Shows gestoßen. Da hab ich es aber mal zappeln und wackeln lassen! Heute betrachtet, ist das eher peinlich.

Lass die Finger von den Übergangseffekten. Oder kennst du einen Kinofilm, in dem die Szenen als Papierflugzeug wegfliegen, sich zu Linien auflösen oder dreidimensional umgeblättert werden? Eben. Ich auch nicht. Deine Folien leben von ihrem Inhalt und nicht von dem Übergang dazwischen. Außerdem ist Übergangsüberfluss kein Zeichen von besonde-

Verwende nur den harten Schnitt als Übergang zwischen deinen Folien, allerhöchstens noch eine weiche Blende.

rem Können. Jeder bekommt mit einem Klick aus der Liste der 800 Übergänge einen ausgewählt. Das führt nicht mehr zu einen »Wow« im Publikum – im Gegenteil.

Die eiserne Regel lautet daher:

Wie die Folien, so die Elemente

Und wo wir schon dabei sind: Die Computerprogramme für Präsentationen bieten auch die Möglichkeit, einzelne Elemente einer Folie auf die drolligsten Arten erscheinen und verschwinden zu lassen. Text, Grafik und Foto können reinfliegen, sich auflösen, herumhüpfen und so weiter. Animation nennt sich das. Und es gilt wie bei den Folienübergängen: Lass die Finger von übertriebenen Effekten. Es ist völlig okay, wenn auf einer Folie einzelne Teile nacheinander erscheinen und nicht alle gleichzeitig. Aber lass die Textteile entweder blitzartig auftauchen (das entspricht dem harten Schnitt bei Szenen), oder blende sie schnell weich ein.

> **ÜBRIGENS**
>
> Ich setze doch manchmal einen Übergangseffekt zwischen zwei Folien ein, bevorzugt einen ganz abgedrehten. Ich kündige den Effekt dann ganz groß an, als einzigen Übergangseffekt in der Show. Meistens bringt das einen Lacher.

Abb. 6–56

Textübergänge:

harter Schnitt und weiche Blende

Folienschwenks für übergroße Bilder

Im Film werden »Schwenks« verwendet, um etwas zu zeigen, das nicht ins Bild passt. Die Kamera bewegt sich umher, so wie ein Zuschauer vor Ort die Augen wandern lassen würde. Nutze den Schwenk in deiner Show, wenn du ein Bild zeigen willst, das nicht auf eine Folie passt (überlange Internet-Seiten, Panorama-Fotos).

Dafür musst du das Bild auseinander schneiden, sodass jeder Teil genau auf eine Folie passt. Zwischen den Folien setzt du den Übergangseffekt »Schieben« ein. Dadurch wirkt es in der Show so, als ob der Blick über das ganze Bild wandert. Ein Beispiel siehst du in Abbildung 6–56.

Abb. 6–57
Übergangseffekt »Schieben nach links« am Beispiel eines überbreiten Panoramafotos

Echt überhaupt keine Animationen verwenden?

Darin sind Animationen stark: Abläufe darstellen

Die meisten Animationen sind wie gesagt total abgegriffelt. Keiner staunt mehr, wenn Texte in eine Folie fliegen oder herumzappeln. Ganz stark sind Animationen allerdings, wenn du Abläufe darstellen willst. Zum Beispiel:

So entsteht Regen.
1. Wasser verdunstet über dem Meer.
2. Verdunstetes Wasser sammelt sich in Wolken.
3. Wolken ziehen über das Land.
4. Wolken bleiben am Berg »hängen« und regnen sich ab.
5. Regenwasser fließt ins Meer.

Abb. 6–58
Beispiel für sinnvolle Animation: So entsteht Regen.

Bei solchen Vorgängen bietet sich eine Animation an. Zunächst ist auf der Folie nur das erste Element zu sehen. Auf Knopfdruck taucht das zweite Element auf und so weiter bis zum Ende. Die einzelnen Elemente können dabei auch gerne animiert sein (Wolken fliegen übers Land und so weiter).

Präsentation zeigefertig machen

Bereite dein Werk auf die Show vor.

Ich weiß nicht, was du für Erfahrungen mit Computern gemacht hast, meine wichtigste ist: Auf einen Computer kann man sich nicht verlassen. Er startet nicht, startet zwar, aber geht überraschend aus, die Festplatte will keine Daten mehr lesen, das Display setzt aus. All das kann dir auch in deiner Show passieren, und deshalb solltest du deine Folien schlau sichern. Damit du sie im Computer-Ausfallfall auf eine andere Art zeigen kannst.

Folien dreifach sichern

Die oberste Regel lautet: Du sollst deine Daten doppelt sichern, besser dreifach. Auf dem eigenen Computer, falls du von dem aus präsentierst. Auf einem USB-Stick oder einer CD. Im Internet.

Folien dreifach sichern

Sicherung 1: Auf dem eigenen Computer

Wenn du alles Material (Bilder, Texte, Folien, Videos und Audios) für die Show auf deinem eigenen Computer vorbereitet hast, ist Sicherung 1 ziemlich einfach: Idealerweise liegt alles in einem einzigen Show-Ordner, den du dir zum Beispiel auf dem Desktop angelegt hast. Kopier diesen Ordner an einen anderen Ort auf dem Computer. Im Windows Explorer: Klick mit der rechten Maustaste auf den Ordner, und wähle aus dem Menü »Kopieren« aus. Geh jetzt zu einem anderen Ort im Explorer (»Eigene Dateien« zum Beispiel), klick dort mit der rechten Maustaste, und wähle »Einfügen« aus.

Sicherung 1: Kopie anlegen

    Diese Sicherung schützt dich vor kleineren Ausfällen der Festplatte, auf der deine Daten gespeichert sind. Meistens geht die Festplatte nicht ganz kaputt, sondern nur kleine Teile davon. Trifft dieser Ausfall deinen Show-Ordner, hast du immer noch die Sicherung an anderer Stelle der Festplatte als Ersatz. Es ist sehr unwahrscheinlich, dass beide Speicherorte gleichzeitig von einem Ausfall betroffen sind. Aber »sehr unwahrscheinlich« heißt nicht »unmöglich«. Deshalb (und weil der Computer komplett ausfallen könnte) solltest du unbedingt eine zusätzliche Sicherung durchführen. Und zwar Sicherung 2.

Sicherung 2: Auf einem USB-Stick oder einer CD

Eine wichtige Regel bei der Datensicherung lautet: Die Sicherung sollte auf einem Gerät erfolgen, das nicht Teil des Computers ist und sich möglichst weit entfernt davon befindet. Gut geeignet für diese zweite Sicherung deiner Show ist ein USB-Stick oder eine CD.

Sicherung 2: Auf einen Datenträger auslagern

    Kopier dir deinen Show-Ordner mit dem Explorer vom Desktop auf den USB-Stick: Klick mit der rechten Maustaste auf den Show-Ordner, wähle »Kopieren« aus. Klick jetzt mit der rechten Maustaste im Explorer das Symbol für den USB-Stick an, und wähle »Einfügen« aus.

    Eine Sicherung auf CD machst du mit dem Computerprogramm zum Brennen von CDs, das deinem CD-Brenner beiliegt. Lege eine neue »Daten-CD« an, und füge deinen Show-Ordner hinzu. Dann brennen und fertig.

WICHTIG 27

Videos und Audios auf den Datenträger mitsichern

Achtung bei Videos und Audios: Wahrscheinlich hast du solche Dateien als »Verknüpfung« in deine Präsentationsdatei eingefügt (siehe Seite 238). Die Verknüpfung ist aber nicht das Video oder Audio selbst, sie zeigt nur auf den Speicherort der Datei.

Stell dir eine Verknüpfung so vor wie ein Hinweisschild auf der Autobahn. Auf dem Schild steht »Bremen«, aber das Schild ist nicht Bremen. Es zeigt dir nur, wie du nach Bremen kommst. Entsprechend ist eine Verknüpfung zu einem Bremen-Video in einer Präsentationsdatei nicht das Video, es zeigt nur auf die Video-Datei.

Du musst also neben der Präsentationsdatei auch die Video-Datei mit auf den USB-Stick oder die CD packen. Sonst nützt dir die Sicherung nichts. Leg die Video- oder Audio-Datei am besten in den gleichen Ordner wie die Präsentationsdatei.

Sicherung 3: Im Internet

Sicherung 3: Ins Internet auslagern

Die ersten beiden Sicherungen schützen dich ganz gut vor einem Ausfall des Computers. Aber was ist, wenn dir deine Ausrüstung geklaut wird? Computer, USB-Stick, CD und so weiter – alles weg. Und damit hast du auch keine Sicherung mehr. Diebstahlgefahr besteht besonders dann, wenn du für deine Show durch die Welt reisen musst. Profis nutzen deswegen eine zusätzliche Sicherung, die gegen Diebstahl immun ist: die Sicherung im Internet.

Das geht ganz einfach: Du schickst dir selbst die Präsentationsdatei an eine Mail geheftet. Deine Folien liegen dann im Internet für dich bereit. Geht kurz vor der Show etwas schief, kannst du die Mail von einem anderen Computer aus abholen. Du speicherst die Präsentationsdatei auf diesem Computer und zeigst die Folien von dort. Leider funktioniert diese Art der Sicherung nur, wenn kein Video und kein Audio in der Show vorkommt. Solche Dateien sind meistens zu groß, um sie per Mail zu verschicken.

Folien für fremde Computer vorbereiten

Mit dem Schlimmsten rechnen: Auf fremden Computern präsentieren

Computer fallen also aus, so viel ist klar. Und ich habe noch eine wichtige Computer-Weisheit für dich: Auf einen fremden Computer kann man sich nicht verlassen. Es sind völlig andere Programme installiert oder die gleichen, aber in anderen Versionen. Der Bildschirm ist anders eingestellt, der Computer läuft viel langsamer und so weiter. Falls du deine Folien also nicht auf deinem eigenen Computer zeigst, musst du sie entsprechend vorbereiten. Nur so ist einigermaßen sichergestellt, dass die Show auch auf dem fremden Computer ablaufen wird. Ein fremder Computer ist immer erst mal ein Gegner, den du nicht einschätzen kannst. Yoda sagt: »Zwei Möglichkeiten du hast, ihn zu bezwingen.«

ÜBRIGENS

Ich habe noch eine dritte wichtigste Computer-Erfahrung: Siehe »Merksatz 3: In 9 von 10 Fällen ist ein Stecker locker.« auf Seite 38.

Variante 1: Den Gegner kennenlernen

Mach dich vor der Show schlau, wie der fremde Computer ausgestattet ist, auf dem du deine Folien zeigen wirst. Frag den technischen Betreuer nach den installierten Programmen (OpenOffice.org Impress, Microsoft PowerPoint und Apple Keynote sind die gebräuchlichsten) und in welcher Version sie vorliegen. PowerPoint zum Beispiel gibt es (von neu zu alt) als: PowerPoint 2010, 2007, 2003 und XP.

Rausfinden: Welche PowerPoint-Version ist installiert?

Faustregel: Die neueren Programme können auch Folien zeigen, die mit älteren Versionen gebaut worden sind. Umgekehrt funktioniert das nicht zuverlässig. Oft fehlen in älteren Versionen der Programme wichtige Funktionen. Die Folge: Die Folien aus der neueren Version funktionieren nicht wie erwartet. Vielleicht wird eine Grafik nicht angezeigt, oder nur fehlerhaft. Vielleicht klappt ein Übergang nicht. Im schlimmsten Fall kannst du die neuen Folien gar nicht mit dem alten Programm öffnen.

> **Ja, wo bleibt sie denn, die Zahl?**
> Wenn dir das mit den fehlenden Funktionen in älteren Versionen nicht wichtig vorkommt, hör dir diese Geschichte an: Ich musste in einer wichtigen Runde ein paar wichtige Fakten zu einem wichtigen Thema präsentieren. PowerPoint 2007 war grad frisch herausgekommen, und ich wollte unbedingt eine der neuen Funktionen ausprobieren. Eine bedeutsame Zahl (1337, aber das tut nichts zur Sache) war zunächst noch abgedeckt und sollte auf Knopfdruck weich eingeblendet werden. Dazu hatte ich die Zahl mit einem weißen Rechteck abgedeckt und den neuen Ausblendeffekt gewählt, der das Rechteck weich verschwinden lässt.
>
> Leider funktionierte der Beamer an meinem Computer nicht, und ich musste die Folien auf einen fremden Computer kopieren. Natürlich war auf dem nur PowerPoint 2003 installiert, und das kannte den Ausblendeffekt nicht. Ich drück also an der entscheidenden Stelle den Knopf, und es passiert: nix. Das Rechteck blendet nicht weg, die Zahl bleibt abgedeckt. Dummerweise hatte ich sie nicht mal mehr im Kopf. Eine Blamage.
>
> Drei Lehren habe ich daraus gezogen: Verzichte auf Spielereien. Rechne damit, auf einem fremden Computer zu präsentieren. Und: Schreib dir wichtige Zahlen auf den Unterarm.

Solltest du also deine Folien mit einer neueren Version des Computerprogramms für Präsentationen gebaut haben, dann bleibt dir nur eins: Du musst deine Folien unter der älteren Version speichern, die auf dem fremden Computer installiert ist. Am besten machst du das erst kurz vor der Show, wenn du nichts mehr an den Folien ändern musst. Überschreib aber dabei nicht dein Original, sondern gib dieser Datei einen anderen Namen. Häng zum Beispiel »2003« an den Namen einer Datei für PowerPoint 2003. Die ursprüngliche Datei namens `GeileShow.ppt` speicherst du als `GeileShow2003.ppt` ab.

Eventuell in alter Version speichern

Achtung: Alte Version testen

Das Speichern für ältere Versionen funktioniert zwar nach meiner Erfahrung recht zuverlässig. Teste die Datei für die ältere Version trotzdem unbedingt auf deinem Computer. Nicht dass du mitten in der Show entdeckst, dass die »Speichern unter«-

Alte Version testen

Folien bauen 251

Funktion doch nicht ganz sauber arbeitet und zum Beispiel eine Zahl nicht aufgedeckt wird. Oder so.

Abb. 6–59
Datei / Speichern unter / Alte Version

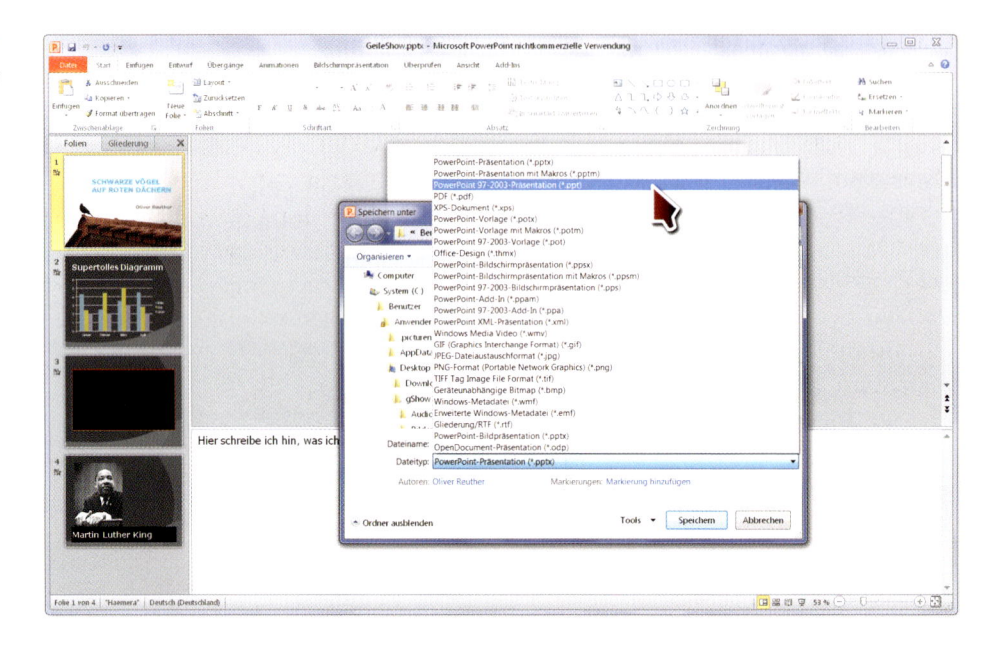

Erst am Schluss

Achtung: Erst am Schluss

Speicher deine Folien erst ganz am Schluss für die ältere Version des Computerprogramms für Präsentationen. Arbeite danach nicht mehr an dieser Datei (GeileShow2003.ppt). Falls du noch etwas an der Show ändern musst, dann öffne zunächst deine Original-Datei (GeileShow.ppt). Tu, was zu tun ist, und speicher ganz normal ab, wenn du fertig bist. Zusätzlich speicherst du die Datei für die ältere Version mit Namenszusatz (GeileShow2003.ppt).

Variante 2: Den Gegner austricksen

Mit Tricks auf fremden Computern präsentieren

Du musst dich nicht unbedingt danach richten, was auf dem fremden Computer alles installiert ist. Du kannst ihn auch austricksen. Die Zauberworte heißen »Viewer« und »portable App«. Für beide Verfahren benötigst du einen USB-Stick. Der Trick besteht darin, dass du auf den Stick ein Computerprogramm installierst, das deine Präsentationsdatei direkt vom Stick abspielen kann. Der »Viewer« oder die »portable App« (gleich mehr dazu) muss also nicht auf einem fremden Computer installiert werden. Das ist in den meisten Fällen (zum Beispiel bei Computern in Firmen) auch gar nicht erlaubt.

PowerPoint-Viewer

Für PowerPoint-Dateien lädst du dir von Microsoft den neuesten PowerPoint-Viewer herunter (`http://gShow.de/321`). Nach dem Herunterladen installierst du den Viewer direkt auf deinem USB-Stick, zum Beispiel nach »E:\PPViewer«. Das »E:« kann bei dir ein anderer Buchstabe sein, je nachdem, welcher deinem Stick zugeordnet ist.

Kostenloser Viewer für PowerPoint

Deine Präsentationsdatei inklusive Videos und Audios kopierst du ebenfalls auf den Stick, am besten in das gleiche Verzeichnis, in dem der Viewer liegt (»E:\PPViewer«). Dann steckst du den Stick vom Computer ab, lässt ihn lässig in die Hosentasche oder so gleiten und hast deine Show immer dabei. Achtung: Mit dem Viewer kannst du deine Folien zwar zeigen, aber nicht bearbeiten. Einen Fehler kurz vor der Show noch zu ändern, ist also nicht drin.

Das Zeigen von Folien mit dem PowerPoint-Viewer ist ganz einfach: Kurz vor der Show steckst du den USB-Stick in den fremden Computer ein und wartest, bis er erkannt worden ist. Dann startest du den Viewer: Im Explorer den USB-Stick auswählen, in den Viewer-Ordner (also »E:\PPViewer« oder so) wechseln, den PowerPoint-Viewer starten und deine Präsentationsdatei auswählen. Unter `http://gShow.de/322` steht noch mal ganz genau und mit Bildern, wie das geht.

Impress portable

Für Impress-Dateien (OpenOffice.org) gibt es leider keinen Viewer. Aber etwas viel Schöneres. OpenOffice.org ist eine »portable App«, also ein »tragbares Computerprogramm«. Solche Programme (es gibt ein paar davon) kannst du direkt auf einen Stick installieren und von dort aus an anderen Computern starten.

Impress zum Mitnehmen

Eine portable App auf dem USB-Stick bietet die gleichen Funktionen wie das installierte Programm auf dem Computer. Du kannst damit Präsentationsdateien zeigen und bearbeiten. Es ist also (anders als beim Viewer) kein Problem, falls du in deinen Folien kurz vor der Show noch einen Fehler entdeckst. Du steckst den USB-Stick in den fremden Computer ein, startest das portable Impress, öffnest die Folien und bearbeitest sie. Und dann zeigst du das Ergebnis direkt vom USB-Stick aus auf dem Beamer. Perfekt.

Keynote: Export

Für Keynote-Dateien (Apple) gibt es leider keinen Viewer und auch keine portable App. Falls du solche Dateien auf einem fremden Computer (besonders auf einem Nicht-Apple-

Keynote als PowerPoint exportieren

Gerät) zeigen musst, bleibt dir nur eins: Du musst die Folien »exportieren«, also in einem anderen Format abspeichern. Wähle im Keynote-Menü: *Ablage / Exportieren*. Ich empfehle dir das PPT-Format, das sind Dateien, die PowerPoint versteht. Der Export klappt ganz gut. Manche Effekte kennt PowerPoint nicht, darauf weist Keynote allerdings hin, und es wählt automatisch eine funktionierende Alternative.

Folien als PDF sichern

Auf der ganz sicheren Seite bist du, wenn du deine Folien zusätzlich als PDF ausgibst. PDF ist ein Austauschformat für Dokumente. Solche Dateien benötigen zwar ein spezielles Computerprogramm zum Betrachten (einen »Viewer«), das ist aber auf so gut wie jedem Computer installiert. Wähle in Impress aus dem Menü: *Datei / Exportieren* und dann »als PDF«. Dann wählst du den Speicherort aus, gibst dem PDF einen Namen und speicherst es ab. Die Datei packst du am besten in den Ordner mit der Präsentationsdatei und sicherst sie auch auf den USB-Stick oder eine CD.

Das PDF öffnest du bei Bedarf (»Oh Schreck, die Folien funktionieren nicht!«) kurz vor der Show im Viewer, ein Doppelklick auf die Datei sollte reichen. Geh dann im Menü oben auf »Anzeige«, und wähle »Vollbild« aus. Deine erste Folie wird bildschirmfüllend angezeigt. Die nächste Folie kommt beim Druck auf die Pfeiltaste nach rechts, zurück geht es mit der Pfeiltaste nach links. Aus dem Vollbild kommst du mit der Taste »Esc« wieder raus. Achtung: Heb dir auf jeden Fall die originale Präsentationsdatei auf. PDF-Dateien kannst du nachträglich nicht einfach so ändern.

Und noch ein Tipp zum Powertipp: Hol dir ein kostenloses Computerprogramm zum Betrachten von PDF-Dateien (`http://gShow.de/323`), und pack es auf den USB-Stick mit drauf. Dann kannst du dein PDF zeigen, auch wenn der fremde Computer nichts mit PDF-Dateien anfangen kann.

6.2 Sprechzettel schreiben

Sprechzettel: Was sag ich nur?

Das ganze Drumherum deiner Show steht. Du hast eine ausgefeilte Gliederung mit guten Botschaften und viele Informationen zum Thema. Dein Storyboard führt dir vor Augen, wie lang du für die einzelnen Teile Zeit hast. Es fehlt nur noch eine Vorlage für das, was du sagst. Es fehlt ein »Sprechzettel«. Klar, das ist noch mal Arbeit, denn dein Vortrag ist wie schon 23-mal gesagt der wichtigste Teil deiner Show. Deshalb kann beim Sprechzettel schreiben natürlich auch noch etwas schiefgehen. Aber wenn du dich bis jetzt brav ans Buch gehalten hast, kann dir gar nichts passieren.

Vielleicht bist du sogar schon ganz fertig. Weil du – Achtung, Luft holen, gleich kommt ein böses Wort – deinen Vortrag FREI hältst. Also ganz ohne Vorlage. Warum auch nicht? Über dein Thema weißt du Bescheid, und Folien zur Orientierung sind auch schon vorhanden.

Bin ich irre?

Spässle gemacht. Ich empfehle fast niemandem, einen Vortrag völlig frei zu halten. Das ist nur was für Menschen, die schon einige Shows gemeistert haben. Und die sich auch bei schwierigen Auftritten auf jemanden verlassen können, den sie echt liebhaben: auf sich selbst. Solange du kein Show-Profi bist, schreib dir auf jeden Fall einen Sprechzettel für deinen Vortrag. Er gibt dir Halt im Normalfall und ist ein Rettungsring, wenn dein Hirn komplett aussteigt.

Drei verschiedene Arten von Sprechzetteln

1. ausformuliertes Manuskript auf DIN-A4-Blättern
2. Sprecherkarten im Format DIN-A5
3. DIN-A4-Blatt quer als Spickzettel auf dem Tisch

3 Arten von Sprechzetteln: Manuskript, Sprecherkarten, Spickzettel

Gleich erfährst du mehr über die Sprechzettel. Aber erst habe ich noch eine Frage an dich: Kennst du dein »Sprechtempo«? Ja? Dann blätter gleich weiter zum Abschnitt »Vortrag ausformulieren« ab Seite 257. Nein, »Sprechtempo« sagt dir nichts? Sollte es aber. Nur wenn du weißt, wie schnell du sprichst, kannst du einen Vortrag einer bestimmten Länge schreiben.

Angemessenes Sprechtempo finden

Rede langsamer, als du denkst. Hui, das ist aber doppeldeutig. Bedeutung 1: Denke erst zu Ende, und rede dann. Bedeutung 2: Rede nicht so schnell wie sonst. Und beide Bedeutungen des Satzes sind total wahr. Wenn ich mich jetzt noch immer dran halten würde …

Es gibt für fast alles eine Geschwindigkeitsbegrenzung: Zone 30, innerorts, Landstraße und bei Shows. Die Show-Geschwindigkeit heißt auch »Sprechtempo« und wird in Wörtern pro Minute angegeben. Im Alltag reden Menschen etwa 140 bis 160 Wörter pro Minute. In einer Show solltest du höchstens 80 bis 100 Wörter pro Minute schnell sein, damit dein Publikum dich versteht und dir folgen kann. Die Menschen können schließlich nicht zurückspulen, wenn sie etwas verpasst haben, weil es zu schnell ging. Mach die folgende Übung, um ein Gefühl für dieses Show-Sprechtempo zu bekommen.

Optimal: 80 bis 100 Wörter pro Minute

Das richtige Sprechtempo

Lies dir den folgenden Text ein paar Mal leise durch, sodass er dir nicht mehr neu ist:

Der Hase und der Igel

Es war an einem Sonntagmorgen im Herbst, gerade als der Buchweizen blühte. Die Sonne war am Himmel aufgegangen, und der Wind strich warm über die Stoppeln. Die Lerchen sangen hoch in der Luft, und die Bienen summten im Buchweizen. Die Leute gingen in ihrem Sonntagsstaat zur Kirche, und alle Geschöpfe waren vergnügt, auch der Igel.

Er stand vor seiner Tür, hatte die Arme verschränkt. Er guckte in den Morgenwind hinaus und trällerte ein kleines Liedchen vor sich hin. So gut und so schlecht, wie am Sonntagmorgen ein Igel eben zu singen pflegt.

Während er nun so vor sich hinsang, fiel ihm plötzlich ein, er könnte doch, während seine Frau die Kinder wusch und ankleidete, ein bisschen im Feld spazieren gehen und nachsehen, wie die Steckrüben standen. Die Steckrüben waren ganz nah bei seinem Haus, und er pflegte sie mit seiner Familie zu essen, darum sah er sie auch als die seinigen an.

Gedacht, getan.

Nimm dir jetzt eine Uhr mit Sekundenanzeige, und fang bei null an, den Text laut vorzulesen. Wenn du fertig bist, schau auf der Uhr nach, wie lange du gebraucht hast. Vermutlich waren es etwa 60 Sekunden. Damit liegt dein Sprechtempo bei 160 Wörtern pro Minute. So ist das bei den meisten Menschen, wenn sie mit normaler Geschwindigkeit lesen. Für eine Show ist das allerdings viel zu schnell.

Während deiner Show solltest du mit einer Geschwindigkeit von etwa 80 bis 100 Wörtern pro Minute sprechen. Das ist nur halb so schnell, wie du wahrscheinlich eben geredet hast. Mach diese Übung noch mal, und versuch, auf ein Sprechtempo von 80 Wörtern pro Minute zu kommen. Das bedeutet, dass du 2 Minuten für den Text brauchst.

Und dann mach die Übung noch mal in dieser Geschwindigkeit (80 Wörter pro Minute). Und dann noch mal. Mach die Übung so oft, bis du ein Gefühl für langsames Sprechen hast.

Wie viel Text passt in 15 Minuten Show?

80 bis 100 Wörter pro Minute ist also das gute Sprechtempo in einer Show. Um einzuschätzen, wie viel Text dein Manuskript haben muss, damit du ihn in 15 Minuten bequem sprechen kannst, brauchst du etwas Mathe. Sorry, es geht nicht anders. Aber freu dich doch: Endlich ist das Fach mal für etwas gut. Hier ist das Leben, für das du in der Schule gelernt hast.

Wir wissen:

100 Wörter pro Minute ist das gute Sprechtempo in einer Show. Deine Show ist 15 Minuten lang, du sprichst allerdings nicht durchgehend, sondern machst immer wieder mal eine Pause. Insgesamt hältst du 3 Minuten den Mund. Deine reine Sprechzeit beträgt also 12 Minuten.

Daraus schließen wir:
Du wirst in deiner Show etwa 1200 Wörter sprechen. Denn: 100 Wörter pro Minute mal 12 Minuten ergibt 1200 Wörter.

Wir wissen weiter:
Im Durchschnitt bestehen Wörter in der deutschen Sprache aus 6 Buchstaben. Auf eine DIN-A4-Seite (oben, unten, links und rechts je 2 cm Rand, Schriftart Arial, 12 Punkt, 1,5-facher Zeilenabstand) passen 2400 Buchstaben (ohne Leerzeichen).

Daraus schließen wir:
Du brauchst 3 Blatt DIN-A4 Papier für den ausformulierten Text einer Show von 15 Minuten Länge mit 12 Minuten reiner Sprechzeit. Das ist natürlich nur eine ungefähre Angabe – eine Faustformel eben. Und die lautet noch mal ausgeschrieben:

Ein ausformulierter Vortrag von 12 Minuten Länge geht auf 3 Blatt DIN-A4-Papier.
Das Manuskript für einen durchgehenden Vortrag von 12 Minuten Länge passt auf drei mit dem Computer beschriebene DIN-A4-Seiten mit folgenden Einstellungen: Schriftart Arial, 12 Punkt, 1,5-facher Zeilenabstand, auf jedem Blatt oben, unten, links und rechts je 2 cm Rand.

Gut! Jetzt kennst du also das richtige Show-Sprechtempo. Dann kannst du als Nächstes locker aus den Einzelteilen in deinem Drehbuch deinen Sprechzettel anfertigen.

Vortrag ausformulieren

Vor ein paar Seiten hab ich dir was über unterschiedliche Arten von Sprechzetteln erzählt, aus denen du wählen kannst. Ich habe eine gute Nachricht: Du musst dich noch gar nicht entscheiden, ob du Sprecherkarten, einen Spickzettel oder ein ausformuliertes Manuskript verwendest. Denn egal welchen Sprechzettel du einsetzt, zunächst solltest du deinen Vortrag in ganzen Sätzen ausarbeiten, ihn ausformulieren.

So schreibst du das ausformulierte Manuskript
Schalte den Computer ein, und starte ein Computerprogramm zum Schreiben: Microsoft Word, Apple Pages oder OpenOffice.org Writer zum Beispiel. Leg ein neues Dokument an, und speichere es in deinem Show-Ordner auf dem Desktop unter dem Namen »Manu-

Abb. 6–60
Diese Zeichnung hat nichts mit dem Text hier zu tun. Sie ist aber wunderschön, und ich wollte sie unbedingt im Buch haben.

skript«. Stell das Dokument so ein: Schriftart Arial, 12 Punkt, 1,5-facher Zeilenabstand, Dokument DIN-A4, oben, unten, links und rechts je 2 cm Rand.

Storyboard-Kärtchen bereitlegen

Pack alle Storyboard-Kärtchen in der richtigen Reihenfolge auf einen Stapel, und leg ihn vor dich hin. Achte darauf, dass dein Drehbuch in Blickweite ist, sodass du immer wieder mal draufschauen kannst. Dein Drehbuch erinnert dich immer an dein Thema, und so du bleibst eng an deinem Ziel und vor allem an deiner Zielgruppe.

Kärtchen für Kärtchen zum Manuskript

Aus den Teilen einen Text machen

Jetzt nimm dir das erste Storyboard-Kärtchen. Da müsste dein Einstieg draufstehen. Lies dir die Informationen durch, die auf dem Kärtchen stehen. Formulier aus den Informationen auf dem ersten Storyboard-Kärtchen einen ganzen Satz, und schreib ihn in dein Manuskript. Dann nimm dir das nächste Storyboard-Kärtchen her, formulier aus den Informationen einen ganzen Satz oder auch zwei, drei, vier, fünf Sätze. Schreib den Text in dein Manuskript.

Auf diese Art gehst du der Reihe nach alle Storyboard-Kärtchen durch. Schau zwischendurch, wie viel du schon geschrieben hast. Bei 15 Minuten Show-Dauer sollten es nicht mehr als drei DIN-A4-Seiten Manuskript werden.

Tipp fürs Wörterzählen

Du kannst dir im Computerprogramm zum Schreiben (Word, Pages, Writer und so weiter) anzeigen lassen, wie viele Wörter du schon geschrieben hast. Bei Word geht es so:
Menü *Extras / Wörter zählen*
Oft steht die Anzahl der Zeichen oder Wörter auch am unteren Bildschirmrand in der sogenannten Statuszeile.

So schreibst du Texte für Shows

Ohren lesen Texte anders als Augen

Ein Manuskript für eine Show soll nicht gelesen, sondern gehört werden. Ein Zuhörer muss jeden Satz im ersten Durchgang verstehen: Er kann nicht zurücklesen, wenn er etwas verpasst oder nicht auf Anhieb kapiert hat. Diese Besonderheit musst du schon beim Schreiben deines Manuskripts im Kopf haben. Radioleute nennen diese spezielle Art des Schreibens:

Für die Ohren schreiben

Hier die zwei wichtigsten Regeln für gut ohrgängige Texte:
1. Schreibe in einfachen Sätzen.
2. Verwende bekannte Wörter.

Ich weiß, das klingt simpel. Aber mach es erst mal, und dann reden wir wieder. Es ist nämlich seltsamerweise schwerer, etwas kurz und einfach zu schreiben als ausschweifend und kompliziert. Mehr Infos zum Schreiben für die Ohren findest du im Abschnitt »Mit Stil sprechen und schreiben« ab Seite 79.

Schreib dein Manuskript so, wie du einem Freund eine Geschichte erzählst. Schreib nicht so, als würdest du vor Gericht stehen.

Vortrag probelesen

Wenn du alle Storyboard-Kärtchen durch hast, bist du mit deinem Manuskript fertig. Steh auf, hüpf herum, mach das Fenster auf, und atme tief ein, lutsch ein Stück Schokolade, oder trink ein Glas Wasser. Was auch immer: Mach ein paar Minuten Pause.

Nach der Pause kommt der erste Sprechtest ohne Publikum. Nimm dir dein Manuskript und eine Uhr mit Sekundenanzeige. Bei null auf der Uhr startest du und liest den Text im Show-Tempo (100 Wörter pro Minute) vor. Mach nach jedem Satz eine ganz kurze Pause, und lege alle paar Sätze eine etwas längere Pause ein. Eine Sekunde reicht aus. Wenn du mit dem Text durch bist, schau auf die Uhr. Für 3 DIN-A4-Seiten solltest du etwa 12 Minuten benötigen.

Sprechtest ohne Publikum

Und, wie war ich?
Jetzt lies dir dein Manuskript noch mal durch, und erinner dich, wie das Vorlesen gelaufen ist:

Stolperstellen erkennen und beseitigen

> Gab es Stellen, an denen du dich versprochen hast?
> Markieren!
> Hattest du an bestimmten Stellen einen Hänger?
> Markieren!

Versprecher und Hänger deuten darauf hin, dass deine Sätze an dieser Stelle zu lang oder deine Wörter zu schwierig sind. Überarbeite dein Manuskript an den markierten Stellen. Mach die Sätze einfacher:

Aus:
»Nachdem ich eingetroffen war, blickte ich in die Runde und konnte anschließend meine Gegner überwinden.«
Mach:
»Ich kam, sah und siegte!« (Julius Cäsar)

Und überlege, ob du schwierige Wörter nicht durch einfache ersetzen kannst.
Aus:
»Essenszubereitung«
Mach:
»Kochen«

Mehr zum Thema Sprache findest du übrigens im Abschnitt »Mit Stil sprechen und schreiben« ab Seite 79.

Probelauf vor Publikum

Sprechtest vor Publikum

Das ist für viele der blödeste Teil: Wenn du dein Manuskript so weit fertig hast, solltest du es jemand anderem vortragen. Am besten geeignet sind Menschen, die dich gern haben, wie Freunde, Geschwister, Eltern, Kollegen und so weiter. Ich weiß, der Probelauf ist einfach nur peinlich. Aber der Vortrag vor einem freundlichen Menschen ist wichtig für dich. Denn schließlich wirst du den Text sowieso vortragen müssen. Warum also nicht erst mal in einer vertrauten und ungefährlichen Umgebung üben?

Dieser erste Test ist übrigens »trocken«, also ohne deine ganze Show (Folien, Gegenstände und so weiter) außenrum. Es geht beim Probleauf nicht darum, dass die Show rund läuft, sondern nur darum, dass dein Text verständlich ist.

Los geht der Probelauf

Nachfragen, was hängengeblieben ist

Hol dir den freundlichen Zuhörer, nimm dein Manuskript, und fang bei null auf der Uhr an, vorzulesen. Lies im Tempo deiner Show: 3 DIN-A4-Seiten in etwa 12 Minuten. Mach alle paar Sätze eine Sekunde Pause. Wenn die Zeit rum ist, dann rede mit dem Zuhörer über den Text. Stell ihm Fragen dazu. Frag aber auf gar keinen Fall:

- »Und?«
- »Wie war es?«
- »Hat es dir gefallen?«

Die Antworten auf diese Fragen bringen dich nicht weiter. Wahrscheinlich sagt der Zuhörer was Nettes. Schließlich ist er mit dir befreundet und will es auch bleiben. Stell lieber solche Fragen:

> Frag nach dem Thema:
> »Worum ging es in meinem Vortrag?«
> Frag nach den Botschaften:
> »Hast du irgendwelche Wörter oder Sätze in Erinnerung behalten?«
> Frag nach besonderen Informationen aus deinem Vortrag:
> »Wie viele Tiger gibt es noch weltweit? Wann ist Schiller gestorben? Wer hat Kennedy erschossen?«

Frag nach Inhalt, Botschaften und Informationen

Falls dein Zuhörer alle Fragen richtig beantworten kann, hast du einen super Job gemacht und bist mit dem Manuskript durch. Falls nicht, musst du noch mal ran. Wie sehr du ran musst, das hängt davon ab, was nicht rübergekommen ist.

Wenn die Zuschauer etwas nicht verstanden haben

Das Thema ist nicht angekommen?

Houston, du hast ein großes Problem! Wenn dein Zuhörer überhaupt nicht kapiert hat, worum es geht, dann bleibt dir nur eins: Schmeiß dein Manuskript weg, und fang von vorne an. Echt. Es bringt nichts, an einem unverständlichen Text herumzubasteln. Das kostet dich viel Zeit, und am Ende wird vermutlich nichts besser sein. Also schmeiß das Manuskript jetzt gleich weg, und fang von vorne an.

Großes Verständnisproblem

> **Oft ist Wegwerfen besser als Überarbeiten.**
> Ich hab schon viele Texte für Shows, Zeitschriften und fürs Radio geschrieben. Nur mit der Hälfte davon war ich auf Anhieb einigermaßen zufrieden. Aber ich hab noch nie erlebt, dass ein schlechter Text durch Dranherumbasteln gut geworden ist. Und ich hab es echt probiert und viel Zeit damit verbracht. Mittlerweile weiß ich ganz sicher: Wenn ein Text in die Hose gegangen ist, schmeiß ich ihn weg und fang von vorne an. Das tut zwar weh, aber es ist besser für das Ergebnis.

Die Botschaften sind nicht angekommen?

Mittleres Verständnisproblem

Hm, du hast vielleicht ein Problem! Falls dein Zuhörer von deinen drei Botschaften gar keine behalten hat, kannst du wahrscheinlich auch von vorne anfangen. Null von drei spricht dafür, dass das Thema nicht klar geworden ist. Also: Manuskript wegschmeißen und von vorne anfangen.

Falls eine von drei Botschaften angekommen ist und es die wichtigste war: Hey, besser als gar nichts. Du kannst entweder noch an den anderen Botschaften im Manuskript arbeiten oder mit dem Ergebnis zufrieden sein. Falls zwei von deinen drei Botschaften beim Zuhörer angekommen sind, klopf dir ordentlich auf die Schulter. Damit kannst du sehr zufrieden sein.

Besondere Informationen sind nicht angekommen?

Kleines Verständnisproblem oder gar keins

Wahrscheinlich gibt es kein Problem! Die meisten Menschen können sich Zahlen und Daten schlecht merken, wenn sie nur zuhören. Es ist also kein Problem, wenn bei deinem Vortrag nichts in dieser Richtung beim Zuhörer hängengeblieben ist. Überleg aber, ob die Information überhaupt wichtig ist. Falls nein: Raus damit. Falls ja: Schenke der Information Platz auf einer eigenen Folie. Oder schreib dein Manuskript um: Erzähl eine Geschichte um die Information herum.

Manuskript, Sprecherkarten oder Spickzettel schreiben

Sobald du mit deinem ausformulierten Manuskript zufrieden bist … nein, halt, ich fang noch mal an: Sobald deine Testzuhörer mit deinem Vortrag zufrieden sind, kannst du dein Manuskript auf die Sprechzettel übertragen. Doch vorher musst du unbedingt noch die »Regieanweisungen« kennenlernen.

An dieser Stelle: Fragend gucken!

Was sind Regieanweisungen?

Regieanweisungen stehen in Kinofilm-Drehbüchern neben dem Text, den die Schauspieler sprechen. Eine Regieanweisung gibt vor, wie der Schauspieler etwas sprechen und was er dabei tun soll. Also zum Beispiel so:

Regieanweisung: Erster Zwerg geht auf sein Bettchen zu.
Text: Erster Zwerg: »Wer hat in meinem Bettchen gelegen?«
Regieanweisung: Erster Zwerg guckt fragend die anderen Zwerge an.

Bei deiner Show dienen die Regieanweisungen zwei Zwecken. Zum einen zeigen sie einen Folienwechsel an, zum anderen sagen Regieanweisungen dir, was du zu tun hast, während du sprichst. Ein Beispiel:

Regieanweisung: Wechsel zu Folie 6, Diagramm mit Entwicklung von Dihydrogen-Monoxid-Ausstoß
Text: »Zwischen 2005 und 2008 haben wir unseren Ausstoß an erhitztem Dihydrogen-Monoxid fast verdoppelt.«
Regieanweisung: Mit der Hand den Verlauf der Kurve nachzeichnen.

Regieanweisungen gehören in jedem Fall auf deinen Sprechzettel. Egal, ob du ein ausformuliertes Manuskript benutzt oder Sprecherkarten.

Regieanweisungen unbedingt einbauen

Bei der Gelegenheit: Ein Folienwechsel in deiner Show läuft normalerweise so ab:
1. nächste Folie ankündigen
2. auf nächste Folie umschalten
3. warten
4. weiterreden

Mehr Infos zu diesem Thema findest du ab Seite 52.

Regieanweisung: Regieanweisung Ende
Trörööö, jetzt sind endlich die Sprechzettel dran. Zur Erinnerung: Drei Arten gibt es. Ausformuliertes Manuskript, Sprecherkarten und Spickzettel.

Manuskript auf DIN-A4-Blättern

Wer benutzt das bei welcher Gelegenheit?
Totaler Anfänger, bei großer Redeangst, in Fällen, bei denen es auf die genauen Worte ankommt, und in sehr gefühlsgeladenen Situationen (Geburtstags-, Hochzeits-, Trauerrede, Rede zum 100. Firmenjubiläum).

Sprechzettel 1: Ausformuliertes Manuskript

Wie sieht das aus?
Ein Stapel Papier im Format DIN A4. Auf den Blättern steht ausformuliert der gesamte Vortrag. Du liest den Text vom Papier Wort für Wort ab.

Abb. 6–61
Ausformuliertes Manuskript

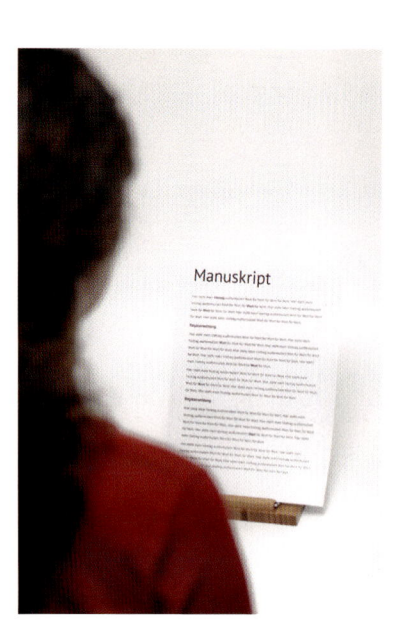

Bemerkung

Viele Anfänger denken: »Ich schreib meinen Text einfach ausformuliert auf einen Packen Papier und lese ihn Wort für Wort ab. So komme ich garantiert nicht ins Stocken und schaukele die Show in der passenden Zeit über die Runden.« Das ist völlig richtig gedacht auf den ersten Blick. Mit einem Manuskript kann vom Text her nicht viel schiefgehen, es ist ausgeschlossen, dass du den Faden verlierst. Leider sind abgelesene Texte für die Zuhörer meistens extrem langweilig. Es ist eine Kunst, einen Text so vorzulesen, dass er wie frei vorgetragen klingt.

Ausformuliertes Manuskript – so geht's

Fertig!

Glückwunsch, du bist fast fertig, falls du deinen Vortrag ausformuliert hast und ihn genau so ablesen willst. Du musst nur noch an den richtigen Stellen die Regieanweisungen in dein Manuskript einfügen. Nimm dazu deine Storyboard-Kärtchen her, geh sie eine nach der anderen durch, und füge in dein Manuskript an der richtigen Stelle die Regieanweisung ein. Verwende für die Regieanweisungen eine 16 Punkt große Schrift, und mach sie fett. Das Wort »Regieanweisung« kannst du weglassen.

Tipp

Dickeres Papier verwenden

Du solltest dein ausformuliertes Manuskript auf etwas festeres, dickeres Papier ausdrucken. Die »Dicke« von Papier wird in Gramm pro Quadratmeter (g/m²) angegeben. Normales, eher dünnes Papier liegt bei 80 g/m². Für ein Manuskript darf es gerne etwas mehr sein, 120 g/m² oder sogar 160 g/m².

Dickeres Papier ist deswegen besser, weil sich das Zittern deiner Hände nicht so stark darauf überträgt. Dünneres Papier wackelt gern mal mit und macht allen deutlich, wie aufgeregt du bist. Die Angabe zur Dicke des Papier steht außen auf der Packung. Bis 160 g/m² sollte jeder Drucker das Papier einziehen und bedrucken können.

Noch 'n Tipp

Schreib auf jedes Blatt deines Manuskripts rechts oben dick die Seitennummer. Falls dir die Blätter runterfallen, hast du sie schnell wieder in der richtigen Reihenfolge.

Seitennummern auf jedes Blatt

Sprecherkarten im Format DIN A5

Wer benutzt das bei welcher Gelegenheit?
Für Anfänger oder Experten und jede Show-Gelegenheit sehr gut geeignet.

Sprechzettel 2: Sprecherkarten

Wie sieht das aus?
Sprecherkarten sind so groß wie ein in der Mitte gefaltetes DIN-A4-Blatt. Vielleicht hast du solche Karten schon mal in der Hand eines Moderators im Fernsehen oder auf einer Bühne gesehen. Es gibt sie zu kaufen, du kannst sie aber leicht selbst herstellen. Gleich mehr dazu.

Du benötigst für jede Folie eine Sprecherkarte, hast also während der Show einen Kartenstapel in der Hand. Auf jeder Karte stehen Stichwörter zu einer Folie. Der Vortrag läuft so: Du wirfst kurz einen Blick auf die Sprecherkarte und machst im Kopf ganze Sätze aus den Stichwörtern. Dann trägst du den Text vor und steckst die Sprecherkarte nach hinten in den Stapel.

Abb. 6–62
Sprecherkarten

Bemerkung
Die Sprecherkarten sind meine Top-Empfehlung für dich. Egal ob du Anfänger bist oder Show-Profi, diese Kärtchen sind für jeden geeignet. Die Karten liegen sehr gut in der Hand und wirken nicht wie ein Fremdkörper. Außerdem sind sie fester als normales Papier und wackeln deshalb nicht, wenn deine Hände zittern. Beschrifte die Sprecherkarten aber nur auf einer Seite. Wenn du während der Show Karten umdrehen musst, kommst du leicht durcheinander.

Erste Wahl für Anfänger bis Profi

Sprecherkarten – so geht's

Nur Schlüsselbegriffe

Sprecherkarten sind halb so groß wie ein DIN-A4-Blatt, deshalb passt nicht so viel Text drauf. Muss auch nicht. Auf Sprecherkarten schreibst du nur die ganz wichtigen Begriffe, an die du dich während der Show erinnern musst: die Schlüsselbegriffe. Ein Schlüsselbegriff kann eine Zahl sein (ein Geburtsdatum zum Beispiel), ein Wort (der Name einer Stadt) oder ein ausformulierter Satz, zum Beispiel der erste oder letzte Satz deiner Show.

Es bleiben von deinem ausformulierten Manuskript also nur ein paar Schlüsselbegriffe übrig, aus denen du während deiner Show ganze Sätze machst. Ein Schlüsselbegriff ist wie ein Magnet für Gedanken. Wenn du während deiner Show diesen Begriff liest, zieht er dir den fertigen Satz aus deinem Kopf.

Mach dir keine Sorgen, dass deine gesprochenen Sätze in der Show etwas krumm und unvollständig werden. Es ist ziemlich schwirig, aus ein paar Schlüsselbegriffen aus dem Stand korrekte ganze Sätze zu formulieren. Mit etwas Übung wirst du allerdings immer besser darin. Diese Fähigkeit hilft dir auch außerhalb der Shows an vielen anderen Stellen in deinem Leben: Bewerbungsgespräche, mündliche Prüfungen, Reden zu feierlichen Anlässen und so weiter.

Sprecherkarten besorgen

Sehr dickes Papier im Format DIN A5

Jetzt ist der richtige Moment, um an die Sprecherkarten zu kommen. Du kannst sie fertig kaufen oder sie dir aus DIN-A4-Papier zurechtschneiden. Die Größe, die dir am besten liegt, musst du selbst rausfinden. Ich empfehle das Format DIN A5: Das kommt raus, wenn du ein DIN-A4-Blatt in der Mitte durchschneidest. DIN A5 ist etwa 20 cm breit und 15 cm hoch.

Probier es aus, und schneide dir mal ein paar DIN-A5-Sprecherkarten. Nimm sie in die Hand, und schau, wie sich das anfühlt. Falls sie dir zu klein vorkommen, mach sie größer. Auch gerne genommen werden Karten, die 20 cm breit und 10 cm hoch sind. Die bekommst du, wenn du ein DIN-A4-Blatt in drei gleich große Teile schneidest.

Wie breit und hoch auch immer deine Sprecherkarten sind, wichtig ist, dass sie dicker sind als normales Papier. Normales Papier ist 80 g/m² dick. Sprecherkarten können gerne 180 g/m² oder sogar 220 g/m² dick sein. Das ist dann fast schon Pappe. Je dicker die Sprecherkarten sind, umso besser liegen sie in der Hand. Und umso weniger überträgt sich das Zittern deiner Hände auf sie. Schneid dir so viele Sprecherkarten zurecht, wie du Folien in deiner Show hast. Schreib auf jede Karte rechts oben eine Nummer von 1 aufwärts bis zur Anzahl der Folien.

Nimm dir jetzt dein ausformuliertes Manuskript, und zieh die Schlüsselbegriffe raus. Schreib sie auf die Sprecherkarten. Aus dem vorigen Absatz zum Thema Dicke der Sprecherkarten wird zum Beispiel das hier:

Schlüsselbegriffe finden

- Sprecherkarten dicker!
- 80 Gramm pro Quadratmeter normal
- 220 Gramm pro Quadratmeter Sprecherkarten
- Fast Pappe
- Vorteil: Zittern sieht man nicht.

Oder etwas in dieser Art. Was genau in deinem Manuskript die Schlüsselbegriffe sind, das musst du selber rausfinden. Wichtig ist, dass auf den Sprecherkarten alles steht, woran du dich in deiner Show unbedingt erinnern musst.

Unten auf die Sprecherkarte und etwas abgesetzt von den Schlüsselbegriffen schreibst du deine Überleitung zur nächste Folie. Diese Überleitung sprichst du, ehe du auf die nächste Folie umschaltest. Wir erinnern uns an den Ablauf: Blabla zur aktuellen Folie, Pause, Überleitung zur nächsten Folie, umschalten auf die nächste Folie, längere Pause (damit das Publikum die neue Folie betrachten kann), Blabla zur neuen Folie. Mehr Infos zum Folienwechsel findest du ab Seite 52.

Unten auf die Sprecherkarte: Überleitung zur nächsten Folie

Deinen ersten und deinen letzten Satz schreibst du bitte ausformuliert als ganzen Satz auf die erste und die letzte Sprecherkarte. Zwischendrin kannst du auch mal einen ausformulierten Satz auf die jeweilige Sprecherkarte schreiben. Falls du hängenbleibst, liest du diesen Satz einfach vor.

Ausnahme: Ersten und letzten Satz unbedingt ausformulieren

Drei Anti-Blackout-Sätze auf die Rückseite jeder Sprecherkarte schreiben
Anti-Blackout-Sätze nenne ich deinen Rettungsring beim Totalausfall. Es sind ganze Sätze, die gut zum Thema deiner Show passen. Du kannst sie jederzeit bringen, wenn du hängenbleibst oder einen totalen Blackout hast. Gut ist es, drei Anti-Blackout-Sätze zu haben. Einen für jede der wesentlichen Botschaften aus dem Hauptteil zum Beispiel. Falls du Sprecherkärtchen verwendest, schreib deine drei Anti-Blackout-Sätze auf die Rückseite jeder Sprecherkarte. Bleibst du in der Show hängen, drehst du deinen Sprecherkarten-Pack einfach um, und schon kannst du den rettenden Satz ablesen. Das sieht nicht wie ein Fehler aus und verschafft dir die nötige Zeit, um dich zu fangen und mit deiner Show weiterzumachen.

DIN-A4-Blatt quer als Spickzettel auf dem Tisch

Wer benutzt das bei welcher Gelegenheit?

Sprechzettel 3: Spickzettel

Für sehr fortgeschrittene Fortgeschrittene geeignet und nur dann, wenn ein Schreibtisch oder ein Pult in Sichtweite steht.

Wie sieht das aus?

Erster und letzter Satz, Botschaften und ein paar Informationen

Ein DIN-A4-Blatt Papier quer, auf das du groß deine Gliederung schreibst, deinen ersten und letzten Satz und deine drei Botschaften aus dem Hauptteil. Wenn Platz ist, sind ein paar Stichwörter zu den Botschaften (insbesondere Zahlen) auch nicht verkehrt. Dieses Blatt stellst oder legst du so auf das Pult oder den Schreibtisch, dass du immer wieder während der Show einen Blick drauf werfen kannst.

Bemerkung

Sehr fortgeschrittene Fortgeschrittene können diesen Spickzettel mal ausprobieren, wenn sie die gleiche Show zum zweiten oder dritten Mal halten. Es kommt echt gut: Für das Publikum wirkt es wie frei vorgetragen, aber du selbst kannst immer wieder auf den Zettel spicken, wenn du unsicher bist oder hängst.

Abb. 6–63
Spickzettel

Spickzettel – so geht's

Ganz normales Blatt Papier

Der Spickzettel ist schnell gemacht. Nimm dir ein DIN-A4-Blatt Papier quer, und schreib groß deine Gliederung drauf. Außerdem gehören auf den Spickzettel: dein erster und letzter Satz der Show, deine drei Botschaften aus dem Hauptteil und die Anti-Blackout-Sätze (siehe »Powertipp 18: Drei Anti-Blackout-Sätze auf die Rückseite jeder Sprecherkarte schreiben« auf Seite 267). Wenn noch Platz auf dem Spickzettel ist, sind ein paar Stichwörter zu den Botschaften auch nicht verkehrt.

Den Sprechermonitor nutzen
Die Computerprogramme für Präsentationen stellen noch eine ganz besondere Art Sprechzettel zur Verfügung: den Sprechermonitor. Der Trick dabei ist, dass auf dem Beamer und dem Display des Computers zwei unterschiedliche Bilder gezeigt werden. Auf dem Beamer läuft die ganz normale Show mit Folien ab. Auf dem Display des Computers dagegen ist etwas ganz anderes zu sehen: eine verkleinerte Darstellung der aktuellen und der nächsten Folien, eine Uhr, eine Stoppuhr und die Notizen zur aktuellen Folie. Du kannst also den Computer als elektronischen Sprechzettel nutzen, und es wirkt, als würdest du frei sprechen. Mehr Infos zum Sprechermonitor und wie du ihn einrichten musst, findest du im Internet unter http://gShow.de/324.

6.3 Handzettel fürs Publikum anfertigen

Deine Zuschauer sollen deine Show genießen, und sie sollen etwas daraus mitnehmen: viele gute Anregungen, Gags, Ideen und Wissen. Gut gemachte Handzettel (englisch »handouts«) helfen den Menschen dabei, sich zu erinnern. Die Handzettel produzierst du am besten erst am Ende der Vorbereitungszeit, also als letzte Aktion vor der Show. So machst du die Arbeit nicht doppelt, falls du noch etwas an deiner Show änderst. Du kannst unter vier Handzettelarten wählen:

3 Arten von Handzetteln zum Mitgeben

Nur die Folien als Handzettel
Das ist die einfachste Art, an Handzettel zu kommen: Du druckst alle Folien mit dem Computerprogramm für Präsentationen groß auf DIN-A4-Papier aus. So können die Menschen in Ruhe daheim deine Show noch mal durchblättern und sich an das eine oder andere erinnern. In vielen Fällen reicht diese Minimalvariante völlig aus.

Aber Achtung! Die Handzettel sind nur ein Nebenprodukt. In erster Linie müssen die Folien während der Show wirken. Leider sieht man immer wieder, dass sehr gute Handzettel mit viel Text, haufenweise Zahlen und wenig Bildern zugleich als Folien eingesetzt werden. Das darf nicht sein. Gute Handzettel sind fast immer schlechte Folien.

Verschone bitte deine Zuschauer (ich könnte auch mal darunter sein) mit solchen Wüstenfolien. Bereite deine Folien immer, immer, immer so vor, dass sie gut in der Show funktionieren: viele Bilder, wenig Text und so weiter, du weißt Bescheid.

Handzettel 1: Die Folien ausdrucken

Handzettel 2: Folien mit Notizen ausdrucken

Folien plus Notizen als Handzettel

Etwas informativer als die reinen Folien ist diese Variante: Folien plus Notizen. Die Produktion solcher Handzettel ist auch nicht sehr aufwendig. Du musst vor dem Druck zu jeder

Abb. 6–64
Notizen eingeben

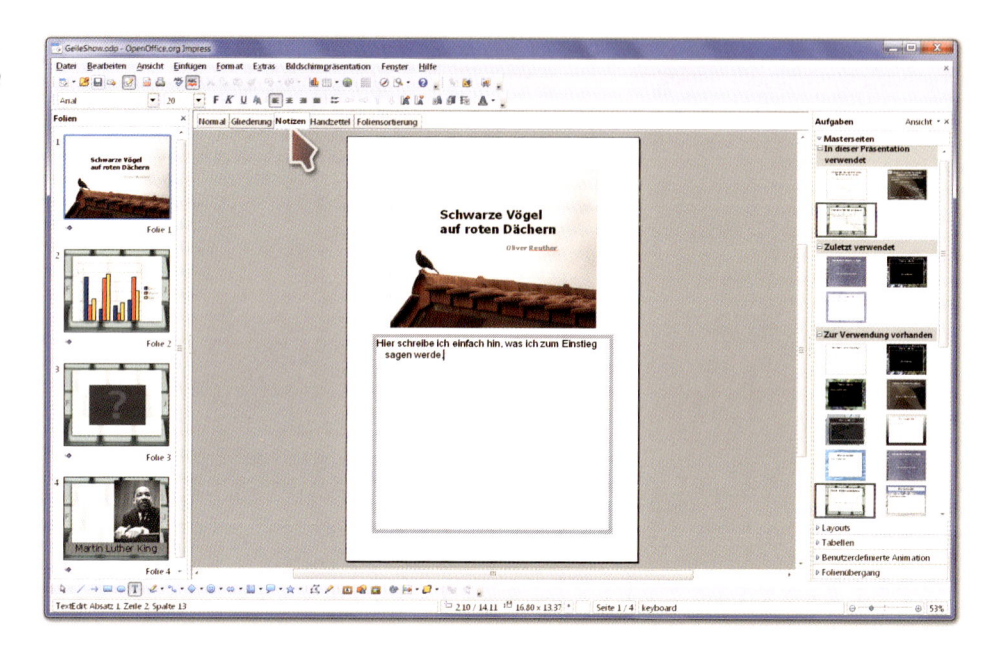

Folie das Notizenfeld ausfüllen. In Impress kommst du zur Notizenansicht über den Menüpunkt »Ansicht«. Dort kannst du zwischen »Normal« und »Notizen« umschalten. Entsprechend wird nur die Folie oder die Folie plus die zugehörige Notiz eingeblendet.

Die Notizen für die Folien ziehst du dir aus deinen Sprecherkarten oder deinem Manuskript und gibst sie in das Notizfeld ein. Das ist je nach Show eine knappe halbe bis eine Stunde Arbeit. Nebeneffekt: Du hast noch mal die Möglichkeit, Fehler im Text und Probleme im Ablauf zu erkennen. Und zu beseitigen.

Um die Handzettel mit den Zusatzinformationen auszudrucken, wählst du im Druckfenster statt Folien die »Notizen« aus. Die Abbildungen 6–64, 6–65 und 6–66 zeigen dir, wie das in Impress und PowerPoint funktioniert.

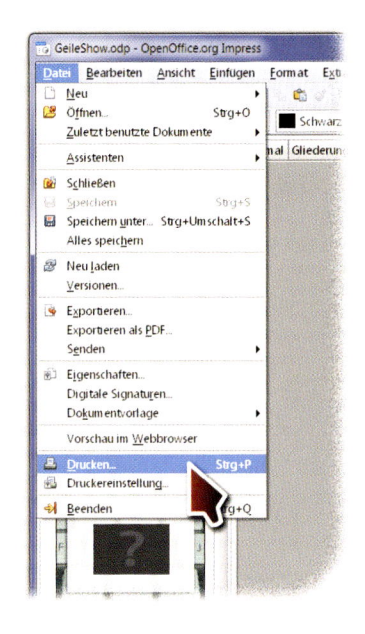

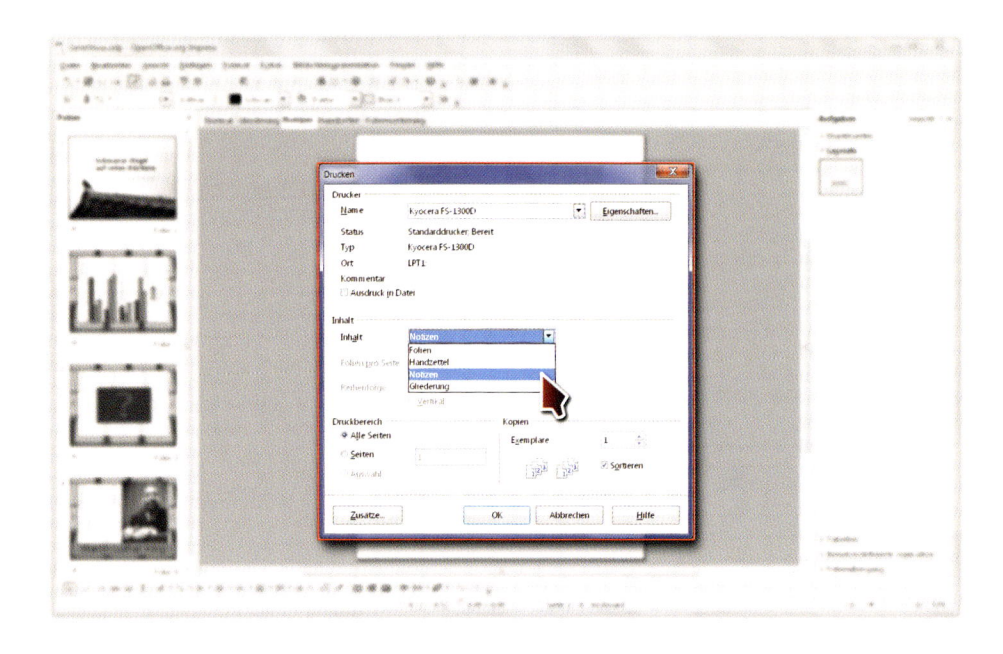

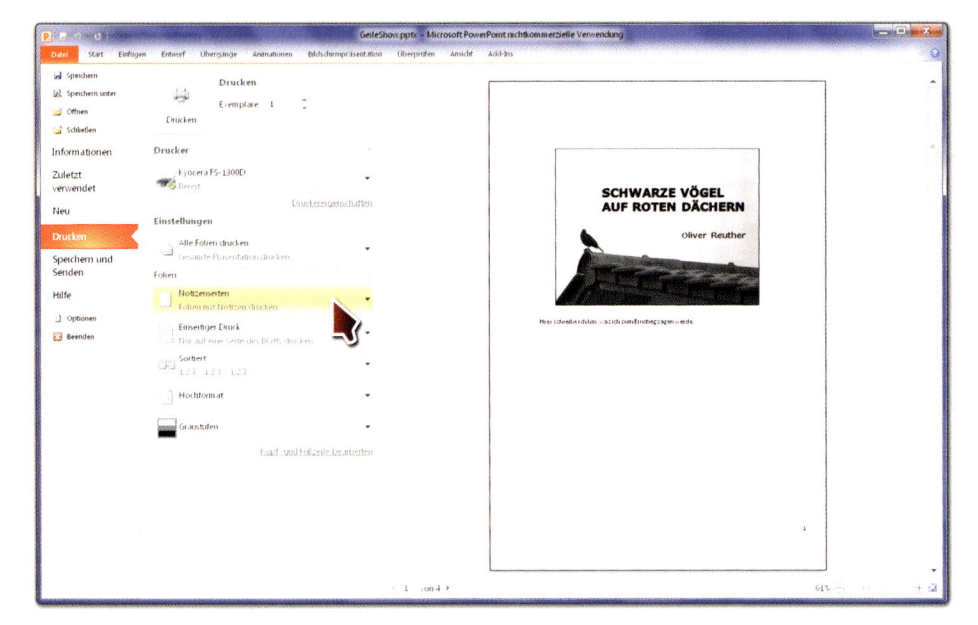

Abb. 6–65 (links oben)
Notizen ausdrucken: Menüpunkt wählen

Abb. 6–66 (rechts oben)
Notizen ausdrucken: »Notizen« auswählen

Abb. 6–67 (unten)
Notizen ausdrucken: So geht es in PowerPoint 2010.

Handzettel 3: Ausgearbeitetes Dokument mit zusätzlichen Infos

ÜBRIGENS

Den Bäumen zuliebe kannst du die Handzettel erst auf Anfrage ausdrucken und nachreichen. Oder du bietest sie gleich als PDF fürs Lesen am Computer an, statt sie auszudrucken. Die PDFs verschickst du nach der Show an interessierte Zuschauer. Die Mailadressen kannst du auf einer Liste sammeln, die du nach der Show rumgehen lässt.

Zusammenfassung und zusätzliche Infos als Handzettel

Das ist die Ultra-High-End-Goldstandard-Variante der Handzettel: eine eigens gestaltete Zusammenfassung deiner Show mit den wichtigsten Folien und zusätzlichen Infos (Tabellen, Statistiken, Buchtipps und so weiter). So etwas ist natürlich ein Kracher, kostet aber auch sehr viel Zeit in der Vorbereitung. Für Anfänger ist das völlig ungeeignet.

Gar keine Handzettel

Du kannst natürlich auch gar keine Handzettel ausgeben. Ich verrate dir ein Geheimnis: So mache ich das oft, obwohl jeder normale Präsentationsratgeber davon abrät und ich schon oft dafür gescholten worden bin. Aber Zeit ist eben endlich – meine zumindest. Und ich verbringe lieber mehr Zeit mit der Vorbereitung und dem Einüben der Show als mit den Handzetteln. Falls jemand doch etwas Schriftliches haben will, setze ich mich halt nach der Show hin und reiche die Handzettel nach. Das geht auch. Aber Achtung: Wirf noch mal einen Blick in deinen Auftrag. Vielleicht steht ja drin, dass du unbedingt Handzettel abgeben musst. Dann, ja dann …

Raus mit den Handzetteln, aber wann?

2 Zeitpunkte

Es gibt zwei Zeitpunkte, um die Handzettel unter die Leute zu bringen: vorher oder nachher. Was am besten ist? Die einen sagen so, die anderen so. Wie auch immer du dich entscheidest, jeder Zeitpunkt hat seine Vor- und Nachteile:

Handzettel kurz vor der Show ausgeben

Handzettel gibt's kurz vor der Show

- Vorteil: Deine Zuschauer müssen sich nichts notieren, weil sie in den Handzetteln alle Infos finden. Sie können sich außerdem jederzeit einen Überblick über den weiteren Ablauf der Show verschaffen.
- Nachteil: Die Menschen blättern während der Show in den Handzetteln herum und sind nicht bei der Sache. Das Rascheln kann sehr nervig werden, wenn viele Menschen in den Handzetteln blättern. Außerdem wirkt es auf dich nicht grade ermutigend, wenn alle lesen, statt zu dir zu gucken.
- Bemerkung: Reich die Handzettel nicht unmittelbar vor der Show im Packen herum. Das frisst wertvolle Zeit und steigert die Unruhe im Publikum. Leg stattdessen vor der Show an jedem Platz ein Exemplar Handzettel aus.

Handzettel nach der Show ausgeben

- Vorteil: Die Zuschauer konzentrieren sich auf dich und sind nicht abgelenkt. Sie schreiben sich während der Show selbständig auf, was ihnen wichtig ist. Und eigene handschriftliche Notizen sind eh die besten.
- Nachteil: Manche Zuschauer brauchen die Handzettel zum »Festhalten« während der Show. Sie wollen gerne darin herumblättern und vielleicht hier und da handschriftlich etwas ergänzen. Ohne Handzettel ist deine Show für sie weniger wert.
- Bemerkung: Reich die Handzettel auch nach der Show nicht einfach im Packen herum. Leg sie stattdessen auf einem Tisch in deiner Nähe aus. So kann sich beim Rausgehen jeder interessierte Zuschauer ein Exemplar nehmen. Und vielleicht ein paar Worte mit dir wechseln.

Handzettel gibt's nach der Show

Empfehlung: Handzettelausgabe für Anfänger

Damit kannst du nichts falsch machen: Leg die Handzettel nach der Show am Ausgang auf einem Tisch aus. Kündige vor der Show an, dass die Zuschauer sich nach der Show Handzettel mitnehmen können.

Anfänger: Handzettel nach der Show

Tischvorlage

Die Tischvorlage ist eine Sonderform der Handzettel. Sie besteht aus einem oder zwei Blättern und wird auf jeden Fall vor der Show ausgelegt. Eine Tischvorlage enthält die zentralen Informationen zu deiner Show: wesentliche Botschaften, wichtige Informationen (Namen und Zahlen zum Beispiel), eventuell eine Gliederung und ein paar Bilder.

Mal probieren: Kurze Infos vor der Show, ausführliche Handzettel danach

Eine Tischvorlage ist eine eher förmliche Angelegenheit und wird oft in Politik- oder Verwaltungsrunden benutzt. Probier diese Art Handzettel trotzdem mal bei einem »normalen« Publikum aus. Zusätzlich verteilst du aber noch Handzettel. Damit ist auch die Reihenfolge klar: Vor der Show bekommen die Zuschauer eine Tischvorlage und nach der Show die Handzettel.

Es gibt noch einen dritten Zeitpunkt für die Handzettel: Bei großen Veranstaltungen mit mehreren Vorträgen wird manchmal erwartet, dass die Handzettel lange vor der Show schon zur Verfügung stehen. Die Zuschauer sollen sich dadurch besser einstimmen können.

Ich weiß nicht so recht, ob das tatsächlich irgendein Zuschauer macht. Ich habe es noch nie getan, und ich kenne auch niemanden, der Wochen vor einer Veranstaltung Handzettel durchackert. Aber sei es drum: Wat mutt, dat mutt, wie die Menschen hart an der Grenze zum nördlichen Rand der Welt sagen.

Feuerwerk!
Glückwunsch!
Hurra, hurra, hurra!
Hoch und lang sollst du leben!

Hier ist Schluss mit dem Buch, du hast es geschafft. Es sei denn natürlich, du bist brav gewesen und hast (weil noch viel Zeit bis zur Show war) im 3. Kapitel angefangen zu lesen. In diesem Fall blätterst du jetzt bitte zum 1. Kapitel auf Seite 7 und liest dir durch, wie du deine top vorbereitete Show auch noch geil auf die Bühne bringst.

7 Ende

Gelände

> Wir bereuen immer nur das,
> was wir nicht getan haben.
>
> Marcel Proust, Schriftsteller

Abmoderation:
Danke dir, liebe Leserin, danke dir, lieber Leser.

Beim Schreiben dieses Buchs ist kein Tier zu Schaden gekommen. Alle verirrten Insekten habe ich sorgsam nach draußen geleitet, und Fleisch esse ich schon seit über 20 Jahren nicht mehr.

Für das musikalische Rahmenprogramm sorgten überwiegend Peter Fox, Johann Sebastian Bach, Johnny Cash, Jacques Brel, The King's Singers, Wolfgang Amadeus Mozart, Amy MacDonald, Hiss, Jeff Buckley, Evanescence, Maria Mena, Sia, Moloko, Pink Floyd, Frank Sinatra, Britney Spears und Wolfsheim.

Und da ich so irre multimediataskingfähig bin (manche würden sagen: ausgeprägtes ADHS habe), konnte ich neben dem Schreiben ganz locker sämtliche Staffeln von »Two and a half men«, »Spongebob Schwammkopf«, »Family Guy« und »Seinfeld« wegschauen.

ENDE

Echt, hier ist Schluss. Jetzt kommt nur noch der Anhang mit Blabla rund ums Buch.

Obwohl, da du grad noch liest, ist das die gute Gelegenheit, eine ganz wichtige Botschaft unterzubringen:

Achte auf gesundes Schuhwerk. Jederzeit.

1000 Dank

Alles, was ich in diesem Buch empfehle, habe ich selbst ausprobiert. Auf manche Tricks bin ich alleine gekommen, aber der allergrößte Teil der Infos hier kommt von anderen Menschen. Ein paar kenne ich gar nicht persönlich, aber ich habe ihre Bücher gelesen. Und die haben mich beeindruckt, begeistert und zum Nachdenken gebracht. Du findest die Liste mit diesen Büchern ab Seite 285.

Noch wichtiger als Bücher sind mir die folgenden Menschen. Von ihnen habe ich irre viel gelernt, sie haben sich zum Teil durch Beta-Fassungen von »Geile Show!« gewühlt und sind mir alle noch dazu gute Freunde. Was ein Glück, die hier zu kennen:

Nicole, Hiltraut und Günther, Bernd und Lisa (Familie), Kerstin, Holger, Tara und Emma Farken (Zweitfamilie), Gabriele Grund (Sängerin und Gesangslehrerin), Matthias Günzel (Architekt), Sebastian Guntrum (Rechtsanwalt), Helge Haas (Radio- und Fernsehmoderator), Maren Hildebrand (Bauingenieurin), Thomas Jung (SWR3-Chef), Sebastian Kett (Lieblingskollege), Dr. Walter Klingler (Medienforscher), Jan Linek (Radiomoderator), Patrick Lynen (Radiomoderator und Medienberater), Dr. med. Rainer Pfefferle (Arzt), Stefan Scheurer (Radio- und Internet-Macher), Michael Schlicksupp (Chef und Versuchskaninchen), Thilo Trump (Marktforscher), Ben Streubel (Radiomoderator), Thomas Urban (Musik- und Geschichtslehrer), Peter Wiechmann (Rechtsanwalt) und Anno Wilhelm (Radiomoderator und Autor).

Etliche von den 1000 Dank gehen an die Menschen im dpunkt-Verlag, die mich tatkräftig beim Buchmachen unterstützt haben. Ganz besonders gilt das für meine Lektorin Nina Lötsch und meinen Verleger Gerhard Rossbach.

Checklisten

Gehirn – läuft, Show – läuft

Das sollte der Mensch können:
Eine Windel wechseln, eine Invasion vorbereiten, ein Schwein schlachten, ein Schiff steuern, ein Gebäude entwerfen, ein Sonett dichten, eine Bilanz aufstellen, eine Mauer errichten, einen Bruch schienen, Sterbende trösten, Befehle befolgen, Befehle erteilen, mit anderen zusammenarbeiten, selbständig handeln, Gleichungen lösen, ein neues Problem analysieren, Dung ausfahren, einen Computer programmieren, ein schmackhaftes Essen kochen, tatkräftig kämpfen, tapfer sterben.
Spezialisierung ist etwas für Insekten.

Robert A. Heinlein, Schriftsteller

Checkliste Kurz-vor-der-Show	
☐	Manuskript oder Sprecherkarten dabei
☐	Elektrozubehör dabei: Stromverlängerungskabel, Mehrfachstecker, Batterien, Stoppuhr
☐	Präsentation inklusive Computerprogramm zum Vorführen der Präsentation auf USB-Stick und/oder CD dabei
☐	Fernbedienung für Laptop dabei
☐	Auf dem Klo gewesen
☐	Tafel gewischt; Kreide ist vorhanden
☐	Flipchart hat leeres Papier; rote, schwarze und grüne Permanent-Stifte sind vorhanden
☐	Whiteboard ist sauber; rote, schwarze und grüne Non-permanent-Stifte sind vorhanden
☐	Blubberfreies Wasser dabei
☐	Blick in den Spiegel: Aussehen tippitoppi

Checkliste Vorgaben
Das Thema der Show lautet:
So lang muss die Show mindestens sein:
So lang darf die Show höchstens sein:
Diese Technik ist vorhanden (Computer, Beamer, Flipchart, Tafel, Overhead, Mikrofon, Lautsprecher, Stifte etc.):
Diese Technik muss ich mitbringen:
Mein Ansprechpartner (Name, Mailadresse, Telefonnummer) für die Technik ist:
In diesem Raum wird die Show stattfinden:
So viele Menschen werden da sein, und so werden sie sein (Mitschüler, Kollegen, Kunden etc.):
☐   Ich muss einen Handzettel fürs Publikum anfertigen.
Das wird sonst noch von mir erwartet:

Checkliste Inhalt

Der Titel dieser Show lautet:

Mein Ziel für diese Show lautet:

Der erste Satz meiner Show lautet:

Der letzte Satz meiner Show lautet:

☐	Ich habe mir Gedanken über mein Publikum gemacht und die Show danach ausgerichtet.
☐	Ich habe mindestens einen Gag eingebaut.
☐	Ich habe mich mit dem Thema intensiv beschäftigt und kann Fragen dazu beantworten.
☐	Die wesentlichen Aussagen sind knapp und verständlich formuliert.

Checkliste Technik am Auftrittsort

☐	Laptop (vor Ort vorhanden oder mitgebracht) läuft.
☐	Beamer läuft, zeigt Bild vom vorhandenen Laptop oder dem mitgebrachten.
☐	Helligkeit des Beamers ausreichend, um von den hintersten Plätzen alles gut zu erkennen.
☐	Gecheckt, ob und wie der Raum verdunkelt werden kann, falls es zu hell ist für den Beamer.
☐	Folien sind von den hintersten Plätzen gut zu lesen (Schriftgröße ausreichend).
☐	Alle verwendeten Schriftarten sind auf dem Laptop, auf dem die Show läuft, installiert.
☐	Lautstärke am Laptop und an den Lautsprechern ist so eingestellt, dass auf den hintersten Plätzen etwas zu hören ist und es ganz vorne nicht zu laut ist.
☐	Bildschirmschoner ausgeschaltet.
☐	Sprechprobe am Mikrofon: Check, one, two, one, two.

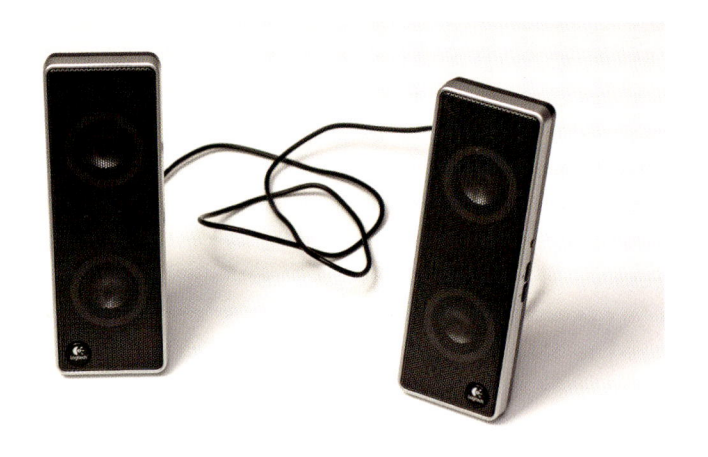

Abb. A–1
Zur Sicherheit: Falls du ein Audio in deiner Show einsetzt, nimm kleine Lautsprecherboxen mit.

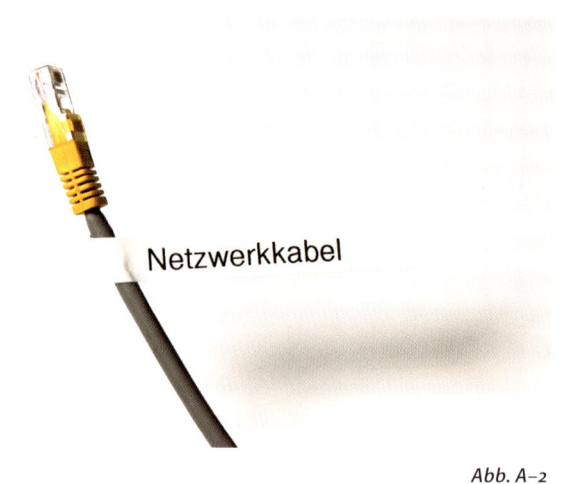

Abb. A–2
Gute Idee: Nimm dir ein Netzwerkkabel mit (mindestens 2 Meter lang), falls du während deiner Show ins Internet musst.

Abb. A–3
Fernbedienung für den PC: Die Presenter-Mouse. Von oben eine normale Maus – auf der Unterseite geeignet, um Präsentationen fernzusteuern.

Abb. A–4
Fernbedienung für den Mac: Klein, unauffällig und bestens geeignet, um Präsentationen zu steuern.

Checkliste fürs Publikum nach der Show	
Der Titel lautete:	
Diese drei Wörter sind mir besonders in Erinnerung geblieben:	
Ich finde, die Show war …	
Ja / Nein	Die Stimme habe ich klar gehört.
Ja / Nein	Die Sprache habe ich verstanden.
	Falls nein, was hat gestört (Beispiele: Sätze zu lang, Fremdwörter, zu schnell gesprochen):
Ja / Nein	Den Inhalt habe ich verstanden.
	Falls nein, was hat gestört (Beispiele: Gliederung seltsam, Thema nicht klar, nicht meine Welt):
Ja / Nein	Ich hatte gelegentlich Blickkontakt.
Ja / Nein	Den Text auf den Folien konnte ich gut lesen.
Ja / Nein	Ich habe mal gelacht oder war überrascht.
Ja / Nein	Ich war die ganze Zeit »dabei«.
	Falls nein, warum nicht (Beispiele: zu lang, Thema uninteressant, nix Neues erfahren):
Ja / Nein	Die Gliederung habe ich verstanden.
Ja / Nein	Die Medien (Bilder, Videos, Audios) haben funktioniert und waren passend.
	Falls nein, was hat nicht funktioniert:

Buchtipps

> Ich mag dich!
>
> Kai Karsten, Radiomoderator

»Geile Show!« gibt Anfängern viele Möglichkeiten zum Einstieg ins »Show-Geschäft«. Und weil es so viele Themen sind, können sie nur kurz angerissen werden. Falls du Appetit auf mehr bekommen hast, kannst du dich an diesen Büchern hier sattlesen.

Mehr Infos zu den Büchern bekommst du im Internet unter der gShow.de-Kurzadresse, die bei jedem Buch angegeben ist. Eine ständig aktualisierte und erweiterte Liste mit Buchtipps zum Thema Show im weitesten Sinne findest du ebenfalls im Internet unter: http://gShow.de/100

Präsentation allgemein:

Reynolds, Garr: Zen oder die Kunst der Präsentation
http://gShow.de/101
Duarte, Nancy: slide:ology
http://gShow.de/102
Will, Hermann: Mini-Handbuch Vortrag und Präsentation
http://gShow.de/103
Flume, Peter: Mitreißend präsentieren mit PowerPoint
http://gShow.de/104
Hierhold, Emil: Sicher präsentieren – wirksamer vortragen
http://gShow.de/105

Kommunikation, Sprache, Reden und Stimme:

Watzlawick, Paul: Menschliche Kommunikation: Formen, Störungen, Paradoxien
http://gShow.de/106
Schulz von Thun, Friedemann: Miteinander reden 1: Störungen und Klärungen.
http://gShow.de/107

Schneider, Wolf: Deutsch fürs Leben
http://gShow.de/108
Rossié, Michael: Sprechertraining. Texte präsentieren in Radio, Fernsehen und vor Publikum
http://gShow.de/109
Berkun, Scott: Bekenntnisse eines Redners – Die Kunst, gehört zu werden
http://gShow.de/110
Molcho, Samy: Alles über Körpersprache: sich selbst und andere besser verstehen
http://gShow.de/111

Gestaltung:
Williams, Robin: Design & Typografie für Dich
http://gShow.de/112
Roam, Dan: Auf der Serviette erklärt
http://gShow.de/113

Gestaltpsychologie:
de Roeck, Bruno-Paul: Gras unter meinen Füßen: Eine ungewöhnliche Einführung in die Gestalttherapie
http://gShow.de/114

Fotografie, Videofilm:
Banek, Cora; Banek, Georg: Fotografieren lernen: Band 1: Die technischen Grundlagen. Kameras, Objektive und Zubehör
http://gShow.de/115
Ebert, Michael; Abend, Sandra: Foto-Workshop für Kinder
http://gShow.de/116
Kämmer, Bernhard: Digitaler Videofilm. Vom Kamerakauf zum fertigen Film. Schritt für Schritt verständlich erklärt
http://gShow.de/117

Daten, Zahlen und Figuren:
Krämer, Walter: So lügt man mit Statistik
http://gShow.de/118
von Randow, Gero: Das Ziegenproblem: Denken in Wahrscheinlichkeiten
http://gShow.de/119

Index

A

Ääh *siehe Versprecher*
Abmoderation 58, 161
Alltagssprache 32, 79
Anekdote *siehe Geschichtenerzählen*
Anfang *siehe Einstieg*
Angst *siehe Auftrittsangst*
Animation
  für Abläufe 165, 245
Ankerplatz 23
Anmoderation 48, 59, 143, 155
Ansprechpartner 100
Applaus 57
Atmung 29, 30, 39, 51
Audio 165, 243, 250, 282
  aus dem Internet 195
Aufmerksamkeit 21, 53
Aufregung *siehe Auftrittsangst*
Aufschieberitis 96
Auftraggeber 104, 106
Auftritt 10
Auftrittsangst 12, 39, 42, 51, 263, 267
  Gegenmaßnahmen 12, 39
  Überatmung (Hyperventilation) 30, 39, 51
Auftrittsort *siehe Bühne*

B

Balkendiagramm *siehe Diagramme*
Beamer 38, 54, 203, 223, 241, 269
Beziehung *siehe Kommunikation*
Blackout *siehe Auftrittsangst*
Blende, weiche *Siehe Übergang*
Blickkontakt 49
Bookmark *siehe Lesezeichen*
Botschaften 129, 137, 145, 148, 267

Brainstorming 84
Browser 6, 123, 191
  Firefox 124, 193
  Internet Explorer 123
Bühne 22, 38, 281

C

Camcorder 65
Copyright *siehe Medienrecht*

D

Datensicherung *siehe Sicherung*
Dauer *siehe Länge*
deviantART 187
Diagramme 85, 165, 234, 235
Digitalkamera 169
DownloadHelper 193
Dramaturgie 145
Drehbuch 100, 102, 114, 129, 145, 166
Drittelregel *siehe Goldener Schnitt*
DVD-Player 242

E

Effekt *siehe Übergang*
Einstieg 50, 136, 149
Empfänger *siehe Kommunikation*
Ende *siehe Schlussteil*
Erkältung 35
Ersatzklamotten 36
Erwartungen 12, 52, 82

F

Farbkombination 219
Farbkontrast 90, 219, 220
Feedback 64
   aus dem Publikum 283
   Checkliste 283
   Fragebogen 64, 283
Fehler 47, 152
Fernbedienung 54, 282
FILSH 192
flickr 187
Flow 25
Folie 52, 137, 148, 155, 202, 214, 221, 226, 232, 243
   Foliengestaltung 214
   Folienhintergrund 217
   Folienmaster 217
   Folienwechsel 210, 263
   Titelfolie 155, 216, 228
   Wie viele Folien? 139
Fotografieren 169
Fragenblatt 114, 129, 134, 148
Fragerunde 60
Frosch 46, 114, 189

G

Gag *siehe Pointe*
Gähnen 30
Gambist 196
Gefühle 32, 73, 77
Generalprobe 24
Geschichten erzählen 75
Geschichtenerzählen 77, 151, 159
Geschwindigkeit *siehe Sprechtempo*
Gesprächswert *siehe GUNN*
Gestaltung 85, 113, 174, 221
   Gestaltungsleitlinien 86, 185
Gliederung 151, 204
Goldener Schnitt 88, 172, 174
Grafik 180, 182, 185, 234
   aus dem Internet 176, 186
GUNN 130, 148

H

Haltungsregeln 16
Handouts *siehe Handzettel*
Handy-Kamera 169
Handzettel 49, 143, 269
   Tischvorlage 273
Hauptteil 52, 137, 145, 203
Hausrecht *siehe Medienrecht*
Heiserkeit 35
Hirnforschung 76
Höhepunkt 151, 189

I

Ideen 80, 83
Ideenbuch 83, 97, 100, 116
Illustration *siehe Grafik*
Impress 206, 212, 221, 226
   Impress portable 253
Internetverbindung 124, 153
Interviews 94, 121

K

Kampfsport 15
Kanal *siehe Kommunikation*
Keynote 206, 212, 239, 244
   exportieren 253
Kinofilm 136, 201, 245, 262
KISS (Keep it small and simple) 202
Kommunikation 68, 69
Kontrast *siehe Farbkontrast*
Körpersprache 15, 69
Kritzeln 182
Kuchendiagramm *siehe Diagramme*
Küchenzuruf 108, 132

L

Lampenfieber *siehe Auftrittsangst*
Länge 137
Lautsprecherboxen 282
Layout 180, 216

Lesezeichen 123, 193
Liniendiagramm *siehe Diagramme*
Logo 215

M

Manuskript 257, 262
Materialliste 100, 166, 185
Medien 163, 167
Medienrecht 92
Mehrabian-Regel 15
Microstock 180
Mikrofon 281
Mitmachaktionen 54, 139, 154, 159, 217
Moderator 48, 58, 61, 143
MP3-Player 28, 244

N

Nachfragen *siehe Fragerunde*
Netzwerkkabel 282
Neuigkeitswert *siehe GUNN*
Nonverbale Kommunikation
  siehe Körpersprache
Notizbuch *siehe Ideenbuch*
Nutzwert *siehe GUNN*

O

OpenOffice.org *siehe Impress*
Overhead-Projektoren 112, 203

P

PDF (Portable Document Format) 254, 272
Persönlichkeitsrecht *siehe Medienrecht*
Plakat 112, 136
Pointe *siehe Witz*
portable App 253
PowerPoint 113, 205, 212, 217, 239, 251
  PowerPoint-Viewer 253
Präsentation zeigefertig machen 248
Probe 24, 260

Prokrastination *siehe Aufschieberitis*
Publikum 48, 260, 269, 283

Q

Quellen 76, 125

R

Recherche 116
  Bibliothek 118
  Internet 123
Recht *siehe Medienrecht*
Rede halten 112
Regieanweisungen 230, 262, 264

S

Säulendiagramm *siehe Diagramme*
Schauspieler 14
Scheinfragen 60, 120
Schleimgefühl 46
Schlusspunkt 160
Schlussteil 57, 137, 156, 161, 203
Schnitt, harter *siehe Übergang*
Schokolade 37, 38
Screenshots 178, 193
Selbstbewusstsein 13
Sender *siehe Kommunikation*
Show-Formen 112
Sicherung 98, 249
Singen 15, 25
Soundcheck *siehe Sprechprobe*
Spannungsbogen 145
Spiegelneuronen 9, 29
Sprache 75, 79
  Sprachbilder 74
  Sprachmelodie 32, 53
Sprachstil *siehe Sprache*
Sprechlautstärke 28, 32
Sprechprobe 23, 281
Sprechtempo 24, 33, 255
Sprechzettel 254, 263
Stimme 15, 27, 51

Stimmprobleme 33
  Stimmbruch 35
  Stottern 33
Störungen 55, 69
Storyboard 101, 135, 208, 214
  Storyboard-Kärtchen 140, 147, 164
Suchmaschinen 126, 176, 189
  bing 195

T

Tabellen 232
Tafel 56, 112
Tags (englisch für
  »Kennzeichen«) 177, 187, 189
Technik
  am Auftrittsort 38
  Checkliste 38, 281
Thema 104, 150, 203, 261
Traubenzucker 37

U

Überatmung (Hyperventilation)
    siehe Auftrittsangst
Übergang 210, 246, 247
Übertreibung 28, 34, 54
Übung... macht den Meister! 24, 260
Unterhaltungswert *siehe GUNN*
Urheberrecht *siehe Medienrecht*
USB-Stick 242, 249, 252

V

Verbeugung 160
Versagen *siehe Auftrittsangst*
Versprecher 33, 155, 259
Verständlichkeitskonzept 71
Verzierung *siehe Grafik*
Videos 238, 250
  aus dem Internet 188
  VLC-Player 199
Viewer 252

Vorbereitung 36, 60, 95, 97
Vorgaben 104
  Checkliste 280

W

Webcam 199
Werkzeuge 27, 67, 97, 185
Wikimedia Commons 196
Wikipedia 16, 105, 125
Windows 7 241
Witz 152, 158, 159

Y

YouTube 189

Z

Zaubertrick 66, 199
Zeichenkünste 182
Zeichnung *siehe Grafik*
Ziel 109, 201
Zielgruppe 110, 201
Zitate 151, 159, 215
Zusammenfassung 137, 272